U0907004

中国学位与研究生教育发展年度报告

[2011]

中国学位与研究生教育发展年度报告课题组

中国人民大学出版社
· 北京 ·

目 录 CONTENTS

第一章 综述

一、学位与研究生教育年度概况

（一）发展背景

1. 2010年中国经济社会发展概貌[①]

2010年对中国经济社会发展而言，是夯实复苏基础的调整之年，更是实现可持续发展的关键之年，也是中国与世界发展进一步融合的一年。面对国内外复杂形势和一系列重大风险挑战，中国共产党带领全国各族人民，继续全面推进改革开放和现代化建设，经济社会发展取得重大成就，国民经济实现平稳较快增长，国内生产总值增速明显快于世界主要国家或地区。这一年，中国国内生产总值达39.8万亿元，比2009年增长10.3%；财政收入8.31万亿元，比2009年增长21.3%；粮食总产量达到54 641万吨，比2009年增长2.9%；城镇新增就业1 168万人，比2009年增加66万人；城镇居民人均可支配收入19 109元，比2009年增长11.3%；农村居民人均纯收入5 919元，比2009年增长14.9%。

2010年中国经济社会发展的主要成就是：

（1）经济平稳较快发展

在非常复杂的国内外经济环境中，我国经济继续实现平稳较快发展。从宏观经济看，前三季度经济增长逐季回落，一度引起人们对经济能否持续增长的担忧，而9月份后物价上涨突然加速，又引发持续的通胀预期，对宏观经济稳定运行构成挑战。在一系列政策调控下，国民经济在2009年回升向好的基础上不断巩固，经济运行由回落趋于平稳。

（2）粮食生产创历史最高水平

2010年我国气候条件是近年来较为严峻的一年，西南5省区出现百

① 本小节的基本数据源于2011年2月28日国家统计局发布的《中华人民共和国2010年国民经济和社会发展统计公报》。

年不遇的特大旱灾，春季粮食主产区出现大范围、长时间低温寡照情况，上百条河流发生特大洪水。对此，从中央到地方，全国上下积极应对，千方百计保生产。党中央、国务院及时部署减灾抗灾工作，进一步强化一系列扶农、惠农政策措施。在政策强力推动下，全年粮食再获丰收。54 641万吨的粮食总产量，达到历史最高水平。粮食增产对稳定居民消费价格起到重要的作用，为宏观经济平稳运行和稳定物价奠定了坚实的基础。

(3) 内外需对经济增长支撑的协调性更强

2010年我国货物进出口总额29 727亿美元，比上年增长34.7%。其中，出口15 779亿美元，增长31.3%；进口13 948亿美元，增长38.7%。进出口相抵，顺差1 831亿美元，比上年下降6.4%。全年进出口均超过2008年创造的最高纪录，显示外需已恢复至金融危机前的水平。同时，内需增速依然较快，热点消费快速增长。其中，金银珠宝类增长46.0%，家具类增长37.2%，汽车类增长34.8%，家用电器和音像器材类增长27.7%，显示出消费热点持续升温，消费结构升级的步伐在不断加快。据有关部门初步测算，2010年内需拉动国内生产总值增长9.5个百分点，对增长的贡献率为92.1%；净出口拉动国内生产总值增长0.8个百分点，贡献率为7.9%，显示内外需对经济增长的支撑比2009年更加协调。

(4) 居民收入快速增长，民生事业成绩突出

2010年我国城乡居民收入快速增长，农村居民收入增速自1998年以来首次快于城镇。全年城镇居民人均可支配收入19 109元，比上年增长11.3%；扣除价格因素，实际增长7.8%。农村居民人均纯收入5 919元，比上年增长14.9%；扣除价格因素，实际增长10.9%。2010年是2008年金融危机以来就业状况最好的一年。2010年，我国积极就业政策力度加大，全年城镇新增就业1 168万人，比上年增加66万人，年末城镇登记失业率4.1%，比上年末下降0.2个百分点。2010年，全国财政用于社会保障和就业的支出达到9 081亿元，比五年前翻了一番还多。2010年，退休人员的养老金再次上调，国家按2009年全国人均养老金

的10%提高基本养老金水平，人均提高120元左右，这是连续第六年大幅提高基本养老金水平。同时，新型农村社会养老保险试点扩大到全国23%的县，全国参保人数增至1.65亿人。基本医疗保障制度已覆盖城乡居民，国家基本药物制度稳步实施，公立医院改革试点启动，“医改”迈出坚实步伐。新型农村合作医疗、城镇居民基本医疗保险财政补助标准由人均80元提高到120元，参保人数分别达到8.35亿人和1.88亿人。全国财政保障性安居工程支出1 218.31亿元，比上年增长67.8%。全国各地保障性住房全年开工590万套。

（5）经济发展方式加快转变

2010年，国家采取了一系列强有力措施，着力落实重点产业调整振兴规划，加快推进国家重大科技专项实施，培育和发展战略性新兴产业，加快服务业发展，增进区域发展的协调性。我国经济结构进一步优化，正沿着创新驱动、内生增长的发展轨道稳步前进。

（6）经济增长的需求结构协调性增强

2010年，我国最终消费加资本形成，对经济的贡献率在92%左右，投资、消费对经济的推动更加平衡；同时，包括新兴战略产业在内的高新技术产业增长16.6%，增速比2009年增加8.9个百分点；节能减排、节能降耗取得了明显的成效。

（7）经济体制改革向纵深推进，重点领域和关键环节改革不断取得新突破

1）国家调节行业和地区差距以及居民收入分配差距的重要改革举措频出。资源税改革率先在新疆展开，原油、天然气两大资源的资源税由从量计征改为从价计征，税率为5%，资源性产品价格改革取得新进展。成品油价格形成机制不断完善，2010年共三次上调、一次下调成品油价格，并于年中上调国产陆上天然气出厂基准价格，改进天然气价格管理办法。在相继打出一系列房地产调控“重拳”后，备受关注的房产税改革试点相继在上海和重庆推出。2）金融体制改革深入推进。2010年6月19日，中国人民银行宣布进一步推进人民币汇率形成机制改革。此后，人民币汇率双向浮动特征明显，汇率弹性显著增强。与此同时，人

民币国际化步伐加速推进，跨境贸易人民币结算试点扩大至包括浙江在内的20个省（自治区、直辖市）。随着2010年7月中国农业银行上市，四大国有商业银行全部上市，我国银行业发展进入历史新阶段。3）以政府职能转变为重点的行政体制改革稳步推进。2010年7月4日，国务院决定第五批取消和下放管理层级行政审批项目184项，占国务院部门现有行政审批项目总数的10%。到2010年底，全国24个省市实行"省直管县"财政管理体制改革试点。深圳市开展公务员分类管理综合试点，上海市开展了公务员聘任制试点，公务员分类管理工作迈出了实质性步伐。

2. 中国经济社会发展对学位与研究生教育发展提出的要求[①]

2010年，我国发生的三个重大事件将对中国特色社会主义现代化建设全局产生深远影响，对我国学位与研究生教育发展的影响则更加重大。这三个事件一是2010年6月颁布了《国家中长期人才发展规划纲要（2010—2020年）》，召开了全国人才工作会议，提出了未来10年我国人才发展的战略目标、指导方针、总体部署和重大举措；二是2010年7月公布了《国家中长期教育改革和发展规划纲要（2010—2020年）》，召开了新世纪第一次全国教育工作会议，谋划了未来10年教育改革发展的蓝图；三是2010年10月15—18日在北京举行了中国共产党第十七届五中全会，这次全会做出了当前我国仍处于可以大有作为的重要战略机遇期的重大判断，对"十二五"期间经济社会发展做出全面部署，明确提出以科学发展为主题，以加快转变经济发展方式为主线。

上述三个重大事件的发生，表明我国教育事业处于十分难得的重要战略机遇期，特别是在教育规划纲要颁布实施、全国教育工作会议召开后，国家一系列重要政策相继出台，教育体制改革试点全面启动，教育工作机制不断创新，形成了全社会关心、支持教育事业发展的良好局面。国家还专门对高等教育做出了全面部署，把提高质量作为核心，对推进人才培养模式改革、加快创新人才培养步伐提出了新的思路。三个重大

① 本小节的基本判断和数据摘自刘延东国务委员2011年2月12日《在纪念〈中华人民共和国学位条例〉实施三十周年纪念大会上的讲话》。

事件不但对我国经济社会发展将产生重大影响，而且对我国学位与研究生教育事业的发展提出了更加明确的要求。

这些要求可以归纳为：高举中国特色社会主义伟大旗帜，以邓小平理论和“三个代表”重要思想为指导，深入贯彻落实科学发展观，以育人为根本，以质量为核心，以改革为动力，坚持“完善制度、提高质量，科教结合、支撑创新，适应需求、引领未来”的基本思路，更新教育观念，创新培养模式，完善结构类型，统筹区域发展，加快建设中国特色、世界一流、结构优化、布局合理的高质量学位与研究生教育，为建设创新型国家和提升国际竞争力提供有力支撑。

（1）围绕国家经济社会发展大局，瞄准世界科技前沿和国家战略需求，丰富和完善学位制度

适应世界科技发展的新趋势和中国现代化建设的新要求，攀登世界科技高峰，有力服务于我国经济发展方式转变，是学位与研究生教育改革发展的基本出发点。要确立全面的质量观和多元化培养目标，科学调整各级各类学位标准，优化培养定位、学制要求、评价体系和资源配置。要积极发展专业学位教育，根据我国经济社会发展趋势，在国家急需的新能源、新材料、环境、生物、信息、经济、教育、法律、社会工作等领域，加大专业学位设置力度，创新培养模式，加强专业实践环节，促进高层次人才培养与产业、行业、企业、社会紧密结合。要改革学位授权审核办法，建立与人才需求紧密结合的动态调控机制，及时调整学科结构、层次结构、类型结构，优先支持与国家重大战略、产业发展、社会工作和改善民生相关的学科。要大力促进哲学社会科学繁荣，推动学科交叉融合。要优化区域布局，特别要通过国家扶持、对口支援等多种方式，改善欠发达地区和西部地区的办学条件，促进区域协调发展。为此，必须加快推进修订《中华人民共和国学位条例》、制定《中华人民共和国学位法》的进程，创造更加多样化、更加自主发展、更加有利于创新的制度环境。

（2）坚持质量第一，深入推进培养机制与模式改革

提高质量，是今后十年高等教育改革发展最核心的任务、最鲜明的

特征。在学位与研究生教育工作中，要推进导师制度改革，建立以科学研究为主导的导师负责制，在录取、培养、淘汰等方面给予导师更多的自主权并明确相应责任，改善导师队伍的结构，为导师的交流与培养创造更好的条件，建设高水平导师队伍。要推动研究生招生制度改革，完善研究生招生计划确定和分配方法，实行更加公平、更加灵活、更加有利于综合考察学生素质的选拔办法。要创新教育理念，建立适应不同类型学生的培养和考核办法，更加注重学术道德和职业道德养成，更加注重发现问题、解决问题的能力训练，避免片面追求论文发表数量，形成有利于个性化人才成长的环境。要建立科学完善的质量保障体系，加强过程管理和质量监控，完善学位授权点定期评估、博士学位论文抽检等制度，坚决撤销不合格的学科授权点，形成符合人才成长规律、富有活力与效率的研究生培养机制，全面提高和保障高层次人才培养质量。

(3) 促进科技发展与人才培养有机结合，为提升自主创新和区域发展能力提供有力的支撑

要促进高层次人才培养与科技创新紧密互动，鼓励研究生参与高水平创新实践，支持大学与科研院所、企业行业共建培养基地，共享优质资源，开展跨学科、跨单位团队式联合培养，加快知识创新和技术创新，推动政、产、学、研、用深度融合。改革科研经费管理制度，调动研究生参与科研活动的积极性，改变重产出和硬件建设、忽略对人才培养支持的局面。结合国家中长期科技规划的实施，发挥重大专项培养人才的独特作用，让更多的研究生在承担国家重大科技项目中得到锻炼成长，让更多的科技成果加快转化为现实生产力。围绕国家区域发展部署，自觉与区域产业发展、民生改善和科技创新目标对接，增强社会服务能力。

(4) 注重科学精神和人文素质培养，培育大学文化和优良学风

要积极鼓励创新，倡导学术民主，鼓励研究生更加自主地探索、更加潜心地研究。大力弘扬脚踏实地、求真求实的学风，引导研究生尊重科学、刻苦求学、严谨治学。大力加强科研诚信和学术道德建设，引导师生培养良好的职业操守，自觉遵守学术规范，坚决杜绝弄虚作假和抄袭剽窃，对学术的不诚信实行“零容忍”。大力开展研究生社会责任感教

育，丰富社会阅历，培育人文情怀，塑造高尚情操，增强服务国家、人民的责任意识。大力推行全员育人的培养模式，调动和发挥研究生自我教育的积极性、主动性，形成全方位育人的良好环境。

（5）推动更加广泛深入的国际交流合作，提升研究生教育的国际化水平

要准确把握国际研究生教育的发展趋势，学习借鉴国际先进教育理念和办学经验，积极引进国外优质教育资源。要在更宽领域、更深层次上开展国际合作与交流，推进中外合作办学，支持更多有条件的学校探索对外交流的新途径，支持中外大学间的教师互派、学生互换和学分互认。坚持自主培养与联合培养相互促进，与境外高水平大学建立人才培养与科学研究的合作平台，实现优势互补。要进一步加大公派留学生和教师出国学习的力度，也要吸引更多的海外学生到中国攻读学位。

（6）加大投入保障力度，确保研究生教育可持续发展

教育经费占 GDP 总量 4%目标的实现，将为学位与研究生教育提供更有力的经费支持。要加快创建世界一流大学和一流学科步伐，继续加大对“211 工程”、“985 工程”、重点学科、研究生教育创新计划的投入。对没有进入“211 工程”的高校，也要加强重点学科建设。要提高研究生生均培养经费标准，加大政府支持博士研究生教育的力度，扶持人文、基础学科发展，支持农、林、水、地、矿、油、核等艰苦行业的研究生积极参与科学研究。要完善研究生奖助学制度，提高研究生生活基本津贴水平，设立资助博士生独立从事科研活动的专项资金，设立研究生国家奖学金。各级政府和培养单位都要更加关心研究生教育，为广大研究生的学习生活创造更好的条件，提供更大的支持。

（二）主要成绩

2010 年，中国学位与研究生教育工作高举中国特色社会主义伟大旗帜，坚持以邓小平理论和“三个代表”重要思想为指导，深入贯彻落实科学发展观，全面落实《国家中长期教育改革和发展规划纲要（2010—2020 年）》，通过优化结构和创新机制，进一步提高研究生培养质量，努

力构建具有世界先进水平的中国特色社会主义学位与研究生教育体系，着力培养高质量、高水平拔尖创新人才，为经济社会发展作出了重要贡献。

1. 学位授予与研究生培养规模发展趋于平稳

2010 年，我国经济社会在不断夯实复苏基础的调整中，继续平稳健康发展。这一发展局面，为我国学位与研究生教育的健康发展提供了澎湃的动力和优化的环境条件。在党和国家把改善民生、发展社会事业作为扩大内需、调整经济结构的重点的重要政策保障下，教育文化事业进入全面发展的阶段。表现在学位与研究生教育方面，就是根据我国经济社会发展的需要和要求，坚持走内涵提升的道路，积极稳妥地开展研究生教育，将社会提供的优质发展资源重点用于结构优化、质量提升上来。

截至 2010 年末，我国博士、硕士、学士学位授予单位已分别达到 347 所、697 所、799 所；年度授予博士学位、硕士学位、学士学位的数量，分别为 50 735 人、458 214 人、2 837 655 人，与 2009 年相比略有增长。

2010 年，全国研究生招生规模为 647 052 人，与 2009 年相比增加 4 000 余人，在校研究生为 1 538 414 人，比 2009 年有所增加。

学位与研究生教育规模的平稳发展，既有利于学位与研究生教育内在质量的提升，同时也在客观上促进和保障了研究生类型结构的调整与优化。

2. 学位授予与研究生教育结构得到优化

在国务院学位委员会、教育部以及社会各方面的共同努力下，国家关于调整和优化学位授予与研究生教育结构的战略安排已显效果。研究生教育层次结构和研究生教育类型结构的比例失调问题，在 2010 年有所改观。

2010 年全国共有在校研究生 1 538 414 人（含专业学位研究生），其中硕士研究生 1 279 466 人，占 83.17%，为研究生的主要群体；博士研究生 258 948 人，占 16.83%。而 2009 年全国在校研究生总数为 1 404 179 人，其中，博士研究生 242 996 人，占研究生总数 17.31%；硕士研究生1 161 183 人，占研究生总数的 82.69%。两相对比，2010 年在校博士研究生所占比重有所下降。

2010 年全国共招收各级各类专业学位研究生 228 313 人，其中专业博士研究生 1 119 人，专业硕士研究生 227 194 人。2010 年，硕士学位获得者中有近 27%的人获得专业硕士学位。专业学位人才培养力度的加大，初步满足了经济建设和社会发展对大批应用型人才的急迫需求。

3. 专业学位类别大幅度增加，专业学位教育体系基本形成

2010 年，我国新设置 19 种硕士专业学位。《硕士、博士专业学位研究生教育发展总体方案》与《硕士、博士专业学位设置与授权审核办法》等重要方案和制度颁布，标志着我国专业学位教育已经有了明确的发展方向；标志着中国特色的专业学位教育体系已经基本形成；标志着我国经济社会发展迫切需要的复合型、应用型人才的培养工作已经逐步走上科学化、专业化、规范化轨道；标志着专业学位人才培养与学术型学位人才培养真正开始具有同等重要的地位和作用；标志着我国学位与研究生教育的结构将更加适合经济社会发展的需要，更加符合高等教育的客观规律。

4.《学位授予和人才培养学科目录》的修订工作基本完成

2009 年 6 月启动的新一轮学科目录修订工作在 2010 年基本完成，2010 年 12 月正式形成《学位授予和人才培养学科目录（送审稿）》。

本轮学科目录修订的重点是改革学科目录管理模式，着重对学科门类和一级学科进行优化调整。在这一轮的学科目录修订工作中，始终强调学科设置的前瞻性，强调要综合考虑我国国情、学科发展、市场需求、教育规律和对外交流等因素，强调要积极探索高层次专门人才培养的学科专业结构与经济社会发展需求相适应的动态机制。

新的学科目录具有广泛的科学基础和社会基础，符合我国国情实际，有利于提高学位授予与人才培养的科学性、规范性，有利于提高人才培养的质量，将对我国学位与研究生教育的发展产生重要历史影响。

5. 研究生培养机制改革彰显成效，质量监督和保障体系逐步完善，研究生培养质量继续稳步提高

研究生培养机制改革，不仅继续逐步优化了研究生培养模式和管理体制，完善了质量监督和质量保障体系，而且使一系列有利于提高研究生培养质量的基础条件、基础平台、优良学术环境等的制度建设不断加强。其主要标志是：研究生的科学研究成果逐步增加、研究水平有所提升，研究生的社会实践活动能力得到加强，研究生的创新意识、创新能力受到重视并有所增强，学位论文的质量得到保障。截至 2010 年，我国累计培养了 38.4 万博士、316.4 万硕士和 2 111 万学士，分布在各行各业，成为领军人物和骨干力量，我国自主培养的博士在国家“百千万人才工程”中占到 70%以上。①

6. 有特色、高水平大学建设取得丰硕成果

“985 工程”二期建设工作结束。教育部、财政部的验收结果表明，“985 工程”二期建设工作成效显著：学科建设加速发展，形成了一批学术影响力进入世界百强的学科；学校学术实力显著增强，出现了若干所高水平论文数达到世界名校水平的大学；队伍建设跃上新台阶，会聚了一批国际水准的学术大师和中青年学者；科技创新平台建设成效显著，承担了一批国家重大科研任务；自主创新能力快速提升，产出了一批代表国家水平的重大科研成果；哲学社会科学持续繁荣，完成了一批有价值的政府咨询报告和政策建议；人才质量不断提高，培养了一批高质量、高层次的优秀人才。

（三）不足之处

2010 年我国学位与研究生教育工作成绩显著，但同时也存在一些待完善之处，其中比较明显的有：

① 参见刘延东国务委员 2011 年 2 月 12 日《在纪念〈中华人民共和国学位条例〉实施三十周年纪念大会上的讲话》。

1. 学位授予和研究生教育整体质量水平与党和国家的期望，以及社会公众的需求之间还有一定差距

2010年，我国研究生培养质量虽继续呈现稳步提高的态势，但与党和国家的期望相比，与社会公众的需要和要求相比，我国学位授予和研究生教育的整体质量水平依旧存在一些不足，甚至是比较严重的不足。在学位与研究生教育的规划设计质量方面，各层次学位标准及研究生培养目标定位、培养规格和质量要求等，还难以很好地反映经济社会发展的多层次、多样化需求；在研究生招生和培养方面，对高层次创新型人才培养规律把握不深，培养模式、师资队伍建设、课程建设、考核体系还有待进一步完善；在研究生就业质量方面，学位获得者、毕业研究生基本知识、基本能力、基本素养的整体水平，特别是创新能力方面，与发达国家的情况相比，与社会各有关方面的期望相比，还有一定距离。

2. 专业学位教育体系的建设水平有待全面提高

与学术型研究生教育相比，我国专业学位研究生教育的历史还不长，专业学位教育体系的整体建设水平还不高。在专业设置、培养目标定位、培养模式，以及师资队伍建设、课程建设、教学环节、教学方法、考核方式、教学基地建设等方面，科学化、规范化的程度有待提高。在高等学校和全社会确立专业学位教育重要性的认识，也还需要做大量艰苦细致的工作，需要付出更多的努力。

3. 在教书育人与优良学风建设方面亟待改善和强化

我国的学位与研究生教育虽有重视育人和倡导优良学风的传统，但受多种复杂社会因素的影响，“只教书，不育人”、个别导师和研究生学风不正甚至败坏的情况时有发生，甚至有在局部愈演愈烈的倾向。2010年，这方面依旧出现了一些比较严重的事件和问题。据不完全统计，2009—2010年全国各学位授予单位有800多人因学术不端行为被取消或未授予学位。这从一个侧面反映出我国学位与研究生教育在教书育人和优良学风建设方面亟待改善与强化。

二、学位与研究生教育年度重点和特色

2010年是中国学位与研究生教育继续健康有序发展的一年。这一年的发展重点和特色，主要表现在重点发展方向的突破、重点任务的完成和重点问题的解决方面。

（一）大力开展研究生教育结构的调整，提高研究生教育对国家经济社会发展需求的动态适应能力

2010年我国学位与研究生教育的最大亮点，就是继续探索建立高层次人才培养结构与我国经济社会发展需求相适应的动态调整机制，大力调整和优化研究生教育学科结构、类型结构、层次结构和研究生教育的区域布局。

1. 完成《学位授予和人才培养学科目录》的修订工作，为优化结构、主动适应经济社会发展的需要确立基本方向和机制保障

2010年是《学位授予和人才培养学科目录（送审稿）》的完成年，也是攻坚年。这一年，全国各有关方面在国务院学位委员会办公室的领导下，集思广益，积极展开了学科目录修订工作中最具实质意义的部分，前后数易其稿，广泛听取了全国各个方面的意见和建议。

学科目录的修订过程反映了组织领导者、有关参与人高度负责的态度和精神。2010年6月，学科目录修订工作小组研究提出了《学位授予和人才培养学科目录（修订草案）》（第一稿）；2010年6—7月，为保证学科体系划分的科学性、系统性，工作小组按照人文科学、社会科学、理学、工学、农学、医学和管理学七个领域分别组织召开了专家咨询会，对修订草案第一稿进行咨询论证；2010年8—9月，根据专家咨询小组的意见，将专家咨询意见中存在分歧的部分按照一级学科提请相关学科评议组成员，进一步听取意见，共征求意见517人次，涉及31个学科评

议组；2010 年 10 月，根据专家咨询小组和学科评议组成员的意见，工作小组研究提出了《学位授予和人才培养学科目录（修订草案）》（第二稿）；2010 年 12 月，国务院学位办在学科目录修订工作小组完成通用学科修订论证和军队学位委员会完成军事学门类一级学科修订论证的基础上，经与教育部高教司协商，研究提出了《学位授予和人才培养学科目录（送审稿）》。

《学位授予和人才培养学科目录》的修订工作，是一项事关我国学位与研究生教育发展大局的重要战略性活动，它优化了学位与研究生教育结构，为我国学位与研究生教育适应经济社会发展的需要确立了基本方向和机制保障。

2. 继续改革完善学位授权审核制度，增强学位授予单位与地方政府调整研究生教育学科结构和类型结构的自主权，进一步优化学位授权的区域布局结构

2010 年，在改革新增博士、硕士学位授予单位审核办法的基础上，国务院学位办进一步对已有学位授予单位增列授权学科点的审核办法进行改革。按照国务院学位委员会第二十七次会议审议通过的授权点审核工作方案，2010 年的授权点审核主要推进了三个方面的改革：一是委托 58 个设有研究生院的学位授予单位自行审核一级学科博士点；二是委托省级学位委员会组织开展一级学科博士点初审工作；三是授权点审核工作一律按一级学科进行，并且主要审核增列已有一级学科的二级学科授权点为一级学科授权点。

在 2010 年的硕士专业学位授权审核工作中，委托中央部委属高校及中国科学院研究生院、中国社会科学院研究生院自行审核本校（院）新增硕士专业学位授权点；委托各省（自治区、直辖市）学位委员会组织审核所属院校新增硕士专业学位授权点；特别要求各省级学位委员会和有关高等学校高度关注本地区经济社会发展对应用型人才的需求。2010 年，全国共批准 350 个学位授予单位新增 1 431 个硕士专业学位授权点（领域），并已列入下年度全国研究生统一招生工作。

（二）以前所未有的力度积极发展专业学位教育，注重培养适应社会主义现代化需要的高层次复合型、应用型专门人才

1. 逐步增加专业学位类别，为专业学位发展奠定基础

2010年可以说是中国的专业学位教育年，不仅表现在这一年我国专业学位研究生规模打破历史纪录，更表现在这一年我国新设置19种硕士专业学位，初步形成了专业学位教育的发展布局，为专业学位的发展确立了组织基础和制度基础。

根据国务院学位委员会第二十七次会议决议，新设置19种硕士专业学位，国务院学位办组织专家研究制定了19种硕士专业学位的办学条件和标准，并按专业学位类别分别组建了全国教育指导委员会，分别研究制定了指导性的人才培养方案。这19种硕士专业学位是：金融硕士、应用统计硕士、税务硕士、国际商务硕士、保险硕士、资产评估硕士、警务硕士、应用心理硕士、新闻与传播硕士、出版硕士、文物与博物馆硕士、城市规划硕士、林业硕士、护理硕士、药学硕士、中药学硕士、旅游管理硕士、图书情报硕士、工程管理硕士。

2. 发布实施《硕士、博士专业学位研究生教育发展总体方案》等规范性文件，明确专业学位教育发展的基本思路，为专业学位发展确立制度保障

根据国务院学位委员会第二十七次会议决议，印发了《硕士、博士专业学位研究生教育发展总体方案》和《硕士、博士专业学位设置与授权审核办法》。这两个重要的规范性文件，明确提出各专业学位研究生培养单位和有关教育主管部门要高度重视专业学位教育工作，充分认识专业学位人才培养与学术型学位人才培养是高层次人才培养的两个重要方面，两者具有同等重要的地位和作用；要抓住机遇，着力调整人才培养结构，构建和形成一支适应专业学位研究生教育的师资队伍；要建立和完善专业学位研究生招生、培养、学位授予等各个环节的质量保障体系，加强教学基础设施、案例库以及教学实践基地的建设，积极探索全日制、非全日制专业学位研究生培养模式，促进专业学位教育质量的不断提高

和专业学位教育健康、积极地发展。

3. 组织开展增设新的专业学位的前期研究论证工作，为专业学位进一步拓展做好准备

为适应我国经济社会发展对应用型人才的迫切需求，2010 年国务院学位办还组织开展了设置审计硕士专业学位和工程博士专业学位的研究论证工作。

（三）继续加快推进研究生培养机制改革，着力完善研究生培养模式和管理体制

在国务院学位委员会和教育部的领导下，2010 年我国继续推进研究生培养机制改革，着力改革研究生培养模式和管理体制，继续实施研究生教育创新计划，以强有力的举措，不断提高研究生培养水平和培养质量。

1. 设立博士研究生学术新人奖并启动评选试点工作，以明确的激励政策推动高水平创新人才脱颖而出

为推动博士研究生培养质量不断提高，加强拔尖创新人才培养，鼓励和支持博士研究生开展高水平创新性研究工作，从 2010 年开始，我国设立博士研究生学术新人奖，对学业成绩优异、科研创新潜力较大的优秀在读博士研究生进行资助。学术新人奖每年评选一次，博士学位授予单位根据分配名额，自行组织，结果报教育部、国务院学位委员会审批公布。

2010 年，在 43 个试点单位评选的基础上，审核批准 39 所“985 工程”高校和中国科学院研究生院、中国社会科学院研究生院、中共中央党校研究生院及国防大学研究生院推荐的 695 人为 2010 年度博士研究生学术新人奖获得者，教育部以每人 3 万元标准给予科研资助，对相关学校进行配套资助。

2. 设立全国研究生学术交流平台，积极支持并资助研究生参加学术交流，营造浓厚的学术氛围

为了充分发挥不同高校的学科优势，共享优质教育资源，推动全国

范围内的研究生学术交流活动，我国自2010年起，设立全国研究生学术交流平台，设置全国博士生学术论坛和全国研究生暑期学校。主管部门制发了《教育部关于设立全国研究生学术交流平台的通知》和《全国研究生学术交流平台项目实施办法》，使相关举措常态化、制度化。

3. 继续开展全国优秀博士学位论文评选工作，激励研究生创新精神，促进高层次创新人才更多涌现

2010年，我国继续开展全国优秀博士学位论文的评选工作。经学位授予单位推荐，省级初选，通讯评议和专家复审，共评出全国优秀博士学位论文100篇，全国优秀博士学位论文提名论文334篇。为鼓励、支持全国优秀博士学位论文作者在高校不断做出创造性成果，国家继续实施“高等学校全国优秀博士学位论文作者专项资金”资助项目。

4. 部署专业学位教育的综合改革试点工作，为全面推进专业学位研究生教育综合改革探索道路

为贯彻落实教育规划纲要，进一步推进研究生教育改革与发展，鼓励专业学位研究生培养单位积极探索和创新符合专业学位教育特点、具有鲜明特色的研究生专业学位教育培养模式与管理体制，促进专业学位研究生教育更好地适应经济社会发展需要和满足人民群众的多样化需要，建立和完善中国特色的研究生专业学位教育制度，经单位申报、专家评审，批准64所高校（其中，部属高校、地方高校各32所）在15种专业学位类别（领域）开展了专业学位研究生教育综合改革试点工作，并同时发布《关于实施专业学位研究生教育综合改革试点工作的指导意见》，指导试点实施工作。

5. 积极推动高校—工程研究院所联合培养博士研究生试点工作，为适度扩大联合培养博士研究生做好准备

为探索高校与科研机构合作、联合培养工程领域高层次拔尖创新人才的有效途径，创立高校与科研院所、行业、企业联合培养人才新机制，2010年国家启动高校—工程研究院所联合招收培养博士研究生试点工作，国务院学位委员会、教育部为此专门制定了联合招生、学籍管理、毕业证书发放、成果署名、学位证书颁发等方面的政策。

6. 科学总结培养机制改革试点经验，为进一步推进改革确立正确、有效的工作思路

在总结试点单位改革成功经验的基础上，国务院学位委员会形成进一步推进研究生培养机制改革的工作思路：1）以学生的培养为中心，遵循研究生教育规律，对现行的培养模式、管理体制和外部支撑条件进行调整，充分调动相关方面的积极性，实现对学生和导师的充分激励；2）以建立科学的分类培养目标和学位标准体系作为改革的基础，围绕对学生的素养、知识、能力等的培养需求，完善培养模式和管理制度；3）加强政策引导和规范管理，统筹设立研究生培养创新专项资金，建立经费划拨动态管理制度。

（四）持续改进和完善学位与研究生教育质量保障与监督体系，确保学位授予和研究生培养质量

2010 年，国家继续花大气力，持续改进和完善学位与研究生教育质量保障与监督体系，采取切实可行的质量监督措施，进一步提高研究生培养质量。

1. 定期开展专业学位教学合格评估工作，推动专业学位教育教学改革不断深化

2010 年，全国教育、工商管理、公共管理硕士专业学位教育指导委员会组织开展了专业学位教学评估工作，并发布了评估结果。评估结果表明，大多数培养院校专业学位研究生总体培养质量较好，师资队伍建设成效明显，许多院校在教育理念、课程设置、教学方式、项目管理等方面进行了积极的探索，教学水平与培养质量不断提高。对在教学管理和质量控制等方面存在问题的部分院校，要求其采取切实措施，进一步加强和改进工作，提高培养质量。有两所院校未通过评估，已要求其按照评估意见进行整改，并于两年后重新申请评估；如再次评估未通过，将撤销其专业学位授予权。

2. 加大博士学位论文抽检力度，以增强各有关方面的质量意识并全面提升博士研究生整体培养质量

2010 年，我国进一步加大了博士学位论文抽检力度，目的是通过抽

检，在学位授予单位、导师和学生中进一步强化质量观念，增强质量意识，促进学位授予单位重视博士生培养的整体质量。国务院学位办组织专家重新设计了博士学位论文抽检方案，采取随机抽检与指定抽检相结合、以随机抽检为主的方式，抽取了上一学年度的博士学位论文 1 316 篇，覆盖了所有的博士学位授予单位。为保证抽检工作的公平、公正，减轻学位授予单位的负担，避免非学术因素的干扰，抽检工作没有发文部署，而是从国家图书馆直接调取了论文电子版进行网上通讯评议。论文抽检结果将由学位办统一向学位授予单位通报，并以适当方式向社会公开。

3. 充分发挥国务院学科评议组的作用，加强对学位授予与研究生培养质量的监督

根据国务院学位委员会第二十七次会议的有关意见，国务院学位办就学科评议组的工作拜访了部分学科评议组召集人，听取对学科评议组工作的意见。2010 年 6 月，国务院学位办组织召开了第六届学科评议组召集人会议，就学科评议组下一阶段工作进行了部署，要求各学科评议组按照教育规划纲要和第二十七次会议的要求，围绕提高学位与研究生教育质量这一主题，调整工作任务和工作方式，加强人才培养模式研究，加强学科建设与发展研究，独立开展对人才培养和学位授予的质量监督。

4. 继续深入研究学位授予与研究生培养质量监督机制，全面规划质量保障体系

2010 年，国务院学位办基本完成了学位与研究生教育质量保障与监督体系建设课题研究，对我国学位与研究生教育质量保障与监督体系进行了梳理，并根据该体系存在的不足，结合学位与研究生教育发展的新要求，提出了相应的对策建议。

5. 开展专项检查，以推动学位授予中学术道德和学术规范的建设工作

为贯彻落实国务院学位委员会《关于在学位授予工作中加强学术道德和学术规范建设的意见》，2010 年 10 月，各省级学位办与军队学位办对本地区（系统）学位授予单位在学位授予工作中加强学术道德和学术规范建设工作进行了专项检查。

检查结果表明，各学位授予单位高度重视此项工作，把学术道德和学术诚信教育贯穿到人才培养整个过程中，落实到教学管理各个环节，与校风、教风、学风建设紧密结合，努力营造良好的学术氛围；建立健全机构，制定规章制度，规范学位授予组织程序；改革学术评价制度，努力探索定量与定性评价相结合的学术评价体系；制定学术道德规范管理办法及实施细则，建立健全学术不端行为预防与惩处的工作机制，做到有法可依、有章可循，对学术不端行为实行“零容忍”。

（五）继续完善我国高等教育重点建设体系，全面推进有特色、高水平大学建设和重点学科建设

2010 年，在取得优异成绩的基础上，我国各相关方面继续实施高水平大学和重点学科建设。

1. 教育部、财政部组织完成“985 工程”二期建设验收工作，促进在新一轮“985 工程”建设中加大改革力度

“985 工程”二期建设验收结果表明，这项建设工作成效显著，主要表现在：学科建设加速发展，形成了一批学术影响力进入世界百强的学科；学校学术实力显著增强，出现了若干所高水平论文数达到世界名校水平的大学；队伍建设跃上新台阶，会聚了一批国际水准的学术大师和中青年学者；科技创新平台建设成效显著，承担了一批国家重大科研任务；自主创新能力快速提升，产出了一批代表国家水平的重大科研成果；哲学社会科学持续繁荣，完成了一批有价值的政府咨询报告和政策建议；人才质量不断提高，培养了一批高质量、高层次的优秀人才。

“985 工程”二期建设验收结果，坚定了教育部、财政部在新一轮“985 工程”建设中，进一步加大改革力度的决心，并促成“985 工程”专家委员会的成立，便于充分发挥专家在工程建设重大事项中的作用。

2. 继续实施“优势学科创新平台”建设，以促进各相关学校及其优势学科不断提升创新能力

教育部、财政部部署完成对试点建设的“优势学科创新平台”的总结等工作。在试点建设的基础上，继续实施“优势学科创新平台”建设，

促进各相关学校及其优势学科不断提升创新能力，更有针对性地为国家和行业服务。

3. 实施“211 工程”三期建设规划，以进一步加强学科建设

根据国务院批准的《高等教育“211 工程”三期建设总体方案》，教育部、国家发展和改革委员会、财政部共同组织编制了《高等教育“211 工程”三期建设规划》。列入该规划的重点学科建设项目共 1 073 项，创新人才培养和队伍建设项目共 224 项，高等教育公共服务体系建设项目共 3 项。

4. 启动实施了“特色重点学科项目”，提升非“211 工程”学校国家重点学科的自主创新能力和服务经济社会发展的能力

教育部、财政部根据温家宝总理关于“对不同层次、不同类型的学校，要同样重视，给予支持，鼓励各类学校办出水平、办出特色、争创一流”的指示精神，在深入研究和论证的基础上，启动实施了“特色重点学科项目”，由中央财政设立专项资金，对非“211 工程”学校的国家重点学科给予支持，提升这些学科自主创新能力和为国家区域经济社会发展服务的能力，推动学科水平的提高。

（六）研究总结我国学位与研究生教育发展的经验，探索新时期学位与研究生教育改革发展的基本规律

为了迎接《中华人民共和国学位条例》颁布实施三十周年，进一步认真总结成功经验，展示三十年来我国学位与研究生教育的辉煌成就，国务院学位办组织力量深入调研新时期学位与研究生教育改革发展的重大问题，大力宣传我国学位与研究生教育的最新进展，广泛开展了学位与研究生教育方面的交流与合作。

1. 开展以“中国学位制度三十年”为主题的系列宣传活动，向世界展示我国学位与研究生教育的成就

国务院学位办积极组织协调国内相关的重要媒体，开展以宣传我国学位与研究生教育三十年辉煌成就为主题的系列大型宣传活动，编辑出版《中国学位三十年》画册，取得良好的社会反响。

2. 针对与我国研究生教育质量密切相关的五个方面的重大问题，组织力量开展专项调研和深入研究，探索全面提升研究生教育质量的基本路径

根据国务院学位委员会第二十七次会议关于开展学位与研究生教育改革发展调研工作的要求，国务院学位办约请五位国务院学位委员会委员牵头，分别委托清华大学、北京大学、上海交通大学、北京师范大学、北京科技大学五所高校围绕"提升研究生教育质量"，就研究生教育结构、质量保障的文化和制度、研究生教育培养模式与机制、国际合作、学风与学术诚信保障等五大方面的重大问题组织开展了专项调研和深入研究，这些调查研究工作的成果，对我国研究生教育质量的现状进行了分析并提出了政策建议。

3. 编写出版《中国学位与研究生教育发展年度报告（2009）》，全面真实地向世界介绍中国学位与研究生教育的发展状况

根据刘延东国务委员的意见，为全面、准确地宣传我国学位与研究生教育的最新进展，国务院学位办组织力量编写完成了《中国学位与研究生教育发展年度报告（2009）》，向社会介绍2009年度我国学位与研究生教育的发展情况，解读学位与研究生教育政策，阐述学位与研究生教育的改革方向和发展理念，公布学位与研究生教育发展的相关数据，收集部分国外具有代表性国家研究生教育发展的最新动态。组织编写出版《中国学位与研究生教育发展年度报告》的工作，将成为国务院学位委员会办公室持续性的工作活动。

第二章 学位工作

一、学位授权

（一）学术型学位

我国的硕士和博士学位，可分为学术型和专业型两大类。学术型学位按照学科门类授予。按照教育部和国务院学位委员会1997年颁布的研究生学科专业目录，学术型学位的学科门类包括12个，即哲学、经济学、法学、教育学、文学、历史学、理学、工学、农学、医学、军事学和管理学，每个学科门类下设一级学科和二级学科。1997年颁布的研究生学科专业目录共设一级学科89个，二级学科387个。

从一级学科看，2010年，全国共有一级学科硕士学位授权点2 081个，共有一级学科博士学位授权点1 379个（见表2.1）。一级学科硕士学位授权点最为集中的五个省（直辖市）为：北京、江苏、陕西、湖北和上海；一级学科博士学位授权点最为集中的五个省（直辖市）为：北京、江苏、上海、陕西和湖北。

表2.1　2010年全国博士、硕士学位授权点的省（自治区、直辖市）分布情况

省（自治区、直辖市）	一级学科学位授权点				二级学科学位授权点			
	博士点（个）	比重（%）	硕士点（个）	比重（%）	博士点（个）	比重（%）	硕士点（个）	比重（%）
北京市	291	21.10	191	9.18	249	14.35	854	9.08
天津市	50	3.63	63	3.03	23	1.33	233	2.48
河北省	23	1.67	76	3.65	63	3.63	334	3.55
山西省	13	0.94	58	2.79	50	2.88	169	1.80
内蒙古自治区	8	0.58	28	1.35	16	0.92	192	2.04
辽宁省	56	4.06	100	4.81	76	4.38	524	5.57
吉林省	43	3.12	54	2.59	53	3.05	300	3.19
黑龙江省	47	3.41	84	4.04	52	3.00	314	3.34
上海市	117	8.48	110	5.29	101	5.82	382	4.06
江苏省	133	9.64	166	7.98	162	9.34	632	6.72
浙江省	44	3.19	48	2.31	42	2.42	327	3.48
安徽省	28	2.03	70	3.36	53	3.05	276	2.94

续前表

省（自治区、直辖市）	一级学科学位授权点				二级学科学位授权点			
	博士点（个）	比重（%）	硕士点（个）	比重（%）	博士点（个）	比重（%）	硕士点（个）	比重（%）
福建省	29	2.10	54	2.59	65	3.75	186	1.98
江西省	4	0.29	61	2.93	24	1.38	295	3.14
山东省	47	3.41	105	5.05	82	4.73	595	6.33
河南省	14	1.02	94	4.52	47	2.71	399	4.24
湖北省	93	6.74	112	5.38	101	5.82	490	5.21
湖南省	56	4.06	93	4.47	85	4.90	307	3.27
广东省	69	5.00	70	3.36	83	4.78	395	4.20
广西壮族自治区	0	0.00	42	2.02	22	1.27	234	2.49
海南省	1	0.07	2	0.10	1	0.06	65	0.69
重庆市	33	2.39	64	3.08	33	1.90	173	1.84
四川省	61	4.42	65	3.12	54	3.11	380	4.04
贵州省	1	0.07	19	0.91	7	0.40	167	1.78
云南省	9	0.65	52	2.50	22	1.27	240	2.55
西藏自治区	0	0.00	0	0.00	0	0.00	18	0.19
陕西省	93	6.74	123	5.91	103	5.94	456	4.85
甘肃省	15	1.09	51	2.45	37	2.13	179	1.90
青海省	0	0.00	1	0.05	2	0.12	59	0.63
宁夏回族自治区	0	0.00	2	0.10	3	0.17	65	0.69
新疆维吾尔自治区	1	0.07	23	1.11	24	1.38	162	1.72
合计	1 379	100.00	2 081	100.00	1 735	100.00	9 402	100.00

资料来源：根据国务院学位委员会办公室提供的数据整理。

从二级学科授权点看，2010 年全国共有二级学科硕士学位授权点 9 402 个，共有二级学科博士学位授权点 1 735 个。二级学科硕士学位授权点最为集中的五个省（直辖市）为：北京、江苏、山东、辽宁和湖北；二级学科博士学位授权点最为集中的五个省（直辖市）为：北京、江苏、陕西、湖北和上海。

（二）专业学位

1990 年，国务院学位委员会第九次会议审议通过了《关于设置和试办工商管理硕士学位的几点意见》，决定在我国开始专业学位的试点工作，开启了我国专业学位教育的先河。经过 20 多年的努力，专业学位教育发展迅速，取得了显著的成绩。到 2010 年末，我国已基本形成了以硕士学位为主，博士、硕士、学士三个学位层次并存的专业学位教育体系。

1. 专业学位授权

(1) 专业学位的类别

2010 年，国务院学位委员会办公室按照议定的专业学位授权审核办法，在原有 19 种专业学位的基础上，又审核增设了 19 种专业学位。到 2010 年末，我国已有硕士专业学位 38 种（见表 2.2），博士专业学位 5 种（教育博士、工程博士、兽医博士、临床医学博士和口腔医学博士），学士专业学位 1 种（建筑学学士），这些专业学位基本覆盖了国民经济和社会发展的主干领域。

表 2.2　我国现有的硕士专业学位类别及培养目标

序号	专业学位类别	英文名称及缩写	获批年份	人才培养目标
1	工商管理硕士	master of business administration (MBA)	1990	培养企业或经济管理部门的高级经营管理专门人才
2	建筑学硕士	master of architecture (M. Arch)	1992	培养建筑设计专门人才
3	法律硕士	juris master (JM)	1995	培养专门型、实务型法律专门人才
4	教育硕士	master of education (Ed. M)	1996	培养高素质的中小学教师、教育管理领域高级专门人才
5	工程硕士	master of engineering (ME)	1997	培养应用型、复合式高层次工程技术和工程管理人才
6	临床医学硕士	master of medicine (M. M.)	1998	培养高层次、高水平的临床医师
7	农业推广硕士	agricultural extension master (MAE)	1999	培养具有综合职业技能的应用型、复合型、高层次人才
8	兽医硕士	master of veterinary medicine (VMM)	1999	培养从事兽医资源管理、技术监督、市场管理与开发、兽医临床工作和现代化兽医业务与管理的应用型、复合型、高层次人才
9	公共管理硕士	master of public administration (MPA)	1999	培养政府部门及非政府公共机构的高层次、应用型专门人才
10	口腔医学硕士	master of stomatological medicine (S. M. M)	2000	培养高层次口腔临床医师
11	公共卫生硕士	master of public health (MPH)	2001	培养高层次公共卫生应用型专门人才

续前表

序号	专业学位类别	英文名称及缩写	获批年份	人才培养目标
12	军事硕士	master of military	2002	培养军队军事、政治、后勤、装备等中级指挥官
13	会计硕士	master of professional accounting (MPAcc)	2004	培养高层次、应用型的会计专门人才
14	体育硕士	master of science in physical education (MSPE)	2005	培养能独立承担体育专业技术或管理工作的高层次、应用型体育专门人才
15	艺术硕士	master of fine arts (MFA)	2005	培养高层次、应用型艺术专门人才
16	风景园林硕士	master of landscape architecture (MLA)	2005	主要为风景园林事业相关领域培养应用型、复合型、高层次的专门人才
17	汉语国际教育硕士	master of teaching Chinese to speakers of other languages (MTCSOL)	2007	培养适应汉语国际推广工作，胜任多种教学任务的高层次、应用型、复合型、国家化专门人才
18	翻译硕士	master of translation and interpreting (MTI)	2007	培养高层次、应用型、专业性口笔译人才
19	社会工作硕士	master of social work (MSW)	2008	培养能够胜任针对不同人群及领域的社会服务与社会管理的应用型高级专业人才
20	金融硕士	master of finance (MF)	2010	培养具备良好的政治思想素质和职业道德素养，充分了解金融理论与实务，系统掌握投融资管理技能、金融交易技术与操作、金融产品设计与定价、财务分析、金融风险管理以及相关领域的知识和技能，具有很强的解决金融实际问题能力的高层次、应用型金融专门人才
21	应用统计硕士	master of applied statistics (M. A. S.)	2010	培养具备良好的政治思想素质和职业道德素养，具有良好的统计学背景，系统掌握数据采集、处理、分析和开发的知识与技能，具备熟练应用计算机处理和分析数据的能力，能够在国家机关、党群团体、企事业单位、社会组织及科研教学部门从事统计调查咨询、数据分析、决策支持和信息管理的高层次、应用型应用统计专门人才

续前表

序号	专业学位类别	英文名称及缩写	获批年份	人才培养目标
22	税务硕士	master of taxation (MT)	2010	面向税务机关、企业、中介机构及司法部门等相关职业部门，培养具备良好的政治思想素质和职业道德素养，系统掌握税收理论与政策、税收制度、税务管理以及相关领域的知识和技能，充分了解税务稽查、税务筹划以及税务代理等高级税收实务并熟练掌握其分析方法与操作技能，具有解决实际涉税问题能力的高层次、应用型专门人才
23	国际商务硕士	master of international business (MIB)	2010	适应经济全球化需要，培养胜任在涉外企事业单位、政府部门和社会团体从事国际商务经营运作与管理工作，具备良好的政治思想素质和职业道德素养，通晓现代商务基础理论，具备完善的国际商务知识、国际商务分析与决策能力，熟练掌握现代国际商务实践技能，具有较高的外语水平和较强的跨文化交流能力的高层次、应用型、复合型国际商务专门人才
24	保险硕士	master of insurance (MI)	2010	面向各类保险公司、保险监管机构、灾害预防和控制机构、社会保障组织和各类企事业单位，培养具备良好的政治思想素质和职业道德，掌握经济学基础知识，具有从事风险评估与管理、保险产品设计、保险精算、保险财务管理和保险运营管理能力的高层次、应用型、复合型保险专门人才
25	资产评估硕士	master of valuation (MV)	2010	面向资产评估行业，培养具备良好的政治思想素质和职业道德，系统掌握资产评估基本原理，具备从事资产评估职业所要求的知识和技能，对资产评估实务有充分的了解，具有很强的解决实际问题能力的高层次、应用型的资产评估专门人才
26	警务硕士	master of policing (MP)	2010	培养具备良好的政治思想素质和职业道德修养，忠诚可靠，业务扎实，勇于创新，精于实战，具有综合运用法律、公安基础理论、经济、科技、外语等知识，独立从事各项公安工作能力的高层次、应用型公安专门人才

续前表

序号	专业学位类别	英文名称及缩写	获批年份	人才培养目标
27	应用心理硕士	master of applied psychology (MAP)	2010	培养具备良好的政治思想素质和职业道德素养，掌握充分的心理学基础知识，具有将心理学理论和技术应用于某一相关领域以解决实际问题的能力，适应社会、经济、文化、教育、医疗、国防、体育等某一特定职业领域需要的高层次、应用型心理学专门人才
28	新闻与传播硕士	master of journalism and communication (MJC)	2010	培养具备良好的政治思想素质和职业道德素养，具有现代新闻传播理念与国际化视野，深入了解中国基本国情，熟练掌握新闻传播技能与方法的高层次、应用型新闻传播专门人才
29	出版硕士	master of publishing (MP)	2010	培养具备良好的政治思想素质和职业道德素养，掌握出版专业知识和技能，具有较宽的知识面，能够综合运用管理、经济、法律、外语、计算机等知识解决出版业实际问题，适应现代出版业发展需要的高层次、复合型、应用型出版专门人才
30	文物与博物馆硕士	master of cultural heritage and museology (M. C. H. M)	2010	为各级文物管理机构及各类博物馆、研究机构、出版机构、社团组织、文物商店、拍卖行等，培养具备良好的政治思想素质和职业道德素养，具有现代文博事业理念，较好掌握文物与博物馆及相关领域的知识和技能，能胜任较高水平业务或管理工作的高层次、应用型文物与博物馆专门人才
31	城市规划硕士	master of urban planning (MUP)	2010	培养具备良好的政治思想素质和职业道德素养，具有“以人为本、服务社会、科学发展”的专业价值观，掌握城市规划与设计的理论、方法和技术，熟悉相关学科的理论和知识，能够胜任城市规划管理和城市规划设计领域实务工作的高层次、应用型城市规划专门人才
32	林业硕士	master of forestry (MF)	2010	培养具备良好的政治思想素质和职业道德素养，具有系统的林业基本理论和专业知识，熟练运用现代林业技术，适应林业及生态建设发展需要的高层次、应用型、复合型林业专门人才

续前表

序号	专业学位类别	英文名称及缩写	获批年份	人才培养目标
33	护理硕士	master of nursing specialist (MNS)	2010	培养具备良好的政治思想素质和职业道德素养，具有本学科坚实的理论基础和系统的专业知识、较强的临床分析和思维能力，能独立解决本学科领域内的常见护理问题，并具有较强的研究、教学能力的高层次、应用型、专科型护理专门人才
34	药学硕士	professional master of pharmacy (M. Pharm)	2010	面向药物技术转化、生产、流通、使用、监管等职业领域，培养具备良好的政治思想素质和职业道德素养，较好掌握药学及相关学科专业知识，具有较强的技术创新能力和解决实际问题能力的高层次、应用型药学专门人才
35	中药学硕士	master of Chinese materia medica (MCMM)	2010	培养热爱中医药事业，具备良好的专业素质和职业道德，系统掌握本学科基本理论和专业技能，具有较强的实践能力和创新精神，能结合实际工作发现问题、提出问题、分析和解决问题，胜任中药生产、质量评价与控制、新药研发、注册申请、流通管理、合理使用、临床及社会服务等工作的高层次、应用型中药学专门人才
36	旅游管理硕士	master of tourism administration (MTA)	2010	培养具备良好的政治思想素质和职业道德素养，掌握旅游基本理论知识和管理方法及技能，熟悉旅游业务实际，具有优秀的沟通能力和解决实际问题的综合能力，能够胜任现代旅游业实际工作需要的高层次、应用型、复合型旅游管理专门人才
37	图书情报硕士	master of library and information studies (MLIS)	2010	培养具备良好的政治思想素质和职业道德素养，掌握扎实的图书情报专业知识和技能，具有较高的外语水平和较强的跨文化交际能力，具有综合运用管理、经济、法律、计算机等知识解决图书情报工作中的实际问题的能力，适应社会信息化和国民经济建设需要的高层次、应用型、复合型图书情报专门人才

续前表

序号	专业学位类别	英文名称及缩写	获批年份	人才培养目标
38	工程管理硕士	master of engineering management (MEM)	2010	培养具备良好的政治思想素质和职业道德素养，掌握系统的管理理论、现代管理方法，以及相关工程领域的专门知识，能独立担负工程管理工作，具有计划、组织、协调和决策能力的高层次、应用型工程管理专门人才

（2）专业学位授权点数量与分布

截至2010年末，我国有专业学位授予权的培养单位达到509个，累计招收专业学位研究生超过100万人。我国现已基本形成了以硕士专业学位为主，博士、硕士、学士三个学位层次并存的专业学位教育体系。

2010年，全国共有硕士专业学位授权点2 723个、博士专业学位授权点83个（见表2.3）。硕士专业学位授权点最为集中的5个省（直辖市）为：北京、江苏、湖北、上海和山东；博士专业学位授权点最为集中的5个省（直辖市）为：北京、江苏、上海、广东和湖北。

表2.3　2010年全国专业学位授权点的省（自治区、直辖市）分布情况

省（自治区、直辖市）名称	专业学位授权点			
	博士点（个）	比重（%）	硕士点（个）	比重（%）
北京市	12	14.46	312	11.46
天津市	2	2.41	92	3.38
河北省	1	1.20	91	3.34
山西省	0	0.00	50	1.84
内蒙古自治区	0	0.00	34	1.25
辽宁省	3	3.61	125	4.59
吉林省	4	4.82	91	3.34
黑龙江省	3	3.61	81	2.97
上海市	8	9.64	160	5.88
江苏省	8	9.64	202	7.42
浙江省	4	4.82	89	3.27
安徽省	1	1.20	81	2.97
福建省	1	1.20	73	2.68
江西省	1	1.20	57	2.09
山东省	4	4.82	156	5.73

续前表

省（自治区、直辖市）名称	专业学位授权点			
	博士点（个）	比重（%）	硕士点（个）	比重（%）
河南省	1	1.20	87	3.20
湖北省	6	7.23	164	6.02
湖南省	2	2.41	96	3.53
广东省	7	8.43	124	4.55
广西壮族自治区	1	1.20	43	1.58
海南省	0	0.00	8	0.29
重庆市	3	3.61	71	2.61
四川省	3	3.61	117	4.30
贵州省	0	0.00	25	0.92
云南省	0	0.00	67	2.46
西藏自治区	0	0.00	3	0.11
陕西省	4	4.82	119	4.37
甘肃省	3	3.61	50	1.84
青海省	0	0.00	6	0.22
宁夏回族自治区	0	0.00	9	0.33
新疆维吾尔自治区	1	1.20	40	1.47
合计	83	100.00	2 723	100.00

资料来源：根据国务院学位委员会办公室提供的数据整理。

2. 专业学位的综合改革试点工作

2010 年 10 月，《教育部关于批准有关高等学校开展专业学位研究生教育综合改革试点工作的通知》（教研［2010］2 号）文件批准了北京大学等 64 所高校，在法律硕士等 15 个专业硕士学位类别开展综合改革试点工作（见表 2.4），探索符合专业学位研究生教育的培养模式、质量标准、保障体系和办学管理体制，共资助改革试点经费 2 360 万元。要求参加试点的学校和专业必须实行由学校教授和行业一线专业人士共同参与的双导师制，试点单位应当安排学生参加至少半年以上相关领域的实际工作，用工程报告或工作总结等代替毕业论文，试点单位不再把在 SCI 或 EI 等上发表论文作为专业学位的评定指标，试点单位需设置专门的专业学位分委员会评定专业学位等。上述举措在试点学校的实效明显。

表 2.4 2010 年开展专业学位研究生教育综合改革试点工作的高等学校及相关专业学位类别

序号	单位名称	专业学位类别（领域）
1	北京大学	法律硕士 工商管理硕士 公共卫生硕士
2	中国人民大学	法律硕士 工商管理硕士 公共管理硕士
3	清华大学	法律硕士 工程硕士（核能与核技术工程） 工商管理硕士
4	北京工业大学	工程硕士（机械工程） 工程硕士（建筑与土木工程）
5	北京航空航天大学	工程硕士（电子与通信工程） 工程硕士（航空工程） 工商管理硕士
6	中国农业大学	工程硕士（食品工程） 农业推广硕士
7	北京林业大学	风景园林硕士
8	北京师范大学	教育硕士 公共管理硕士 汉语国际教育硕士
9	首都师范大学	教育硕士
10	中央财经大学	法律硕士 工商管理硕士 会计硕士
11	北京体育大学	体育硕士
12	中央音乐学院	艺术硕士
13	中国政法大学	法律硕士
14	中国石油大学	工程硕士（地质工程） 工程硕士（化学工程） 工程硕士（石油与天然气工程）
15	天津师范大学	教育硕士 汉语国际教育硕士
16	河北大学	法律硕士
17	内蒙古大学	工商管理硕士
18	沈阳师范大学	教育硕士 法律硕士
19	沈阳工业大学	工程硕士（电气工程）
20	东北大学	工程硕士（控制工程） 工商管理硕士 公共管理硕士
21	吉林大学	法律硕士 工程硕士（车辆工程） 公共管理硕士

续前表

序号	单位名称	专业学位类别（领域）
22	黑龙江大学	法律硕士
23	哈尔滨工业大学	工程硕士（环境工程） 工程硕士（机械工程） 工程硕士（控制工程）
24	复旦大学	工商管理硕士 公共管理硕士 公共卫生硕士
25	同济大学	工程硕士（车辆工程） 工程硕士（建筑与土木工程）
26	上海交通大学	法律硕士 工程硕士（机械工程） 工商管理硕士
27	上海海洋大学	农业推广硕士
28	华东师范大学	工商管理硕士 教育硕士 汉语国际教育硕士
29	上海外国语大学	翻译硕士
30	南京大学	法律硕士 会计硕士 翻译硕士
31	南京工业大学	工程硕士（材料工程）
32	河海大学	工程硕士（水利工程）
33	江南大学	工程硕士（工业设计工程） 工程硕士（轻工技术与工程） 工程硕士（食品工程）
34	南京农业大学	兽医硕士
35	南京师范大学	法律硕士 教育硕士 艺术硕士
36	山东科技大学	工程硕士（测绘工程） 工程硕士（矿业工程）
37	山东师范大学	教育硕士
38	浙江工业大学	工程硕士（机械工程）
39	安徽大学	法律硕士
40	中国科学技术大学	工程硕士（控制工程） 工商管理硕士
41	福州大学	工程硕士（计算机技术） 工商管理硕士
42	郑州大学	工程硕士（计算机技术） 工商管理硕士 公共管理硕士
43	武汉大学	法律硕士 工程硕士（测绘工程） 工商管理硕士

续前表

序号	单位名称	专业学位类别（领域）
44	湖北大学	工商管理硕士
45	湘潭大学	法律硕士
46	中山大学	工商管理硕士 公共管理硕士 汉语国际教育硕士
47	华南师范大学	教育硕士
48	广州大学	教育硕士 艺术硕士
49	海南大学	法律硕士
50	广西大学	农业推广硕士
51	重庆大学	工程硕士（控制工程） 工商管理硕士 建筑学硕士
52	西南交通大学	工程硕士（电气工程） 工程硕士（建筑与土木工程） 工程硕士（交通运输工程）
53	西南石油大学	工程硕士（石油与天然气工程）
54	西南大学	教育硕士
55	西南政法大学	法律硕士
56	贵州大学	法律硕士
57	云南大学	法律硕士 工商管理硕士
58	西安理工大学	工程硕士（水利工程）
59	西安电子科技大学	工程硕士（电子与通信工程） 工程硕士（集成电路工程）
60	西安建筑科技大学	工程硕士（建筑与土木工程） 建筑学硕士
61	陕西师范大学	教育硕士
62	西北师范大学	教育硕士
63	新疆大学	工程硕士（计算机技术）
64	石河子大学	农业推广硕士

资料来源：见 http://www.moe.gov.cn/publicfiles/business/htmlfiles/moe/s4927/201011/xxgk_110497.html。

二、学位授予

（一）学位授予规模

2010 年，我国共授予博士学位 50 735 人，硕士学位 458 214 人，学士学位 2 837 655 人。各学位类别按学科门类授予的详细数据见表 2.5。

表 2.5　　2010 年全国博士、硕士和学士学位授予规模　　单位：人

学位类别	合计	哲学	经济学	法学	教育学	文学	历史学
博士	50 735	661	2 333	2 358	870	2 200	800
硕士	458 214	4 085	20 109	26 983	15 542	36 437	4 306
学士	2 837 655	2 038	185 523	144 893	80 914	531 373	13 985
学位类别	理学	工学	农学	医学	军事学	管理学	专业学位
博士	9 372	18 033	1 933	5 482	493	3 879	2 321
硕士	34 641	115 527	12 149	30 695	3 798	30 440	122 842
学士	305 161	857 098	48 625	164 360	12 199	488 241	3 245

资料来源：根据国务院学位委员会办公室提供的数据整理。

2010 年，我国学士学位授予主要集中于文学、工学、管理学、理学等学科门类，博士学位授予主要集中于工学、医学、理学这三大学科门类，硕士学位授予则主要集中于工学、文学、理学、医学、管理学等学科类别和专业学位。这种学位授予的层次和结构充分体现了我国现阶段的人才培养特征、学科发展特征和经济社会发展的需求特征。

表 2.6 表明了 2010 年（除军事学外）全国学位授予规模和结构与上年相比的变化情况。2010 年全国学位授予人数比 2009 年增加 4.92%。其中，博士学位授予人数增加 1.96%，硕士学位授予人数增加 3.30%，学士学位授予人数增加 5.21%。

表 2.6　　2010 年全国学位授予规模和结构的变化情况

年份	博士学位		硕士学位		学士学位		合计	
	人数（人）	比重（%）	人数（人）	比重（%）	人数（人）	比重（%）	人数（人）	比重（%）
2009	49 278	1.55	439 253	13.84	2 684 790	84.61	3 173 321	100.00
2010	50 242	1.51	453 756	13.63	2 825 456	84.86	3 329 454	100.00

说明：不包括军事学。

资料来源：根据国务院学位委员会办公室提供的数据整理。

从各层次学位授予人数的比重看，2010 年博士学位授予数占全国学位授予数的比重较 2009 年下降了 0.04 个百分点，硕士学位授予数占全国学位授予数的比重较 2009 年下降了 0.21 个百分点，学士学位授予数占全国学位授予数的比重较 2009 年上升了 0.25 个百分点。

（二）学位授予结构

1. 学位授予的层次结构

从表 2.7 可以看出，2010 年全国授予学位的硕博比为 9.03∶1，与前几年相比，有所提高（2000 年授予学位的硕博比为 5.3∶1；2005 年授予学位的硕博比为 7.8∶1；2009 年授予学位的硕博比为 8.9∶1）。从学科门类看，2010 年全国授予学位的硕博比由高到低依次为（不含专业学位）：教育学（硕博比为 17.86∶1）、文学（硕博比为 16.56∶1）、法学（硕博比为 11.44∶1）、经济学（硕博比为 8.62∶1）、管理学（硕博比为 7.85∶1）、军事学（硕博比为 7.70∶1）、工学（硕博比为 6.41∶1）、农学（硕博比为6.29∶1）、哲学（硕博比为 6.18∶1）、医学（硕博比为 5.60∶1）、历史学（硕博比为 5.38∶1）、理学（硕博比为 3.70∶1）。

2010 年，全国授予学位的本硕比为 6.19∶1。从学科门类看，授予学位的本硕比由高到低依次为（不含专业学位）：管理学（本硕比为16.04∶1）、文学（本硕比为 14.58∶1）、经济学（本硕比为9.23∶1）、理学（本硕比为 8.81∶1）、工学（本硕比为 7.42∶1）、法学（本硕比为 5.37∶1）、医学（本硕比为 5.35∶1）、教育学（本硕比为 5.21∶1）、农学（本硕比为 4.00∶1）、历史学（本硕比为 3.25∶1）、军事学（本硕比为 3.21∶1）、哲学（本硕比为 0.50∶1）。

表 2.7　　2010 年我国博士、硕士和学士学位授予比重

类别	合计	哲学	经济学	法学	教育学	文学	历史学
硕博比	9.03	6.18	8.62	11.44	17.86	16.56	5.38
本硕比	6.19	0.50	9.23	5.37	5.21	14.58	3.25
类别	理学	工学	农学	医学	军事学	管理学	专业学位
硕博比	3.70	6.41	6.29	5.60	7.70	7.85	52.93
本硕比	8.81	7.42	4.00	5.35	3.21	16.04	0.03

资料来源：根据国务院学位委员会办公室提供的数据整理。

2. 学位授予的类型结构

2010 年，我国授予的学术型学位仍占主体地位，其中，博士超过 95%，硕士也高达近 73%。

我国专业硕士学位是从 20 世纪 90 年代开始建设和开展学位授予工作的，1997 年授予专业硕士学位的专业学位有三个：工商管理、建筑学和临床医学，占当年授予硕士学位总数的 2.5%。十多年来，我国的专业硕士学位授予规模得到了很大幅度的扩大，2010 年，专业硕士学位授予数占硕士学位授予总数的比例已经达到 26.95%（见表 2.8）。

表 2.8　2010 年各专业学位授予规模

专业学位类型		博士（人）	博士占比（%）	硕士（人）	硕士占比（%）
专业学位	法律硕士			10 361	8.39
	教育硕士			9 479	7.68
	工程硕士			44 896	36.35
	建筑学硕士			971	0.79
	临床医学专业学位	2 173	93.62	15 542	12.58
	工商管理硕士			23 468	19.00
	农业推广硕士			4 300	3.48
	兽医专业学位	42	1.81	410	0.33
	公共管理硕士			8 181	6.62
	口腔医学专业学位	106	4.57	694	0.56
	军事硕士			660	0.53
	公共卫生硕士			691	0.56
	会计硕士			1 403	1.14
	体育硕士			730	0.59
	艺术硕士			1 175	0.95
	风景园林硕士			330	0.27
	汉语国际教育硕士			115	0.09
	翻译硕士			96	0.08
年度授予专业学位合计（人）		2 321	—	123 502	—
年度授予学位总人数（人）		50 735	—	458 214	—
年度授予专业学位所占比重（%）		4.57	—	26.95	—

资料来源：根据国务院学位委员会办公室提供的数据整理。

从数据来看，2010 年我国授予专业学位人数最多是工程硕士，占 36.35%，其他依次为：工商管理硕士，占 19.00%；临床医学专业学位，占 12.58%；法律硕士，占 8.39%；教育硕士，占 7.68%；公共管理硕士，占 6.62%（见图 2.1）。这六个专业硕士学位占总授予专业学位数量的 90.62%。此外，在授予的专业博士学位中，临床医学专业学位以 93.62%占主导地位。

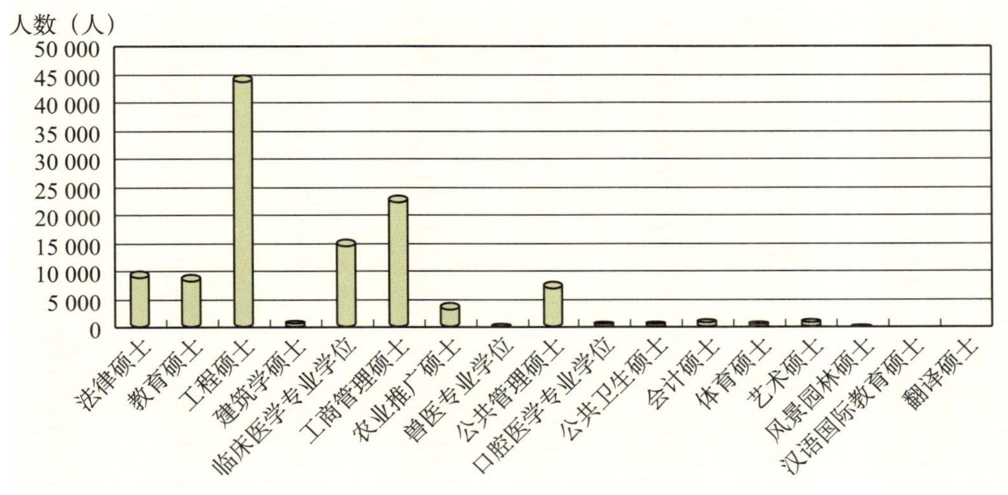

图 2.1 2010 年各专业硕士学位授予人数

表 2.9 表明了 2010 年全国硕士学位授予规模和结构的变化情况。根据表 2.9，2010 年全国硕士学位授予中，学术型硕士学位授予占 72.93%，是硕士学位授予的主体。与 2009 年相比，2010 年专业硕士学位授予数量占全国硕士学位授予数量的比重较 2009 年增加 0.02%。

表 2.9 2010 年全国硕士学位授予规模和结构的变化情况（不包括军事学、军事硕士）

年份	学术型硕士学位		专业硕士学位		合计	
	人数（人）	比重（%）	人数（人）	比重（%）	人数（人）	比重（%）
2009	320 449	72.95	118 804	27.05	439 253	100.00
2010	330 914	72.93	122 842	27.07	453 756	100.00

资料来源：根据国务院学位委员会办公室提供的数据整理。

3. 学位授予的学科结构

学位授予的学科结构是高等教育资源状况最直接的反映和体现，是评价高等教育资源配置和科研资源配置合理与否的最直接、最集中的指标之一。一般而言，学科结构本身包含着各种不同的因素，但在不同学科内的资源配置中，学生是最基本的因素，因而选择不同学科授予学位的人数作为分析对象，可以反映整个学科结构变化的一般特点。

（1）按学科门类的学位授予结构

1）学士学位授予的学科结构。2010 年，我国各类学士学位授予机构共授予 2 837 655 人学士学位。从学科门类来看，工学所占比重最大，达到30.20%，其他学科门类依次为：文学（18.73%）、管理学（17.21%）、理学（10.75%）、经济学（6.54%）、医学（5.79%）、法学（5.11%）、教育学（2.85%）、农学（1.71%）、历史学（0.49%）、军事学（0.43%）、哲学（0.07%）。此外，专业学位所占比重为0.11%。文学、工学、管理学、理学这四个学科门类的学士学位比重之和达到了76.89%，是我国本科教育的主体（见表2.10、图2.2）。

表2.10　2010年全国授予学士学位人数及所占比重

	合计	哲学	经济学	法学	教育学	文学	历史学
人数（人）	2 837 655	2 038	185 523	144 893	80 914	531 373	13 985
比重（%）	100.00	0.07	6.54	5.11	2.85	18.73	0.49
	理学	工学	农学	医学	军事学	管理学	专业学位
人数（人）	305 161	857 098	48 625	164 360	12 199	488 241	3 245
比重（%）	10.75	30.20	1.71	5.79	0.43	17.21	0.11

资料来源：根据国务院学位委员会办公室提供的数据整理。

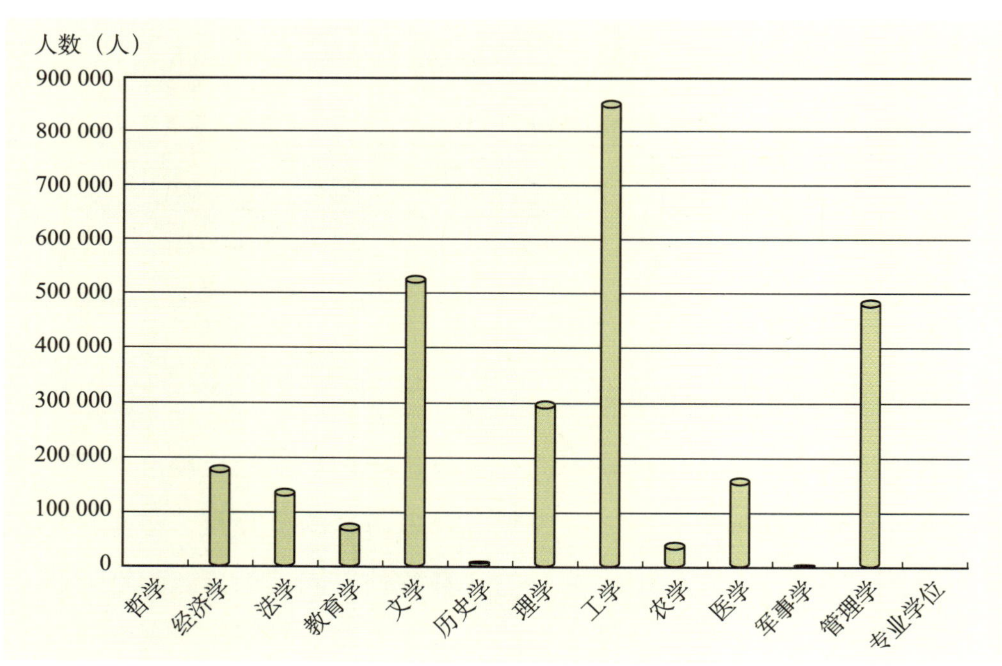

图2.2　2010年全国授予学士学位分学科门类人数

2）硕士学位授予的学科结构。2010年，我国各类硕士学位授予机构共授予458 214人硕士学位。从学科门类来看，工学所占比重最大，达到25.21%，其他学科门类依次为：文学（7.95%）、理学（7.56%）、医学（6.70%）、管理学（6.64%）、法学（5.89%）、经济学（4.39%）、教育学（3.39%）、农学（2.65%）、历史学（0.94%）、哲学（0.89%）、军事学（0.83%）。此外，专业学位所占比重高达26.95%，超过任何一个单独的学科门类，说明我国的专业学位授予数量在硕士层次有了重大突破，专业硕士学位有了长足的发展（见表2.11、图2.3）。

表2.11　　2010年全国授予硕士学位人数及所占比重

	合计	哲学	经济学	法学	教育学	文学	历史学
人数（人）	458 214	4 085	20 109	26 983	15 542	36 437	4 306
比重（%）	100.00	0.89	4.39	5.89	3.39	7.95	0.94
	理学	工学	农学	医学	军事学	管理学	专业学位
人数（人）	34 641	115 527	12 149	30 695	3 798	30 440	123 502
比重（%）	7.56	25.21	2.65	6.70	0.83	6.64	26.95

资料来源：根据国务院学位委员会办公室提供的数据整理。

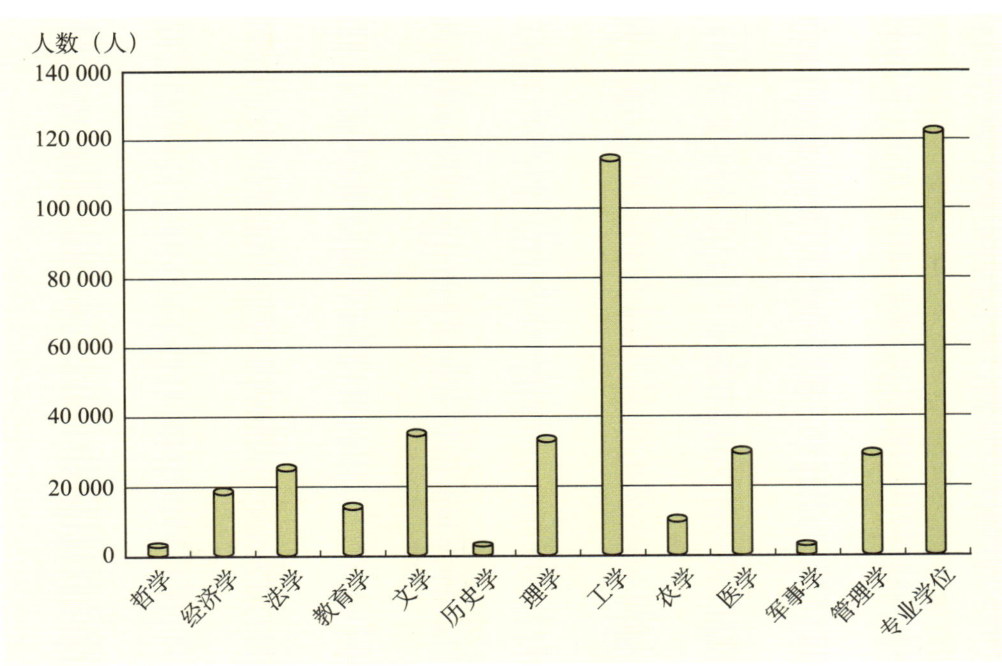

图2.3　2010年全国授予硕士学位分门类人数

3）博士学位授予的学科结构。2010年，我国各类博士学位授予机构共授予50 735人博士学位。从学科门类来看，工学所占比重最大，达到35.54%，其他学科门类依次为：理学（18.47%）、医学（10.81%）、管理学（7.65%）、法学（4.65%）、经济学（4.60%）、文学（4.34%）、农学（3.81%）、教育学（1.71%）、历史学（1.58%）、哲学（1.30%）、军事学（0.97%）。此外，专业博士学位所占比重为4.57%，这些专业学位都与医学相关，包括临床医学专业学位、口腔医学专业学位和兽医专业学位。工学、理学、医学这三个学科门类授予博士学位所占比重之和达到了64.82%，是我国博士教育的主体学科（见表2.12、图2.4）。

表2.12　2010年全国授予博士学位人数及所占比重

	合计	哲学	经济学	法学	教育学	文学	历史学
人数（人）	50 735	661	2 333	2 358	870	2 200	800
比重（%）	100.00	1.30	4.60	4.65	1.71	4.34	1.58
	理学	工学	农学	医学	军事学	管理学	专业学位
人数（人）	9 372	18 033	1 933	5 482	493	3 879	2 321
比重（%）	18.47	35.54	3.81	10.81	0.97	7.65	4.57

资料来源：根据国务院学位委员会办公室提供的数据整理。

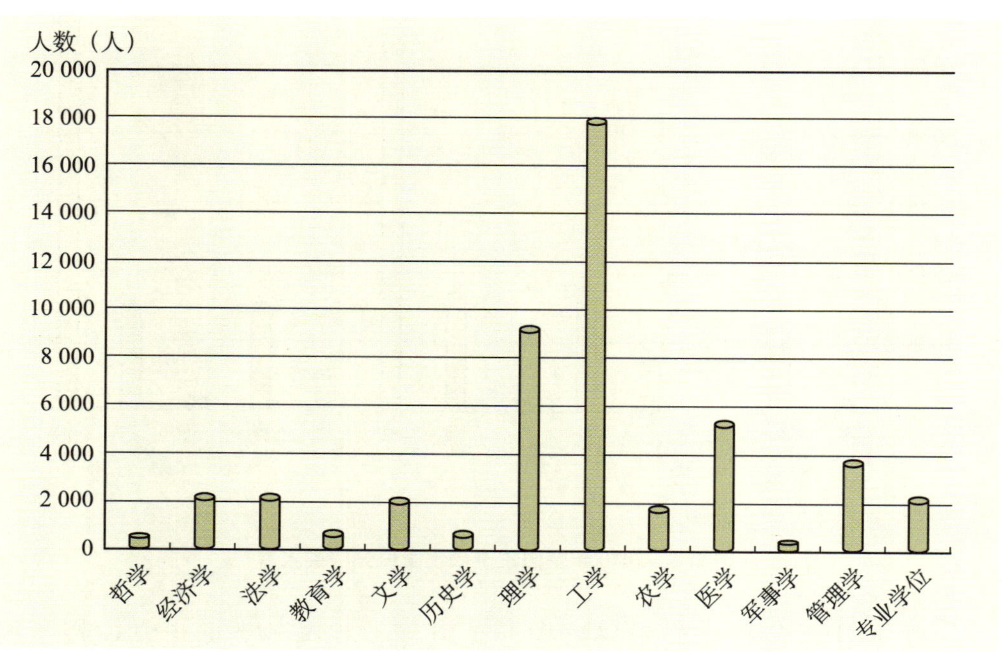

图2.4　2010年全国授予博士学位分门类人数

12个学科门类中，学士、硕士、博士学位授予和各级学位比重反映了学科发展特征与人才培养规律。从2010年的数据看，历史学、哲学、农学、医学的学士、硕士、博士所占比重是逐级递增的，这四个学科门类的学士数量占8.06%，硕士学位数量占11.18%，博士学位数量占17.50%。文学、管理学这两个学科门类中，学士学位数量所占比重很大，分别为18.73%和17.21%，但其硕士学位、博士学位数量所占的比重都较小。理学、工学是我国的两大学科门类，特别是工学，学士学位、硕士学位、博士学位所占比重都是最大的，而理学的博士学位占比较大，达到了18.47%。经济学、法学、教育学的学士、硕士、博士数量基本上是平衡的，学士、硕士、博士所占比重变化不大。

(2) 按一级学科的学位授予结构

根据1997年颁布的《授予博士、硕士学位和培养研究生的学科、专业目录》，各学科门类的一级学科设置情况分别为：哲学，1个一级学科；经济学，2个一级学科；法学，5个一级学科；教育学，3个一级学科；文学，4个一级学科；历史学，1个一级学科；理学，12个一级学科；工学，32个一级学科；农学，8个一级学科；医学，8个一级学科；管理学，5个一级学科。除哲学和历史学两个学科门类只有1个一级学科以外，其余9个学科门类都包含有两个或两个以上一级学科。

1) 经济学门类下的一级学科学位授予。经济学所包含的一级学科有两个：理论经济学和应用经济学。2010年，全国共授予经济学硕士学位20 109人，经济学博士学位2 333人。如表2.13所示，应用经济学授予硕士学位的数量占据绝大多数，比重高达81.55%。

表2.13　2010年全国授予经济学博士、硕士学位一级学科人数及比重

一级学科名称	博士（人）	硕士（人）	博士比重（%）	硕士比重（%）	硕博比
理论经济学	872	3 711	37.38	18.45	4.26
应用经济学	1 461	16 398	62.62	81.55	11.22
合计	2 333	20 109	100.00	100.00	8.62

资料来源：根据国务院学位委员会办公室提供的数据整理。

2003年以前，理论经济学授予博士学位的数量一直多于应用经济学。近年来，应用经济学授予博士学位的数量迅速增加，已大幅超过理论经济学，2010年，其所占比重超过六成（见图2.5）。

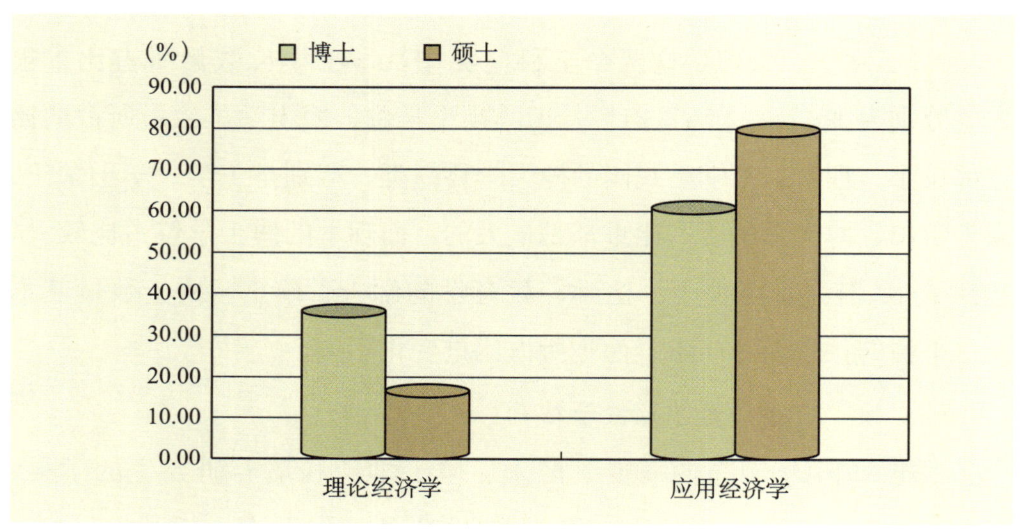

图2.5　2010年全国授予经济学博士、硕士学位各一级学科所占比重

2）法学门类下的一级学科学位授予。法学所包含的一级学科有5个。2010年，全国共授予法学硕士学位26 983人，法学博士学位2 358人。如表2.14和图2.6所示，该门类的构成主体为法学，该一级学科授予的硕士学位所占比重超过半数，为52.53%，授予的博士学位也超过四成，占43.72%。民族学授予的硕士和博士学位所占比重都是最小，分别为3.29%和7.80%；马克思主义理论授予的硕士和博士学位所占比重与上年相比增长最快，分别达到23.64%和15.78%。

表2.14　2010年全国授予法学博士、硕士学位一级学科人数及比重

一级学科名称	博士（人）	硕士（人）	博士比重（%）	硕士比重（%）	硕博比
法学	1 031	14 173	43.72	52.53	13.75
政治学	503	3 587	21.33	13.29	7.13
社会学	268	1 956	11.37	7.25	7.30
民族学	184	889	7.80	3.29	4.83
马克思主义理论	372	6 378	15.78	23.64	17.15
合计	2 358	26 983	100.00	100.00	11.44

资料来源：根据国务院学位委员会办公室提供的数据整理。

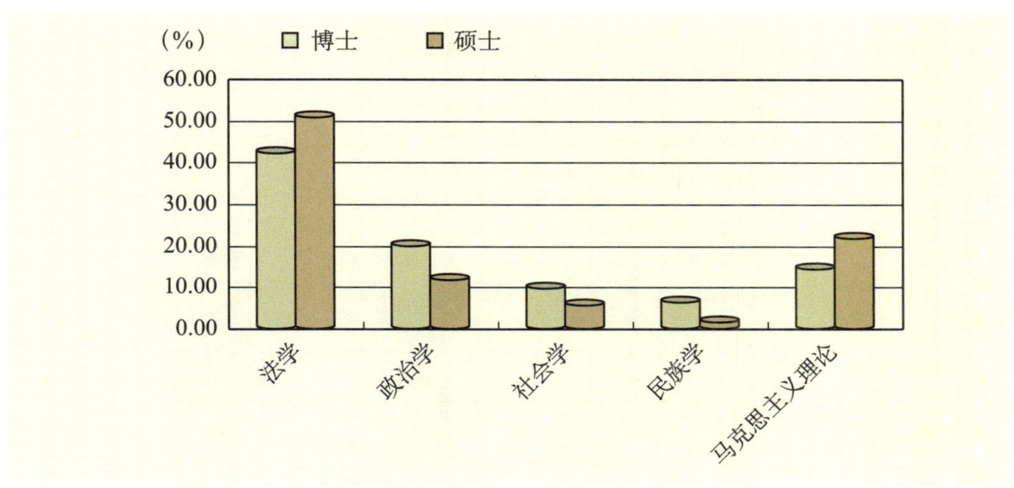

图 2.6 2010 年全国授予法学博士、硕士学位各一级学科所占比重

3）教育学门类下的一级学科学位授予。教育学所包含的一级学科有 3 个。2010 年，全国共授予教育学硕士学位 15 542 人，教育学博士学位 870 人。如表 2.15 和图 2.7 所示，该门类中教育学一级学科占据主导地位，授予的硕士学位比重达到 51.01%，博士学位比重达到 50.92%。心理学一级学科授予的硕士学位所占比重最小，为 19.64%；体育学一级学科授予的博士学位所占比重最小，为 23.56%。

表 2.15 2010 年全国授予教育学博士、硕士学位一级学科人数及比重

一级学科名称	博士（人）	硕士（人）	博士比重（%）	硕士比重（%）	硕博比
教育学	443	7 928	50.92	51.01	17.90
心理学	222	3 052	25.52	19.64	13.75
体育学	205	4 562	23.56	29.35	22.25
合计	870	15 542	100.00	100.00	17.86

资料来源：根据国务院学位委员会办公室提供的数据整理。

4）文学门类下的一级学科学位授予。文学所包含的一级学科有 4 个。2010 年，全国共授予文学硕士学位 36 437 人，文学博士学位 2 200 人。如表 2.16 和图 2.8 所示，该门类中外国语言文学一级学科授予的硕士学位所占比重最大，达 32.34%；而在博士学位授予中，中国语言文学一级学科占据主导地位，高达 57.95%。新闻传播学一级学科授予的硕士和博士学位所占比重最小，分别为 10.84%和 9.50%。

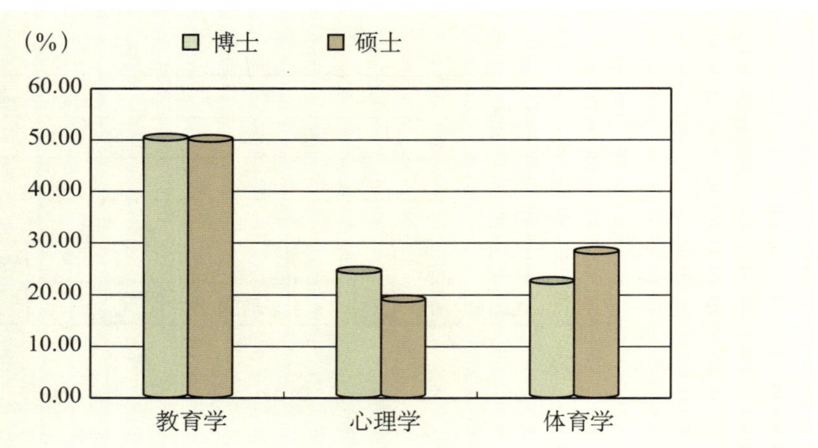

图 2.7　2010 年全国授予教育学博士、硕士学位各一级学科所占比重

表 2.16　　2010 年全国授予文学博士、硕士学位一级学科人数及比重

一级学科名称	博士（人）	硕士（人）	博士比重（%）	硕士比重（%）	硕博比
中国语言文学	1 275	10 560	57.95	28.98	8.28
外国语言文学	348	11 784	15.82	32.34	33.86
新闻传播学	209	3 951	9.50	10.84	18.90
文艺学	368	10 142	16.73	27.83	27.56
合计	2 200	36 437	100.00	100.00	16.56

资料来源：根据国务院学位委员会办公室提供的数据整理。

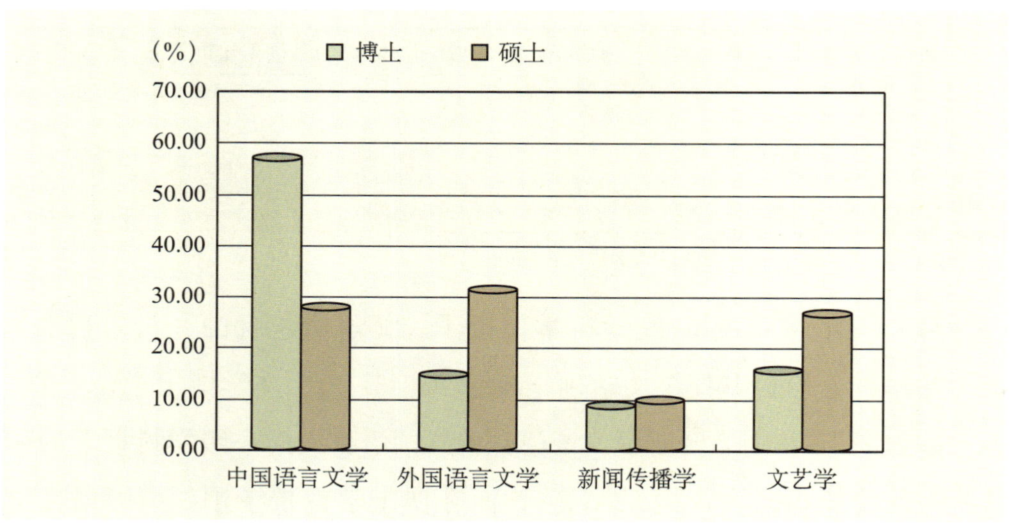

图 2.8　2010 年全国授予文学博士、硕士学位各一级学科所占比重

5）理学门类下的一级学科学位授予。理学所包含的一级学科有 12 个。2010 年，全国共授予理学硕士学位 34 641 人，理学博士学位 9 372 人。如表 2.17 和图 2.9 所示，该门类中授予硕士学位比重最大的 3 个一级学科依次为：生物学（30.30%）、数学（21.10%）和化学（19.98%）；而在博士学位授予中，所占比重最大的 3 个一级学科依次为：生物学（32.78%）、化学（22.34%）和物理学（14.94%）。授予硕士学位比重最小的 3 个一级学科依次为：天文学（0.33%）、科学技术史（0.39%）和地球物理学（0.66%）；授予博士学位比重最小的 3 个一级学科依次为：科学技术史（0.54%）、系统科学（0.60%）和天文学（0.87%）。

表 2.17　　2010 年全国授予理学博士、硕士学位一级学科人数及比重

一级学科名称	博士（人）	硕士（人）	博士比重（%）	硕士比重（%）	硕博比
数学	1 005	7 309	10.72	21.10	7.27
物理学	1 400	3 656	14.94	10.55	2.61
化学	2 094	6 920	22.34	19.98	3.30
天文学	82	114	0.87	0.33	1.39
地理学	614	3 100	6.55	8.95	5.05
大气科学	172	559	1.84	1.61	3.25
海洋科学	256	560	2.73	1.62	2.19
地球物理学	105	228	1.12	0.66	2.17
地质学	465	1 246	4.96	3.60	2.68
生物学	3 072	10 495	32.78	30.30	3.42
系统科学	56	320	0.60	0.92	5.71
科学技术史	51	134	0.54	0.39	2.63
合计	9 372	34 641	100.00	100.00	3.70

资料来源：根据国务院学位委员会办公室提供的数据整理。

6）工学门类下的一级学科学位授予。工学所包含的一级学科有 32 个。2010 年，全国共授予工学硕士学位 115 527 人，工学博士学位 18 033 人。如表 2.18 所示，该门类中授予硕士学位比重最大的 3 个一级学科依次为：计算机科学与技术（14.70%）、信息与通信工程（8.81%）和机械工程（8.45%）；而在博士学位授予中，所占比重最大的 3 个一级学科依次为：材料科学与工程（10.28%）、计算机科学与技术（8.62%）

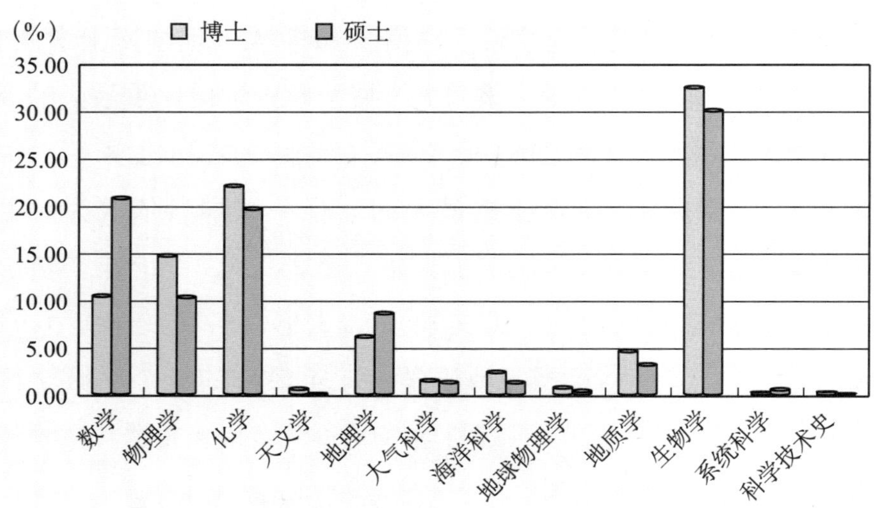

图 2.9　2010 年全国授予理学博士、硕士学位各一级学科所占比重

和机械工程（7.80%）。授予硕士学位比重最小的 3 个一级学科依次为：林业工程（0.28%）、核科学与技术（0.36%）和兵器科学与技术（0.48%）；授予博士学位比重最小的 3 个一级学科依次为：纺织科学与工程（0.44%）、林业工程（0.44%）和轻工技术与工程（0.63%）。

表 2.18　2010 年全国授予工学博士、硕士学位一级学科人数及比重

一级学科名称	博士（人）	硕士（人）	博士比重（%）	硕士比重（%）	硕博比
力学	555	1 676	3.08	1.45	3.02
机械工程	1 407	9 765	7.80	8.45	6.94
光学工程	308	1 263	1.71	1.09	4.10
仪器科学与技术	333	2 290	1.85	1.98	6.88
材料科学与工程	1 854	8 624	10.28	7.46	4.65
冶金工程	180	604	1.00	0.52	3.36
动力工程及工程热物理	574	3 072	3.18	2.66	5.35
电气工程	603	4 558	3.34	3.95	7.56
电子科学与技术	1 049	5 881	5.82	5.09	5.61
信息与通信工程	1 169	10 182	6.48	8.81	8.71
控制科学与工程	1 303	8 955	7.23	7.75	6.87
计算机科学与技术	1 554	16 988	8.62	14.70	10.93
建筑学	213	2 037	1.18	1.76	9.56
土木工程	1 004	7 543	5.57	6.53	7.51

续前表

一级学科名称	博士（人）	硕士（人）	博士比重（%）	硕士比重（%）	硕博比
水利工程	382	1 736	2.12	1.50	4.54
测绘科学与技术	211	921	1.17	0.80	4.36
化学工程与技术	935	6 288	5.18	5.44	6.73
地质资源与地质工程	579	2 297	3.21	1.99	3.97
矿业工程	300	1 922	1.66	1.66	6.41
石油与天然气工程	274	1 254	1.52	1.09	4.58
纺织科学与工程	79	897	0.44	0.78	11.35
轻工技术与工程	114	726	0.63	0.63	6.37
交通运输工程	462	3 052	2.56	2.64	6.61
船舶与海洋工程	117	836	0.65	0.72	7.15
航空宇航科学与技术	337	1 215	1.87	1.05	3.61
兵器科学与技术	220	554	1.22	0.48	2.52
核科学与技术	207	421	1.15	0.36	2.03
农业工程	180	986	1.00	0.85	5.48
林业工程	79	325	0.44	0.28	4.11
环境科学与工程	903	4 974	5.01	4.31	5.51
生物医学工程	301	1 109	1.67	0.96	3.68
食品科学与工程	247	2 576	1.37	2.23	10.43
合计	18 033	115 527	100.00	100.00	6.41

资料来源：根据国务院学位委员会办公室提供的数据整理。

7）农学门类下的一级学科学位授予。农学所包含的一级学科有 8 个。2010 年，全国共授予农学硕士学位 12 149 人，农学博士学位 1 933 人。如表 2.19 和图 2.10 所示，该门类中授予硕士学位比重最大的 3 个一级学科依次为：林学（20.36%）、兽医学（15.32%）和作物学（15.03%）；而在博士学位授予中，所占比重最大的 3 个一级学科依次为：作物学（20.33%）、林学（15.42%）和畜牧学（14.85%）。授予硕士学位比重最小的 3 个一级学科依次为：水产（4.38%）、农业资源利用（7.49%）和园艺学（10.31%）；授予博士学位比重最小的 3 个一级学科依次为：水产（2.85%）、园艺学（9.31%）和农业资源利用（9.98%）。

表 2.19　　2010 年全国授予农学博士、硕士学位一级学科人数及比重

一级学科名称	博士（人）	硕士（人）	博士比重（%）	硕士比重（%）	硕博比
作物学	393	1 826	20.33	15.03	4.65
园艺学	180	1 252	9.31	10.31	6.96
农业资源利用	193	910	9.98	7.49	4.72
植物保护	264	1 516	13.66	12.48	5.74
畜牧学	287	1 778	14.85	14.63	6.20
兽医学	263	1 861	13.61	15.32	7.08
林学	298	2 474	15.42	20.36	8.30
水产	55	532	2.85	4.38	9.67
合计	1 933	12 149	100.00	100.00	6.29

资料来源：根据国务院学位委员会办公室提供的数据整理。

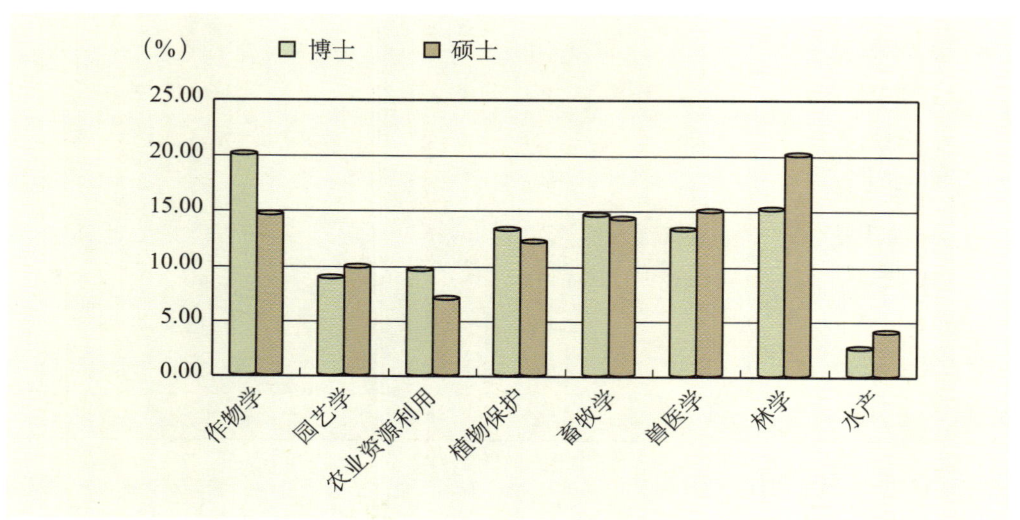

图 2.10　2010 年全国授予农学博士、硕士学位各一级学科所占比重

8）医学门类下的一级学科学位授予。医学所包含的一级学科有 8 个。2010 年，全国共授予医学硕士学位 30 695 人，医学博士学位 5 482 人。如表 2.20 和图 2.11 所示，该门类中授予硕士学位比重最大的 3 个一级学科依次为：临床医学（47.80%）、药学（16.70%）和基础医学（9.95%）；而在博士学位授予中，所占比重最大的 3 个一级学科依次为：临床医学（43.89%）、药学（15.38%）和基础医学（12.40%）。授予硕士学位比重最小的 3 个一级学科依次为：口腔医学（2.90%）、中药学（3.98%）和中西医结合（4.32%）；授予博士学位比重最小的 3 个一级学科依次为：口腔医学（2.33%）、中药学（2.99%）和中西医结合

(4.91%)。

表 2.20　2010 年全国授予医学博士、硕士学位一级学科人数及比重

一级学科名称	博士（人）	硕士（人）	博士比重（%）	硕士比重（%）	硕博比
基础医学	680	3 053	12.40	9.95	4.49
临床医学	2 406	14 671	43.89	47.80	6.10
口腔医学	128	889	2.33	2.90	6.95
公共卫生与预防医学	316	1 702	5.76	5.54	5.39
中医学	676	2 705	12.33	8.81	4.00
中西医结合	269	1 326	4.91	4.32	4.93
药学	843	5 127	15.38	16.70	6.08
中药学	164	1 222	2.99	3.98	7.45
合计	5 482	30 695	100.00	100.00	5.60

资料来源：根据国务院学位委员会办公室提供的数据整理。

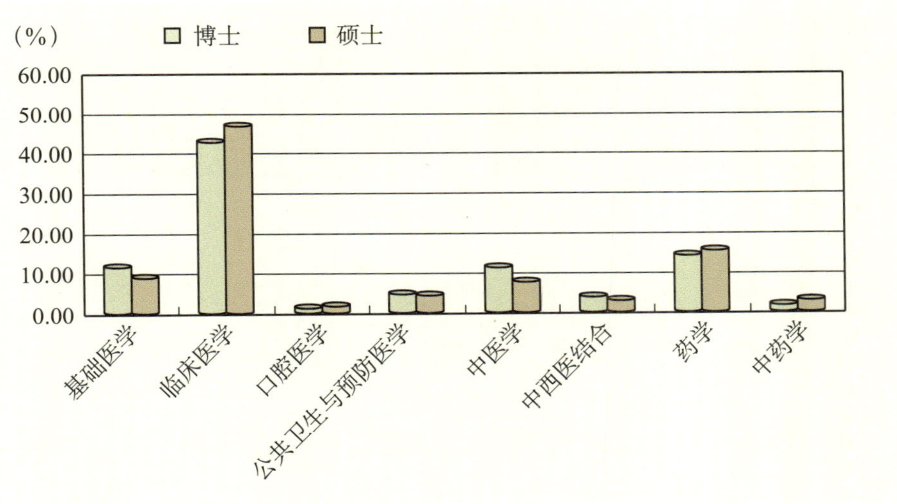

图 2.11　2010 年全国授予医学博士、硕士学位各一级学科所占比重

9）管理学门类下的一级学科学位授予。管理学所包含的一级学科有 5 个。2010 年，全国共授予管理学硕士学位 30 440 人，管理学博士学位 3 879 人。如表 2.21 和图 2.12 所示，该门类中工商管理一级学科授予的硕士学位占据主导地位，高达 47.06%，而在博士学位授予中，管理科学与工程一级学科所占比重最大，达 40.99%。农林经济管理一级学科授予的硕士学位所占比重最小，为 2.65%，图书馆、情报与档案管理一级学科授予的博士学位所占比重最小，为 2.99%。

表 2.21　　2010 年全国授予管理学博士、硕士学位一级学科人数及比重

一级学科名称	博士（人）	硕士（人）	博士比重（%）	硕士比重（%）	硕博比
管理科学与工程	1 590	5 168	40.99	16.98	3.25
工商管理	1 291	14 325	33.28	47.06	11.10
农林经济管理	401	806	10.34	2.65	2.01
公共管理	481	8 609	12.40	28.28	17.90
图书馆、情报与档案管理	116	1 532	2.99	5.03	13.21
合计	3 879	30 440	100.00	100.00	7.85

资料来源：根据国务院学位委员会办公室提供的数据整理。

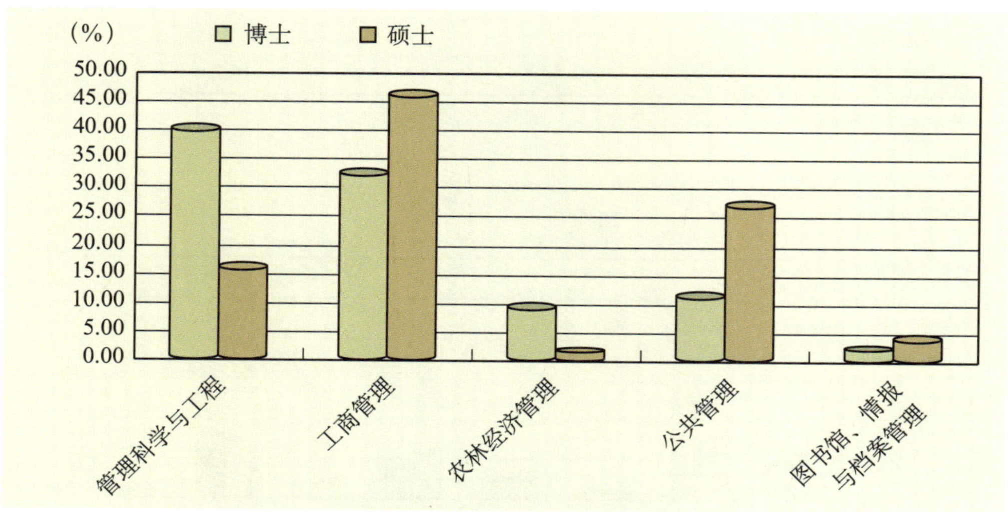

图 2.12　2010 年全国授予管理学博士、硕士学位各一级学科所占比重

从硕博比看，人文社会科学的硕博比普遍高于理工农医。教育学门类为 17.86，文学门类为 16.56，法学门类为 11.44，经济学门类为 8.62，管理学门类为 7.85，而理学门类仅为 3.70，工学门类为 6.41，农学门类为 6.29，医学门类为 5.60。从一级学科看，理工农医的一级学科硕博比大部分在 7 以下，只有工学门类的个别一级学科硕博比较高，如计算机科学与技术为 10.93，纺织科学与工程为 11.35，食品科学与工程为 10.43。人文社会科学的一级学科硕博比大部分在 10 以上，如法学为 13.75，应用经济学为 11.22，马克思主义理论为 17.15，教育学为 17.90，心理学为 13.75，体育学为 22.25，外国语言文学为 33.86，新闻传播学为 18.90，文艺学为 27.56，公共管理为 17.90，工商管理为 11.10，图书馆、情报与档案管理为 13.21，只有理论经济学、民族学、

农村经济管理、管理科学与工程的硕博比低于 5。

4. 学位授予的区域结构

研究生教育和学位授予的区域布局关系到国家的宏观发展战略。我国幅员辽阔，地区经济与文化发展很不平衡，如何进行合理布局，促进我国研究生教育和学位授予的区域协调发展，是我国研究生教育改革的重要任务之一。

表 2.22 给出了 2010 年我国学位授予的省（自治区、直辖市）分布情况，从学士学位授予数量来看，授予数量最多的五个省（直辖市）分别为：江苏、山东、湖北、北京和广东。它们各自占全国授予总数的比重分别为：7.79％、6.99％、6.18％、5.89％和 5.21％。

表 2.22　　2010 年博士、硕士、学士学位授予的省（自治区、直辖市）情况

省（自治区、直辖市）	博士（人）	比重（％）	硕士（人）	比重（％）	学士（人）	比重（％）
北京市	16 062	31.66	70 147	15.31	166 913	5.89
天津市	1 715	3.38	13 330	2.91	57 651	2.03
河北省	510	1.01	12 255	2.67	115 837	4.09
山西省	259	0.51	7 548	1.65	65 439	2.31
内蒙古自治区	134	0.26	4 554	0.99	38 760	1.37
辽宁省	1 564	3.08	25 287	5.52	143 165	5.05
吉林省	1 751	3.45	13 115	2.86	104 914	3.70
黑龙江	1 899	3.74	15 707	3.43	107 563	3.79
上海市	4 259	8.39	32 984	7.20	93 355	3.29
江苏省	3 954	7.79	35 643	7.78	220 859	7.79
浙江省	1 252	2.47	13 381	2.92	112 568	3.97
安徽省	855	1.69	10 392	2.27	102 670	3.62
福建省	763	1.50	9 865	2.15	76 192	2.69
江西省	119	0.23	6 745	1.47	83 321	2.94
山东省	1 495	2.95	21 839	4.77	198 027	6.99
河南省	314	0.62	10 724	2.34	146 851	5.18
湖北省	4 022	7.93	29 076	6.35	175 134	6.18
湖南省	1 639	3.23	15 947	3.48	116 946	4.13
广东省	2 174	4.29	20 770	4.53	147 564	5.21
广西壮族自治区	89	0.18	6 227	1.36	55 798	1.97
海南省	13	0.03	954	0.21	13 748	0.49
重庆市	971	1.91	12 829	2.80	67 899	2.40
四川省	1 827	3.60	21 042	4.59	125 988	4.44
贵州省	25	0.05	3 532	0.77	31 540	1.11

续前表

省（自治区、直辖市）	博士（人）	比重（%）	硕士（人）	比重（%）	学士（人）	比重（%）
云南省	236	0.47	7 671	1.67	47 773	1.69
西藏自治区	0	0.00	161	0.04	4 646	0.16
陕西省	2 212	4.36	24 156	5.27	124 783	4.40
甘肃省	493	0.97	6 896	1.50	44 457	1.57
青海省	1	0.00	604	0.13	6 683	0.24
宁夏回族自治区	9	0.02	1 020	0.22	9 343	0.33
新疆维吾尔自治区	119	0.23	3 813	0.83	28 033	0.99
合计	50 735	100.00	458 214	100.00	2 837 655	100.00

资料来源：根据国务院学位委员会办公室提供的数据整理。

从硕士学位授予数量来看，授予数量最多的五个省（直辖市）分别为：北京、江苏、上海、湖北和辽宁。它们各自占全国授予总数的比重分别为：15.31%、7.78%、7.20%、6.35%和5.52%。

从博士学位授予数量来看，授予数量最多的五个省（直辖市）分别为：北京、上海、湖北、江苏和陕西。它们各自占全国授予总数的比重分别为：31.66%、8.39%、7.93%、7.79%和4.36%。

北京博士学位授予数量和硕士学位授予数量占全国的比重分别为31.66%和15.31%，成为我国研究生教育尤其是博士研究生教育的中心。北京、江苏、湖北是全国的教育大省（直辖市），其学士、硕士、博士授予数量均列于全国前五位，山东的学士学位授予数量排全国第二，广东的学士学位授予数量排在全国第五位，辽宁的硕士学位授予数量排在全国第五位，陕西的博士学位授予数量排在全国第五位。

从区域布局看，东部地区学士、硕士、博士学位授予数量占有绝对优势，并且从学士到硕士再到博士所占的比重逐次提高。中部地区和西部地区从学士到硕士再到博士学位授予数量所占的比重则逐次降低。值得关注的是，西部地区硕士学位授予数量所占的比重超过了中部地区。东北地区从学士到硕士再到博士学位授予数量所占的比重虽逐次降低，但变化不大（见表2.23）。①

① 东部地区包括北京、天津、河北、上海、江苏、浙江、福建、山东、广东、海南10省（直辖市）；中部地区包括山西、安徽、江西、河南、湖北、湖南6省；西部地区包括重庆、四川、贵州、云南、西藏、陕西、甘肃、青海、宁夏、新疆、内蒙古、广西12省（自治区、直辖市）；东北地区包括辽宁、吉林、黑龙江3省。

与 2009 年相比，2010 年中部和西部地区的博士学位授予数量占全国的比重上升，分别增加 0.46％和 0.15％；东部和东北地区的博士学位授予数量所占比重下降，分别降低 0.43％和 0.17％；东部和西部地区的硕士学位授予数量占全国的比重上升，分别增加 0.72％和 0.50％；中部和东北地区的硕士学位授予数量所占比重下降，分别降低 0.71％和 0.52％。

表 2.23　　2010 年博士、硕士学位授予的区域分布

地区名称	博士（人）	比重（％）	硕士（人）	比重（％）	学士（人）	比重（％）
东部地区	31 894	63.48	228 524	50.36	1 199 148	42.44
中部地区	7 092	14.12	79 275	17.47	688 373	24.36
西部地区	6 053	12.05	91 939	20.26	583 857	20.67
东北地区	5 203	10.35	54 018	11.91	354 078	12.53
合计	50 242	100.00	453 756	100.00	2 825 456	100.00

说明：不包括军事学。

资料来源：根据国务院学位委员会办公室提供的数据整理。

表 2.24 给出了 11 个学科门类硕士学位和硕士专业学位授予的区域结构。数据显示，各个学科硕士学位授予所占比例最高的都为东部地区，所占比例最低的都为东北地区，中部和西部地区大多数学科的硕士学位授予所占比例都较为接近，不过西部地区均高于中部地区。11 个学科门类中，在东部地区集中度最高的三个门类依次为：经济学、管理学和文学。

表 2.24　　各学科硕士学位授予的区域结构（％）

地区名称	哲学	经济学	法学	教育学	文学	历史学	理学	工学	农学	医学	管理学	专业学位
东部地区	39.56	57.88	46.63	46.83	49.72	44.47	48.52	48.84	40.15	49.46	50.76	54.25
中部地区	23.38	15.71	20.16	20.51	18.93	20.46	17.84	15.85	17.31	18.49	18.53	16.95
西部地区	25.90	16.31	22.67	21.49	20.25	24.66	22.47	22.25	27.89	19.66	19.17	17.07
东北地区	11.16	10.09	10.55	11.16	11.09	10.40	11.17	13.06	14.65	12.39	11.54	11.73
合计	100.0	100.0	100.0	100.0	100.0	100.0	100.0	100.0	100.0	100.0	100.0	100.0

说明：不包括军事学。

资料来源：根据国务院学位委员会办公室提供的数据整理。

表 2.25 给出了 11 个学科门类博士学位和博士专业学位授予的区域结构。数据显示，各个学科博士学位授予所占比例最高的都为东部地区，所占比例最低的大多为东北地区，但哲学、医学和管理学三个门类所占比例最低的是西部地区。西部地区大多数学科的博士学位授予所占比例

都仅次于中部地区，不过农学所占比例高于中部地区。11 个学科门类中，在东部地区集中度最高的三个门类依次为：文学、理学和教育学。与硕士学位的授予情况相比较，博士学位的授予更加集中在东部地区，在所有学科门类的博士学位授予中，东部地区所占比例都接近或超过六成。

表 2.25　各学科博士学位授予的区域结构（%）

地区名称	哲学	经济学	法学	教育学	文学	历史学	理学	工学	农学	医学	管理学	专业学位
东部地区	68.08	58.29	65.65	70.46	76.82	61.38	72.33	59.24	57.73	59.67	57.36	71.91
中部地区	15.13	17.53	14.50	12.87	10.00	12.75	11.28	14.71	11.23	13.55	18.82	17.54
西部地区	6.35	13.03	10.64	11.49	9.09	13.63	9.58	13.42	18.47	13.01	11.60	9.00
东北地区	10.44	11.14	9.20	5.17	4.09	12.25	6.81	12.63	12.57	13.77	12.22	1.55
合计	100.0	100.0	100.0	100.0	100.0	100.0	100.0	100.0	100.0	100.0	100.0	100.0

说明：不包括军事学。

资料来源：根据国务院学位委员会办公室提供的数据整理。

第三章 研究生培养

一、研究生招生

（一）规模和结构

1. 2010年全国研究生招生规模和结构

2010年，全国共录取硕士研究生和博士研究生647 053人。其中，硕士研究生583 922人，占90.24％；博士研究生63 131人，占9.76％。

录取的硕士研究生中，专业硕士学位研究生227 194人，占38.91％；学术型硕士研究生356 728人，占61.09％（见图3.1）。

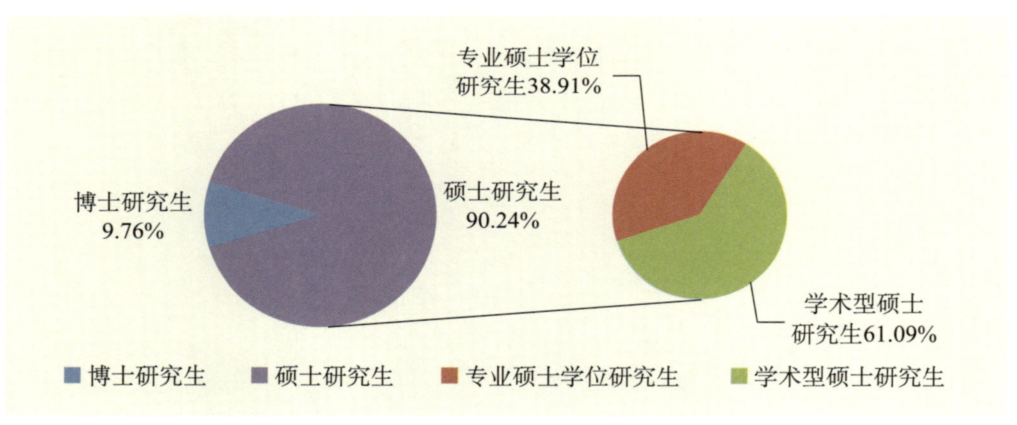

图3.1 全国研究生招生结构

资料来源：教育部高校学生司。

（1）学术型研究生的招生规模和结构

2010年全国学术型博士研究生、硕士研究生分学科门类招生规模和结构如表3.1所示。

表 3.1　　2010 年学术型博士、硕士研究生分学科门类招生规模和结构

学科门类	博士研究生		硕士研究生		合计	
	人数（人）	比重（%）	人数（人）	比重（%）	人数（人）	比重（%）
哲学	795	1.28	4 055	1.14	4 850	1.16
经济学	2 704	4.36	18 084	5.07	20 788	4.96
法学	3 440	5.55	26 051	7.30	29 491	7.04
教育学	1 101	1.78	12 835	3.60	13 936	3.33
文学	2 744	4.42	38 205	10.71	40 949	9.78
历史学	924	1.49	4 612	1.29	5 536	1.32
理学	12 241	19.74	51 819	14.52	64 060	15.30
工学	23 919	38.57	128 490	36.02	152 409	36.40
农学	2 851	4.60	12 995	3.64	15 846	3.78
医学	6 714	10.83	30 877	8.66	37 591	8.98
军事学	26	0.04	210	0.06	236	0.06
管理学	4 553	7.34	28 495	7.99	33 048	7.89
合计	62 012	100.00	356 728	100.00	418 740	100.00

资料来源：根据教育部高校学生司提供的数据整理。

表 3.1 和图 3.2 表明，2010 年各学科门类的学术型研究生招生以工学、理学为多，分别是 152 409 人和 64 060 人，所占比重为 36.40%和 15.30%，两者合计占学术型研究生招生总数的 51.70%；军事学、哲学招生较少，招生人数分别为 236 人和 4 850 人，所占比重分别为 0.06%

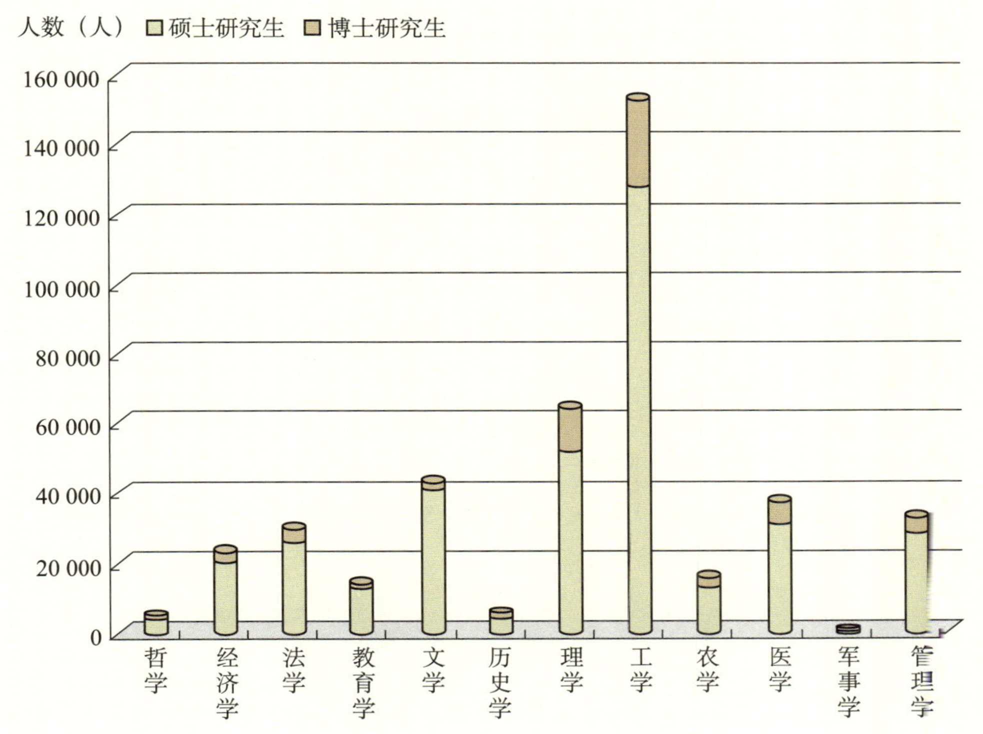

图 3.2　2010 学术型博士、硕士研究生分学科门类招生规模和结构

和 1.16%，两者合计占学术型研究生招生总数的 1.22%。

(2) 专业硕士学位研究生的招生规模和结构

2010 年我国专业硕士学位研究生的招生规模和结构如表 3.2 与图 3.3 所示。

表 3.2　2010 年专业硕士学位研究生的招生规模和结构

	法律硕士	教育硕士	工程硕士	建筑学硕士	临床医学硕士	农业推广硕士	兽医硕士
招生人数（人）	18 120	15 153	97 137	860	14 708	13 201	1 098
比重（%）	7.98	6.67	42.76	0.38	6.47	5.81	0.48
	口腔医学硕士	会计硕士	体育硕士	风景园林硕士	汉语国际教育硕士	翻译硕士	工商管理硕士
招生人数（人）	893	3 616	3 073	1 873	2 568	1 776	34 057
比重（%）	0.39	1.59	1.35	0.82	1.13	0.78	14.99
	公共管理硕士	公共卫生硕士	艺术硕士	社会工作硕士	军事硕士	中职教师	合计
招生人数（人）	10 205	1 591	4 684	1 112	385	1 084	227 194
比重（%）	4.49	0.70	2.06	0.49	0.17	0.48	100.00

资料来源：教育部高校学生司和国务院学位委员会办公室。

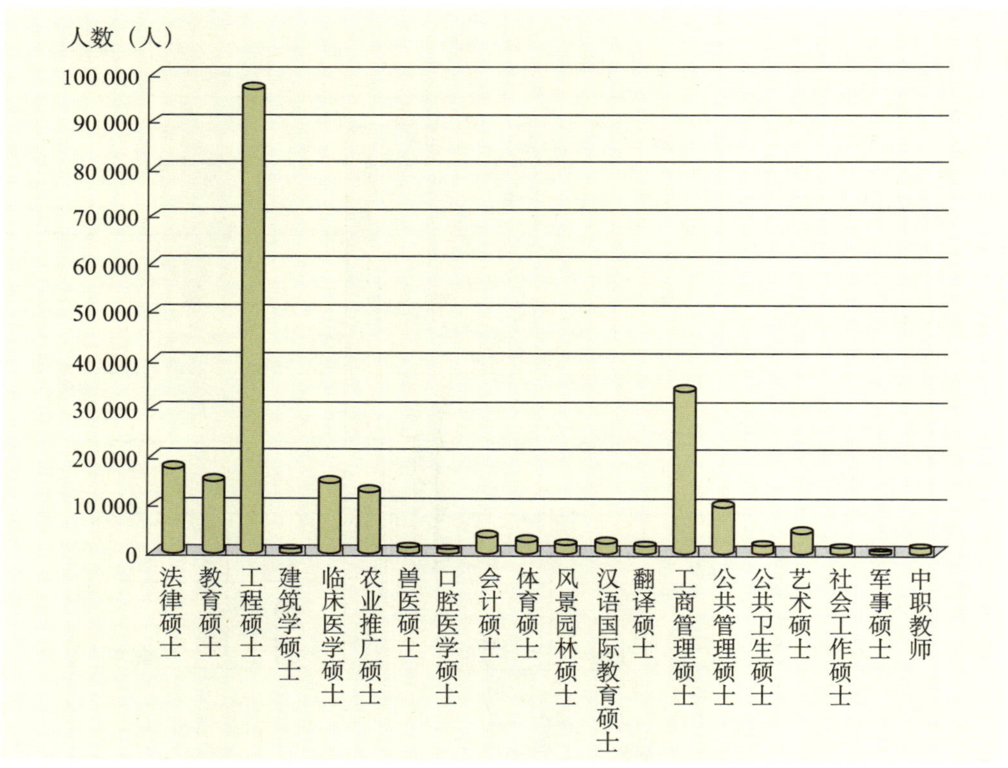

图 3.3　2010 年专业硕士学位研究生的招生规模和结构

表3.2和图3.3表明，2010年专业硕士学位研究生共计招生227 194人。其中，工程硕士和工商管理硕士的招生人数最多，合计占专业硕士学位研究生招生总数的57.75%。建筑学硕士招生人数最少，占专业硕士学位研究生招生总数的0.38%。

2. 与往年相比研究生招生规模和结构的变化

（1）与2009年相比，学术型研究生招生规模和结构的变化情况

2009年、2010年全国学术型研究生分学科门类招生规模和结构见表3.3。

表3.3表明，与2009年相比，2010年各个学科门类的学术型研究生招生规模均有所减小。医学和教育学的招生规模减小较快，分别较2009年减小了23.14%和13.76%。农学和理学的招生规模减小较小，分别较2009年减小了1.1%和2.3%。

与2009年相比，2010年哲学、经济学、医学、管理学的学术型博士研究生招生规模均略有减小，法学、教育学、文学、历史学、理学、工学和农学的招生规模略有增加，但招生总规模与2009年持平（见图3.4）。

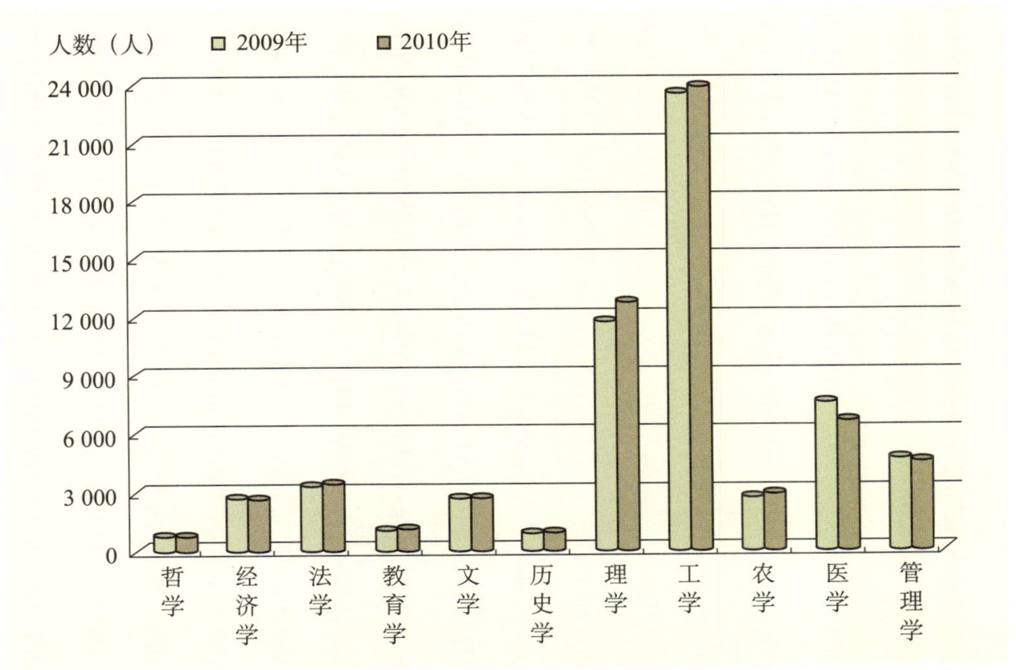

图3.4　2010年与2009年学术型博士研究生招生规模比较

表 3.3

2009 年、2010 年全国学术型研究生分学科门类招生规模和结构

学科门类	2009 年						2010 年					
	博士研究生		硕士研究生		合计		博士研究生		硕士研究生		合计	
	人数（人）	比重（%）	人数（人）	比重（%）	人数（人）	比重（%）	人数（人）	比重（%）	人数（人）	比重（%）	人数（人）	比重（%）
哲学	814	1.31	4 397	1.13	5 211	1.15	795	1.28	4 055	1.14	4 850	1.16
经济学	2 734	4.41	19 347	4.96	22 081	4.88	2 704	4.36	18 084	5.07	20 788	4.97
法学	3 329	5.37	29 459	7.55	32 788	7.25	3 440	5.55	26 051	7.31	29 491	7.05
教育学	1 089	1.75	15 071	3.86	16 160	3.58	1 102	1.78	12 835	3.60	13 937	3.33
文学	2 739	4.42	40 698	10.43	43 437	9.61	2 744	4.43	38 205	10.72	40 949	9.78
历史学	886	1.43	5 015	1.29	5 901	1.31	924	1.49	4 612	1.29	5 536	1.32
理学	11 770	18.99	53 796	13.79	65 566	14.51	12 241	19.75	51 819	14.53	64 060	15.30
工学	23 567	38.02	135 663	34.78	159 230	35.22	23 919	38.59	128 490	36.04	152 409	36.42
农学	2 757	4.45	13 266	3.40	16 023	3.54	2 851	4.60	12 995	3.64	15 846	3.79
医学	7 578	12.22	41 332	10.60	48 910	10.82	6 714	10.83	30 877	8.66	37 591	8.98
管理学	4 728	7.63	32 012	8.21	36 740	8.13	4 553	7.34	28 495	7.99	33 048	7.90
合计	61 991	100.00	390 056	100.00	452 047	100.00	61 987	100.00	356 518	100.00	418 505	100.00

说明：2009 年、2010 年数据均根据教育部高校学生司提供数据整理，均不含军事学招生人数。

与2009年相比，2010年学术型硕士研究生招生规模明显下降，见图3.5。

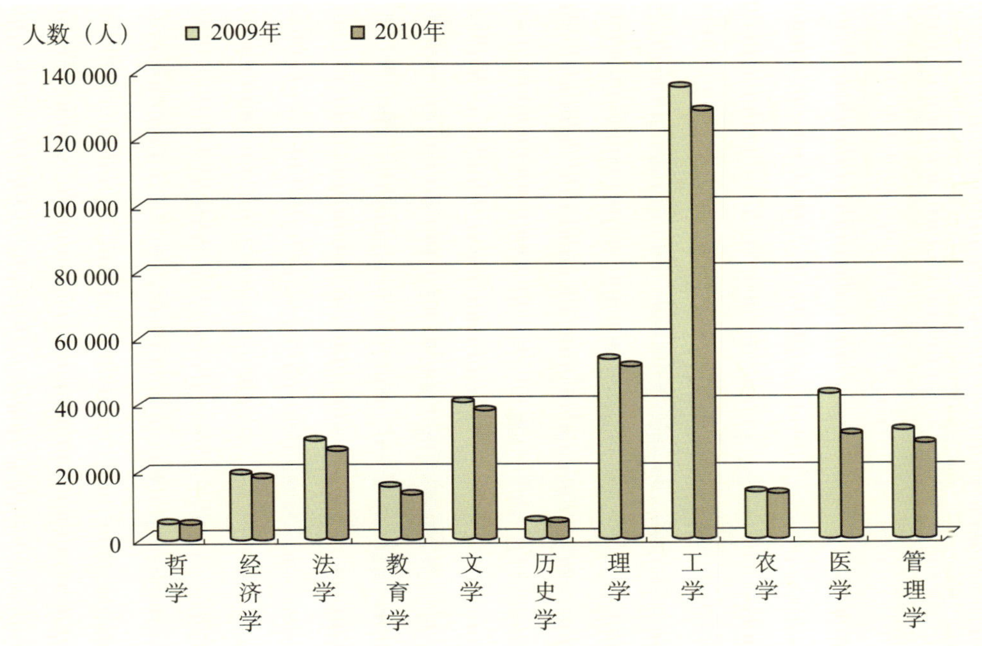

图3.5　2010年与2009年学术型硕士研究生招生规模比较

如图3.4、图3.5所示，从研究生层次来看，与2009年相比，2010年学术型博士研究生招生中，理学门类所占比重提高最多，医学门类所占比重降低最多；学术型硕士研究生招生中，工学门类所占比重提高最多，医学门类所占比重降低最多。

（2）近十年来研究生招生规模的变化情况

2000—2010年我国研究生招生规模的变化分为两个阶段：第一阶段为2000—2004年的快速增长期，年均递增26.34%；第二阶段为2005—2010年的平稳增长期，年均递增15.37%。

2000—2010年间，博士研究生、硕士研究生招生规模变化有所差别。博士研究生招生规模如图3.6所示。

图3.6表明，十年间，我国博士研究生招生规模的变化情况分为两个阶段：第一阶段为2000—2004年的快速增长期，年均递增20.66%；第二阶段为2004—2010年的平稳增长期，年均递增3.59%。

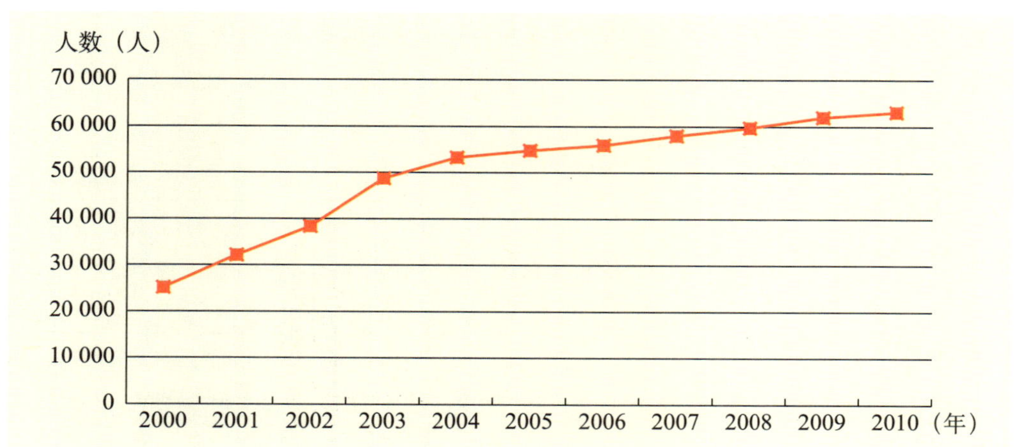

图 3.6　2000—2010 年博士研究生招生规模

资料来源：2000—2008 年数据引自《中国教育统计年鉴》，2009—2010 年数据来自教育部高校学生司，均不含军事学招生数。

2000—2010 年硕士研究生招生规模如图 3.7 所示。

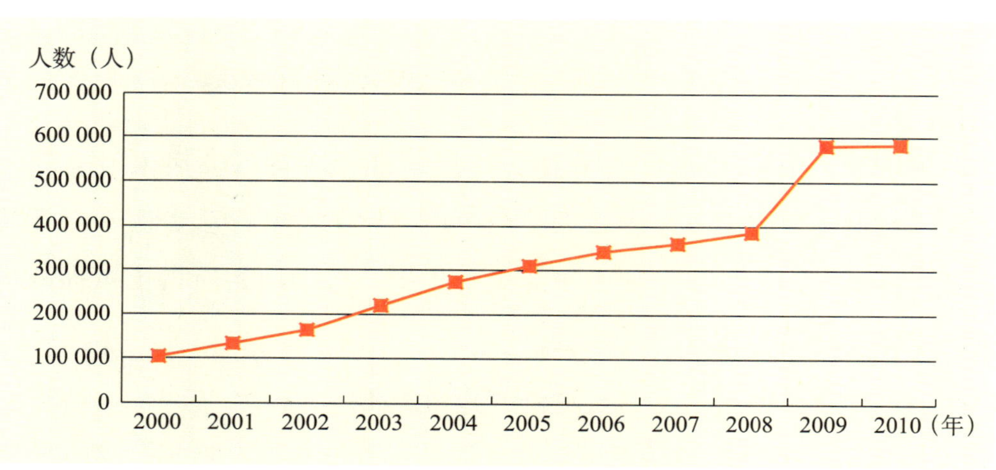

图 3.7　2000—2010 年硕士研究生招生规模

资料来源：2000—2008 年数据引自《中国教育统计年鉴》，2009—2010 年数据来自教育部高校学生司，均不含军事学招生数。

图 3.7 表明，2000—2010 年我国硕士研究生招生规模的变化情况分为三个阶段：第一阶段为 2000—2008 年的稳定增长期，年均递增 17.99%；第二阶段为 2008—2009 年的跳跃式增长期，增长速度为 50.26%；第三阶段为 2009—2010 年的平稳增长期，增长速度为 0.40%。

第三阶段的缓慢增长是由于我国稳步推进研究生培养机制改革，控制研究生招生规模，加大专业硕士人才培养力度，使得学术型硕士研究生的招生规模由 2009 年的 390 056 人减少到 356 518 人（不含军事学招生人数），专业硕士学位研究生的招生规模由 2009 年的 190 941 人增加到 2010 年的227 194 人。

（二）区域分布

1. 各省（自治区、直辖市）博士、硕士研究生招生规模和结构

2010 年我国博士、硕士研究生招生在各省（自治区、直辖市）分布情况如表 3.4 和图 3.8 所示。

表 3.4　　2010 年研究生招生在各省（自治区、直辖市）的分布

省（自治区、直辖市）	博士研究生		硕士研究生		合计	
	人数（人）	比重（%）	人数（人）	比重（%）	人数（人）	比重（%）
北京	18 490	29.29	78 354	13.43	96 844	14.98
天津	1 933	3.06	16 795	2.88	18 728	2.90
河北	516	0.82	15 983	2.74	16 499	2.55
山西	440	0.70	9 316	1.60	9 756	1.51
内蒙古	215	0.34	6 419	1.10	6 634	1.03
辽宁	2 436	3.86	30 152	5.17	32 588	5.04
吉林	2 176	3.45	18 221	3.12	20 397	3.15
黑龙江	2 197	3.48	19 854	3.40	22 051	3.41
上海	5 504	8.72	39 430	6.76	44 934	6.95
江苏	5 097	8.07	48 969	8.39	54 066	8.36
浙江	1 836	2.91	17 985	3.08	19 821	3.07
安徽	1 177	1.86	15 170	2.60	16 347	2.53
福建	1 070	1.69	11 860	2.03	12 930	2.00
江西	183	0.29	9 641	1.65	9 824	1.52
山东	1 836	2.91	27 018	4.63	28 854	4.46
河南	322	0.51	12 288	2.11	12 610	1.95
湖北	4 550	7.21	40 752	6.98	45 302	7.01
湖南	1 889	2.99	19 527	3.35	21 416	3.31
广东	2 919	4.62	26 685	4.57	29 604	4.58
广西	183	0.29	8 648	1.48	8 831	1.37
海南	30	0.05	1 543	0.26	1 573	0.24
重庆	1 166	1.85	16 918	2.90	18 084	2.80
四川	2 547	4.03	27 685	4.74	30 232	4.68
贵州	66	0.10	4 980	0.85	5 046	0.78
云南	397	0.63	11 167	1.91	11 564	1.79
西藏	0	0.00	301	0.05	301	0.05

续前表

省（自治区、直辖市）	博士研究生		硕士研究生		合计	
	人数（人）	比重（%）	人数（人）	比重（%）	人数（人）	比重（%）
陕西	3 028	4.80	30 589	5.24	33 617	5.20
甘肃	725	1.15	9 579	1.64	10 304	1.59
青海	7	0.01	1 161	0.20	1 168	0.18
宁夏	22	0.03	1 367	0.23	1 389	0.21
新疆	174	0.28	5 178	0.89	5 352	0.83
合计	63 131	100.00	583 536	100.00	646 667	100.00

说明：不含军事硕士专业学位数据。

资料来源：根据教育部高校学生司提供的数据整理。

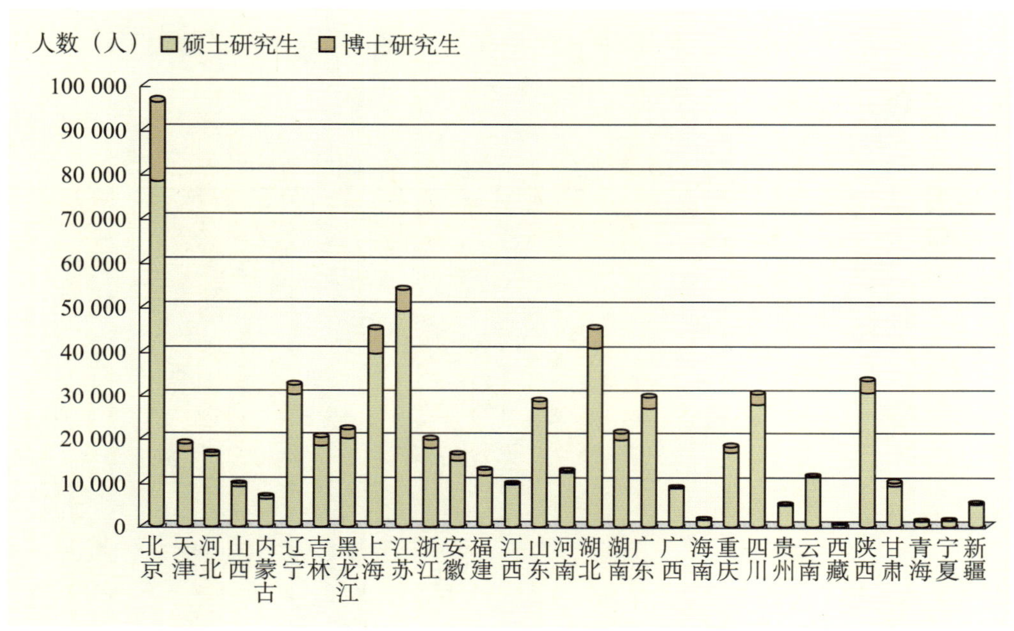

图 3.8 2010 年各省（自治区、直辖市）研究生招生规模

表 3.4 和图 3.8 表明，从研究生招生规模上看，2010 年北京、江苏、湖北、上海、陕西、辽宁和四川的研究生招生规模占全国 31 个省（自治区、直辖市）研究生招生总规模的一半以上，其中，北京 2010 年研究生招生人数达96 844 人，占全国研究生同期招生总人数的 14.98%。研究生招生人数较少的五个省（自治区）分别为贵州、海南、宁夏、青海和西藏。

从研究生招生层次上看，博士研究生招生人数较多的五个省（直辖市）依次为北京、上海、江苏、湖北和陕西，其中北京 2010 年博士研究生招生人数达 18 490 人，占全国博士研究生同期招生总人数的 29.29%。

硕士研究生招生人数较多的五个省（直辖市）依次为北京、江苏、湖北、上海和陕西，其中北京 2010 年硕士研究生招生人数达 78 354 人，占全国硕士研究生同期招生总人数的 13.43%。西藏、青海、宁夏、海南和贵州五个省（自治区）的博士研究生和硕士研究生招生人数所占比重均较小。

将招生比重划分为［0，1%），［1%，5%），［5%，10%），［10%，100%）四个区间，博士研究生和硕士研究生招生按学科门类划分在这四个区间上的分布情况见表 3.5 和表 3.6。

表 3.5　　2010 年不同学科门类博士研究生招生比重分布

	［0，1%）	［1%，5%）	［5%，10%）	［10%，100%）
哲学	河北、内蒙古、江西、河南、广西、海南、贵州、云南、西藏、甘肃、青海、宁夏、新疆	天津、山西、辽宁、吉林、黑龙江、浙江、安徽、福建、山东、湖南、重庆、四川、陕西	上海、江苏、湖北、广东	北京
经济学	河北、内蒙古、黑龙江、安徽、河南、广西、海南、重庆、贵州、云南、西藏、甘肃、青海、宁夏、新疆	山西、江苏、浙江、福建、江西、山东、湖南、广东、陕西	天津、辽宁、吉林、上海、湖北、四川	北京
法学	河北、山西、内蒙古、浙江、安徽、江西、河南、广西、海南、贵州、西藏、青海、宁夏、新疆	天津、辽宁、黑龙江、福建、山东、湖南、广东、重庆、四川、云南、陕西、甘肃	吉林、江苏、上海	湖北、北京
教育学	河北、山西、内蒙古、黑龙江、安徽、江西、河南、广西、海南、四川、贵州、云南、西藏、青海、宁夏、新疆	天津、辽宁、浙江、福建、山东、湖南、陕西、甘肃	广东、吉林、湖北、江苏	上海、北京、重庆
文学	河北、山西、内蒙古、辽宁、安徽、江西、河南、广西、海南、重庆、贵州、云南、西藏、青海、宁夏、新疆	天津、吉林、黑龙江、浙江、福建、山东、湖南、广东、四川、陕西、甘肃	湖北、江苏	上海、北京
历史学	山西、内蒙古、辽宁、黑龙江、江西、广西、海南、重庆、贵州、西藏、青海、宁夏、新疆	河北、浙江、安徽、福建、山东、河南、湖南、云南、甘肃	天津、吉林、江苏、湖北、广东、四川、陕西	上海、北京

续前表

	[0，1%)	[1%，5%)	[5%，10%)	[10%，100%)
理学	河北、山西、内蒙古、江西、河南、广西、海南、重庆、贵州、云南、西藏、青海、宁夏、新疆	天津、辽宁、吉林、黑龙江、浙江、安徽、福建、山东、湖南、广东、四川、陕西、甘肃	上海、江苏、湖北	北京
工学	河北、山西、内蒙古、福建、江西、河南、广西、海南、贵州、云南、西藏、甘肃、青海、宁夏、新疆	天津、辽宁、吉林、浙江、安徽、山东、湖南、广东、重庆、四川	黑龙江、上海、江苏、湖北、陕西	北京
农学	天津、江西、海南、贵州、西藏、青海、宁夏	河北、山西、内蒙古、辽宁、吉林、上海、安徽、福建、山东、河南、湖南、广东、广西、重庆、四川、云南、甘肃、新疆	浙江、黑龙江、湖北、陕西	江苏、北京
医学	山西、内蒙古、安徽、江西、河南、广西、海南、贵州、云南、西藏、甘肃、青海、宁夏、新疆	天津、河北、吉林、黑龙江、浙江、福建、山东、湖南、重庆、四川、陕西	辽宁、湖北、江苏	上海、广东、北京
管理学	山西、内蒙古、江西、河南、广西、海南、贵州、云南、西藏、甘肃、青海、宁夏、新疆	天津、河北、吉林、黑龙江、浙江、安徽、福建、山东、湖南、广东、重庆、四川、陕西	辽宁、上海、江苏	湖北、北京

资料来源：根据教育部高校学生司提供的数据整理。

表 3.6　　2010 年不同学科门类硕士研究生招生比重分布

	[0，1%)	[1%，5%)	[5%，10%)	[10%，100%)
哲学	海南、西藏、青海、宁夏、新疆	天津、河北、山西、内蒙古、吉林、黑龙江、浙江、安徽、福建、江西、山东、河南、湖南、广西、重庆、贵州、云南、陕西、甘肃	辽宁、上海、江苏、湖北、广东、四川	北京
经济学	内蒙古、海南、贵州、西藏、青海、宁夏	天津、河北、山西、吉林、黑龙江、江苏、浙江、安徽、福建、江西、山东、河南、湖南、广西、重庆、云南、陕西、甘肃、新疆	广东、湖北、辽宁、四川、上海	北京
法学	西藏、宁夏、海南、青海	天津、河北、山西、内蒙古、辽宁、吉林、黑龙江、江苏、浙江、安徽、福建、江西、山东、河南、湖南、广东、广西、四川、贵州、云南、陕西、甘肃、新疆	上海、湖北、重庆	北京

续前表

	[0, 1%)	[1%, 5%)	[5%, 10%)	[10%, 100%]
教育学	内蒙古、海南、西藏、青海、宁夏、新疆	天津、河北、山西、吉林、黑龙江、浙江、安徽、福建、江西、山东、河南、湖南、广西、重庆、贵州、云南、陕西、甘肃	辽宁、上海、江苏、湖北、广东、四川	北京
文学	海南、贵州、西藏、青海、宁夏	天津、河北、山西、内蒙古、吉林、黑龙江、浙江、安徽、福建、江西、河南、湖南、广东、广西、重庆、四川、云南、陕西、甘肃、新疆	辽宁、上海、江苏、山东、湖北	北京
历史学	海南、西藏、青海、宁夏、新疆	天津、河北、山西、内蒙古、辽宁、黑龙江、浙江、安徽、福建、江西、河南、湖南、广东、广西、重庆、贵州、云南、甘肃	北京、吉林、上海、江苏、山东、湖北、四川、陕西	无
理学	内蒙古、海南、西藏、青海、宁夏	天津、河北、山西、辽宁、吉林、黑龙江、浙江、安徽、福建、江西、河南、湖南、广西、重庆、四川、贵州、云南、陕西、甘肃、新疆	上海、江苏、山东、湖北、广东	北京
工学	内蒙古、海南、贵州、云南、西藏、青海、宁夏、新疆	天津、河北、山西、吉林、黑龙江、浙江、安徽、福建、江西、山东、河南、湖南、广东、广西、重庆、甘肃	辽宁、上海、江苏、湖北、四川、陕西	北京
农学	天津、西藏、青海、宁夏	河北、陕西、内蒙古、辽宁、吉林、黑龙江、上海、浙江、安徽、福建、江西、河南、湖南、广东、广西、海南、重庆、四川、贵州、云南、甘肃、新疆	江苏、山东、湖北、陕西	北京
医学	海南、西藏、青海、宁夏	北京、天津、河北、陕西、内蒙古、吉林、黑龙江、上海、浙江、安徽、福建、江西、河南、湖北、湖南、广西、重庆、四川、贵州、云南、陕西、甘肃、新疆	辽宁、山东、广东	江苏
管理学	内蒙古、海南、贵州、西藏、甘肃、青海、宁夏	天津、河北、山西、吉林、黑龙江、浙江、安徽、福建、江西、山东、河南、湖南、广西、重庆、云南、陕西、新疆	辽宁、上海、江苏、湖北、广东、四川	北京

资料来源：根据教育部高校学生司提供的数据整理。

2. 各省（自治区、直辖市）专业硕士学位研究生招生规模和结构

2010 年我国专业硕士学位研究生在各省（自治区、直辖市）的招生规模和结构见表 3.7 与图 3.9。

表 3.7　　2010 年专业硕士学位研究生招生在各省（自治区、直辖市）的分布

省（自治区、直辖市）	人数（人）	比重（%）	省（自治区、直辖市）	人数（人）	比重（%）
北京	31 044	13.69	湖北	17 403	7.67
天津	6 636	2.93	湖南	7 454	3.29
河北	6 567	2.90	广东	10 990	4.85
山西	2 943	1.30	广西	2 774	1.22
内蒙古	3 021	1.33	海南	781	0.34
辽宁	10 653	4.70	重庆	6 664	2.94
吉林	6 481	2.86	四川	10 122	4.46
黑龙江	7 059	3.11	贵州	1 940	0.86
上海	16 514	7.28	云南	4 622	2.04
江苏	20 195	8.90	西藏	26	0.01
浙江	6 108	2.69	陕西	10 743	4.74
安徽	5 820	2.57	甘肃	3 339	1.47
福建	4 495	1.98	青海	534	0.24
江西	3 906	1.72	宁夏	490	0.22
山东	11 352	5.01	新疆	1 884	0.83
河南	4 249	1.87	合计	226 809	100.00

说明：不含军事硕士专业学位数据。

资料来源：根据教育部高校学生司提供的数据整理。

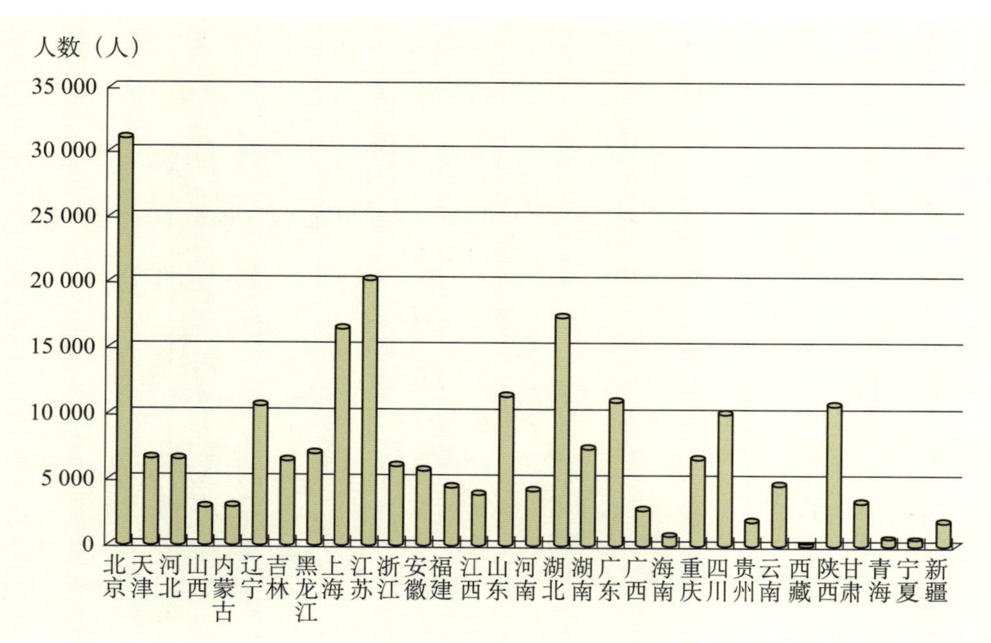

图 3.9　2010 年专业硕士学位研究生在各省（自治区、直辖市）的招生规模

表 3.7 和图 3.9 表明，专业硕士学位研究生招生人数较多的五个省（直辖市）依次为北京、江苏、湖北、上海和山东，所占比重分别为 13.69%、8.90%、7.67%、7.28%和 5.01%。新疆、海南、青海、宁夏

和西藏专业硕士学位研究生招生人数较少，所占比重分别仅为 0.83%、0.34%、0.24%、0.22%、0.01%。

将招生比重划分为［0，1%），［1%，5%），［5%，10%），［10%，100%）四个区间，各专业硕士学位研究生招生比重在四个区间上的分布情况如表 3.8 所示。

表 3.8　　2010 年专业硕士学位研究生招生比重区间分布

	［0，1%）	［1%，5%）	［5%，10%）	［10%，100%）
法律硕士	西藏、青海、宁夏、新疆	天津、河北、山西、内蒙古、辽宁、吉林、黑龙江、浙江、安徽、福建、江西、河南、湖南、广西、海南、四川、贵州、云南、陕西、甘肃	上海、江苏、山东、湖北、广东、重庆	北京
教育硕士	海南、西藏、宁夏、新疆	北京、天津、河北、陕西、内蒙古、辽宁、黑龙江、上海、浙江、安徽、福建、江西、河南、湖南、广西、重庆、四川、贵州、云南、陕西、甘肃、青海	吉林、江苏、山东、湖北、广东	无
工程硕士	内蒙古、广西、海南、贵州、西藏、甘肃、青海、宁夏、新疆	天津、河北、山西、辽宁、吉林、黑龙江、浙江、安徽、福建、江西、河南、湖南、广东、重庆、四川、云南	上海、山东、湖北、陕西	北京、江苏
建筑学硕士	河北、山西、内蒙古、吉林、浙江、江西、山东、河南、广西、海南、四川、贵州、西藏、甘肃、青海、宁夏、新疆	天津、黑龙江、安徽、福建、湖北	北京、江苏、广东、陕西	辽宁、上海、湖南、重庆、云南
临床医学硕士	海南、西藏、青海、宁夏	天津、河北、山西、内蒙古、上海、浙江、安徽、福建、江西、山东、河南、湖北、广西、重庆、四川、贵州、云南、陕西、甘肃、新疆	北京、吉林、黑龙江、江苏、湖南、广东	辽宁
农业推广硕士	天津、安徽、广西、西藏、青海、宁夏	河北、山西、内蒙古、辽宁、吉林、上海、浙江、福建、江西、河南、广东、海南、重庆、贵州、陕西、甘肃、新疆	黑龙江、江苏、山东、湖北、湖南、四川、云南	北京

续前表

	[0，1%)	[1%，5%)	[5%，10%)	[10%，100%)
兽医硕士	天津、海南、贵州、西藏、青海、宁夏	河北、山西、内蒙古、辽宁、吉林、上海、浙江、安徽、福建、江西、湖北、湖南、广西、重庆、四川、云南、陕西、甘肃、新疆	黑龙江、江苏、山东、河南、广东	北京
口腔医学硕士	天津、山西、吉林、海南、西藏、青海	北京、河北、内蒙古、上海、江苏、浙江、安徽、福建、江西、山东、河南、湖北、湖南、广东、广西、重庆、贵州、云南、甘肃、宁夏、新疆	陕西	辽宁、黑龙江、四川
会计硕士	河北、山西、内蒙古、黑龙江、浙江、安徽、河南、广西、海南、贵州、云南、西藏、甘肃、青海、宁夏、新疆	吉林、福建、江西、山东、重庆、陕西	天津、辽宁、上海、江苏、湖北、湖南、广东	北京、四川
体育硕士	内蒙古、黑龙江、安徽、江西、广西、海南、贵州、云南、西藏、甘肃、青海、宁夏、新疆	天津、河北、山西、吉林、浙江、福建、河南、湖南、重庆	辽宁、上海、江苏、山东、湖北、广东、四川、陕西	北京
风景园林硕士	山西、内蒙古、辽宁、吉林、安徽、福建、江西、山东、河南、湖南、广西、海南、贵州、西藏、甘肃、青海、宁夏、新疆	天津、河北、上海、浙江	黑龙江、湖北、广东、重庆、四川、云南	北京、江苏、陕西
汉语国际教育硕士	山西、内蒙古、安徽、江西、湖南、海南、贵州、西藏、青海、宁夏	天津、河北、辽宁、黑龙江、浙江、福建、山东、河南、广西、重庆、四川、陕西、甘肃、新疆	吉林、上海、江苏、湖北、广东、云南	北京
翻译硕士	河北、山西、内蒙古、浙江、安徽、江西、广西、海南、贵州、云南、西藏、甘肃、青海、宁夏、新疆	天津、辽宁、黑龙江、山东、河南、湖北、四川、陕西	吉林、上海、江苏、福建、湖南、广东、重庆	北京
工商管理硕士	海南、贵州、西藏、青海、宁夏	天津、河北、山西、内蒙古、辽宁、吉林、黑龙江、浙江、安徽、福建、江西、山东、河南、湖南、广西、重庆、云南、陕西、甘肃、新疆	江苏、湖北、广东、四川	北京、上海

续前表

	[0，1%)	[1%，5%)	[5%，10%)	[10%，100%)
公共管理硕士	贵州、西藏、青海、宁夏、新疆	天津、河北、山西、内蒙古、吉林、黑龙江、浙江、安徽、福建、江西、山东、河南、湖南、广东、广西、海南、重庆、云南、陕西、甘肃	辽宁、江苏、湖北、四川	北京、上海
公共卫生硕士	天津、河北、内蒙古、福建、江西、广西、海南、贵州、云南、西藏、甘肃、青海、宁夏	山西、辽宁、黑龙江、浙江、安徽、河南、重庆、四川、新疆	北京、吉林、上海、山东、湖北、湖南、广东、陕西	江苏
艺术硕士	河北、内蒙古、安徽、河南、海南、贵州、西藏、青海、宁夏、新疆	天津、山西、辽宁、吉林、黑龙江、浙江、福建、江西、山东、湖南、广东、广西、重庆、四川、云南、陕西、甘肃	上海、湖北	北京、江苏
社会工作硕士	河北、山西、辽宁、黑龙江、浙江、山东、湖南、海南、四川、云南、西藏、青海、宁夏、新疆	天津、内蒙古、福建、江西、河南、广东、广西、重庆、贵州、陕西、甘肃	吉林、上海、江苏、安徽	北京、湖北
中职教师	内蒙古、吉林、上海、安徽、河南、广西、海南、四川、西藏、青海、宁夏、新疆	河北、山西、辽宁、黑龙江、江苏、浙江、福建、江西、山东、贵州、云南、甘肃	北京、湖北、湖南、广东、重庆、陕西	天津

资料来源：根据教育部高校学生司提供的数据整理。

3. 研究生招生的地区分布

（1）学术型研究生招生的地区分布

从表 3.9 可以看出，在学术型博士研究生招生中，东部地区占 62.47%，是培养学术型博士研究生的重点区域；西部地区的学术型硕士研究生招生比重明显大于学术型博士研究生招生比重。

表 3.9　　2010 年学术型研究生招生的地区分布

地区名称	学术型博士研究生		学术型硕士研究生		合计	
	人数（人）	比重（%）	人数（人）	比重（%）	人数（人）	比重（%）
东部地区	38 738	62.47	169 941	47.64	208 679	49.83
中部地区	8 260	13.32	64 919	18.20	73 179	17.48
西部地区	8 257	13.31	77 834	21.82	86 091	20.56
东北地区	6 757	10.90	44 034	12.34	50 791	12.13
合计	62 012	100.00	356 728	100.00	418 740	100.00

资料来源：根据教育部高校学生司提供的数据整理。

(2) 专业硕士学位研究生招生的地区分布

2010 年我国专业硕士学位研究生招生地区分布与学术型研究生招生地区分布基本一致，东部地区 114 682 人，占全国比重为 50.56%，高于其他三个地区招生人数的总和。东北地区招生 24 193 人，所占比重最小，为 10.67%。具体如表 3.10 所示。

表 3.10　2010 年我国各地区专业硕士学位研究生招生规模和结构

地区名称	人数（人）	比重（%）
东部地区	114 682	50.56
中部地区	41 775	18.42
西部地区	46 159	20.35
东北地区	24 193	10.67
合计	226 809	100.00

说明：不含军事硕士专业学位数据。
资料来源：根据教育部高校学生司提供的数据整理。

二、在校研究生

（一）规模和结构

1. 在校研究生总体规模和结构

2010 年全国共有在校研究生 1 538 414 人，其中博士研究生 258 948 人，占 16.83%。硕士研究生 1 279 466 人，占 83.17%，为研究生的主要群体（见表 3.11、图 3.10）。

表 3.11　2010 年全国在校研究生规模和结构

	人数（人）	比重（%）
博士研究生	258 948	16.83
硕士研究生	1 279 466	83.17
合计	1 538 414	100.00

资料来源：根据教育部发展规划司提供的数据整理。

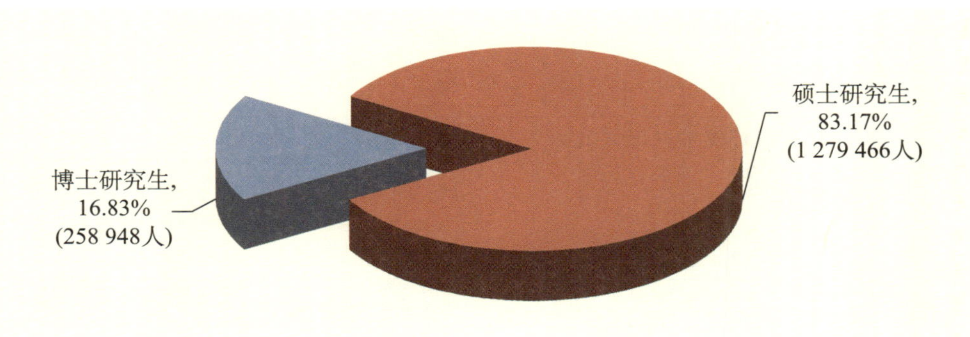

图 3.10 2010 年全国在校研究生规模和结构

（1）在校学术型研究生规模和结构

2010 年全国在校学术型研究生共 1 316 752 人，其中学术型博士研究生 254 732 人，所占比重为 19.35%；学术型硕士研究生 1 062 020 人，所占比重为 80.65%（见表 3.12）。

表 3.12　　2010 年全国在校学术型研究生规模和结构

	人数（人）	比重（%）
博士研究生	254 732	19.35
硕士研究生	1 062 020	80.65
合计	1 316 752	100.00

资料来源：根据教育部发展规划司提供的数据整理。

（2）在校专业学位研究生规模和结构

2010 年全国在校专业学位研究生共 221 662 人，其中专业硕士学位研究生 217 446 人，所占比重为 98.10%；专业博士学位研究生 4 216 人，所占比重为 1.90%（见表 3.13）。

表 3.13　　2010 年全国在校专业学位研究生规模和结构

	人数（人）	比重（%）
专业博士学位研究生	4 216	1.90
专业硕士学位研究生	217 446	98.10
合计	221 662	100.00

资料来源：根据教育部发展规划司提供的数据整理。

2. 在校研究生分学科门类的规模和结构

（1）在校学术型研究生分学科门类的规模和结构

2010 年全国在校学术型研究生中，工学在校学术型研究生所占比重最大，为37.24%；其次是理学，所占比重为13.48%。这两个学科门类在全国学术型研究生中所占比重之和为50.72%。其余学科门类在学术型研究生中所占比重都小于10%。其中，哲学和军事学所占比重最小，分别为1.21%和0.05%（见表3.14、图3.11）。

表3.14　2010年全国在校学术型研究生分学科门类的规模和结构

学科门类	在校学术型研究生	
	人数（人）	比重（%）
哲学	16 001	1.21
经济学	62 660	4.76
法学	90 168	6.85
教育学	48 468	3.68
文学	120 840	9.18
历史学	17 890	1.36
理学	177 570	13.48
工学	490 374	37.24
农学	45 273	3.44
医学	128 916	9.79
军事学	762	0.06
管理学	117 830	8.95
合计	1 316 752	100.00

资料来源：根据教育部发展规划司提供的数据整理。

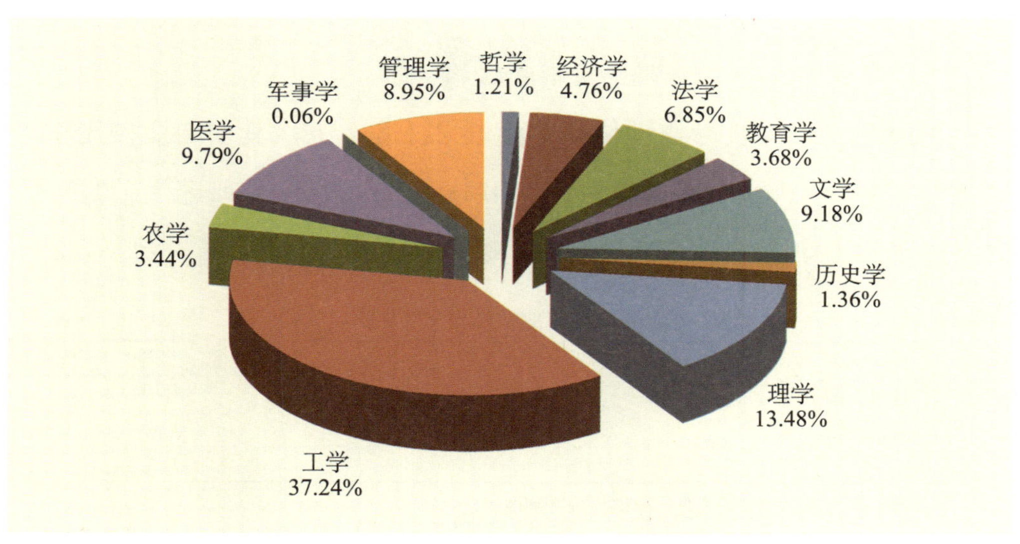

图3.11　2010年全国在校研究生分学科门类结构图

表3.15表明了在校学术型博士研究生和硕士研究生按学科门类的分布情况。

表 3.15　2010 年全国在校学术型博士研究生和硕士研究生分学科门类的规模和结构

学科门类	在校学术型博士研究生		在校学术型硕士研究生	
	人数（人）	比重（%）	人数（人）	比重（%）
哲学	3 532	1.38	12 469	1.17
经济学	11 768	4.62	50 892	4.79
法学	13 152	5.16	77 016	7.25
教育学	4 256	1.67	44 212	4.16
文学	10 758	4.22	110 082	10.37
历史学	3 913	1.54	13 977	1.32
理学	44 108	17.32	133 462	12.57
工学	106 458	41.79	383 916	36.15
农学	10 739	4.22	34 534	3.25
医学	23 262	9.13	105 654	9.95
军事学	146	0.06	616	0.06
管理学	22 640	8.89	95 190	8.96
合计	254 732	100.00	1 062 020	100.00

资料来源：根据教育部发展规划司提供的数据整理。

2010 年全国在校学术型博士研究生中，工学所占比重最大，为 41.79%；其次是理学，为 17.32%。这两个学科门类所占比重之和为 59.11%。其余学科门类所占比重均小于 10%，其中军事学所占比重最小，为 0.06%。

全国在校学术型硕士研究生中，工学所占比重最大，为 36.15%，其次是理学，为 12.57%。工学、理学和文学三个学科门类所占的比重之和为 59.09%。其余学科所占比重均低于 10%，其中军事学所占比重最小，为 0.06%。

在校学术型博士研究生和硕士研究生学科门类分布的对比情况如图 3.12 所示。

图 3.12 表明，哲学、历史学、理学、工学、农学五个学科在在校学术型博士研究生中所占的比重均大于其在在校学术型硕士研究生中所占的比重。其中，工学在在校学术型博士研究生中所占的比重比其在在校学术型硕士研究生中所占的比重高出 5.64%。

在所有学科门类中，文学的在校学术型博士研究生比重和学术型硕士研究生比重的差距最大，其在校学术型博士研究生所占比重为 4.22%，而在校学术型硕士研究生为 10.37%，相差 6.15%。

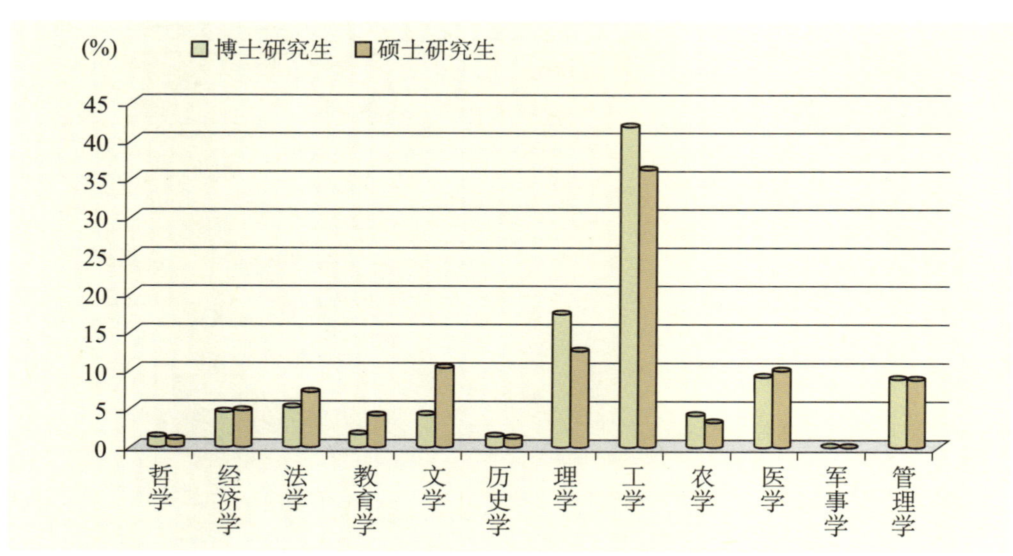

图 3.12 2010 年全国在校学术型博士研究生和硕士研究生学科结构图

（2）在校专业学位研究生分类别的规模和结构

表 3.16 和图 3.13 表明了在校专业博士学位研究生分类别的规模和结构。2010 年全国在校专业博士学位研究生中，临床医学所占比重最大，为 91.11％，教育所占比重最小，为 3.46％。

表 3.16 2010 年全国在校专业博士学位研究生分类别的规模和结构

类别	在校专业博士学位研究生	
	人数（人）	比重（％）
教育	146	3.46
临床医学	3 841	91.11
口腔医学	229	5.43
合计	4 216	100.00

资料来源：根据教育部发展规划司提供的数据整理。

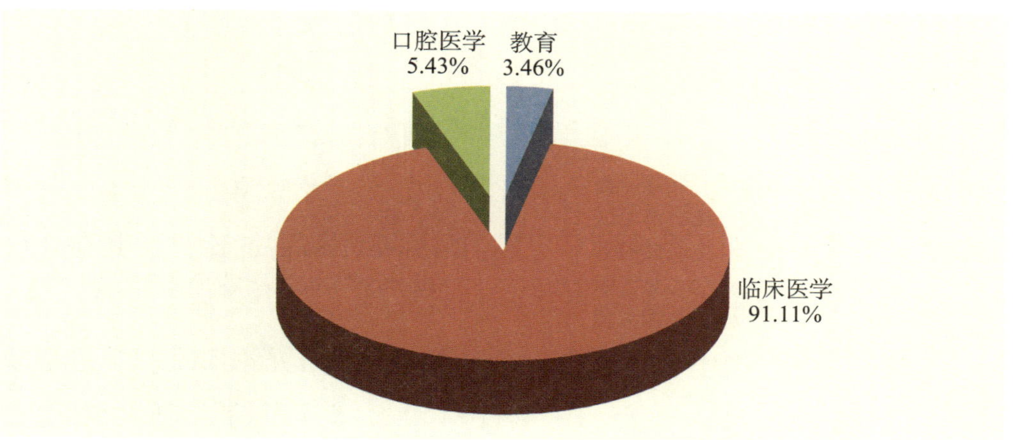

图 3.13 2010 年全国在校专业博士学位研究生结构图

2010 年，全国在校专业硕士学位研究生的规模和结构如表 3.17 所示。

表 3.17　2010 年全国在校专业硕士学位研究生分类别的规模和结构

类别	在校专业硕士学位研究生	
	人数（人）	比重（%）
法律	27 627	12.71
教育	11 377	5.23
工程	57 410	26.40
建筑学	1 394	0.64
临床医学	31 546	14.51
工商管理	63 681	29.29
农业推广	2 828	1.30
兽医	422	0.19
公共管理	3 523	1.62
口腔医学	1 423	0.65
公共卫生	328	0.15
会计	2 715	1.25
体育	1 911	0.88
艺术	3 141	1.44
风景园林	1 110	0.51
汉语国际教育	3 673	1.69
翻译	2 237	1.03
社会工作	1 100	0.51
合计	217 446	100.00

资料来源：根据教育部发展规划司提供的数据整理。

2010 年全国在校专业硕士学位研究生中，工商管理所占比重最大，为 29.29%，其次为工程，所占比重为 26.40%，这两个类别占全国在校专业硕士学位研究生的比重之和为 55.69%。除法律、临床医学、工商管理和工程外，其余类别的专业硕士学位研究生占全国在校专业硕士学位研究生的比重均小于 10%，其中，公共卫生所占比重最小，为 0.15%。

在校专业博士学位研究生和专业硕士学位研究生都在教育、临床医学和口腔医学这三个领域培养专业学位研究生，表 3.18 表明了在校专业博士学位研究生和在校专业硕士学位研究生在这三个领域的分布对比情况。

表 3.18　　2010 年全国在校专业博士学位研究生和硕士学位研究生对比情况

类别	在校专业博士学位研究生		在校专业硕士学位研究生	
	人数（人）	比重（%）	人数（人）	比重（%）
教育	146	3.46	11 377	25.65
临床医学	3 841	91.11	31 546	71.14
口腔医学	229	5.43	1 423	3.21
合计	4 216	100.00	44 346	100.00

资料来源：根据教育部发展规划司提供的数据整理。

在教育、临床医学和口腔医学三个类别中，临床医学和口腔医学在在校专业博士学位研究生中所占比重均大于其在在校专业硕士学位研究生中所占比重。

3. 与 2009 年相比，2010 年在校研究生规模和结构的变化

表 3.19 表明了 2010 年在校研究生规模和结构的变化情况。2010 年在校研究生的规模较 2009 年增加 9.56%，在校博士研究生增加 6.56%，在校硕士研究生增加 10.19%。

2010 年在校博士研究生占在校研究生的比重较 2009 年下降了 0.48 个百分点，在校硕士研究生占在校研究生的比重较 2009 年相应增加了 0.48 个百分点。

表 3.19　　2010 年全国在校研究生规模和结构的变化情况

年份	在校博士研究生		在校硕士研究生		合计	
	人数（人）	比重（%）	人数（人）	比重（%）	人数（人）	比重（%）
2009	242 996	17.31	1 161 183	82.69	1 404 179	100.00
2010	258 948	16.83	1 279 466	83.17	1 538 414	100.00

资料来源：根据教育部发展规划司提供的数据整理。

表 3.20 表明了 2010 年在校硕士研究生规模和结构的变化。根据表 3.20，与 2009 年相比，2010 年在校专业硕士学位研究生占在校硕士研究生的比重较 2009 年增加了 5.95%，在一定程度上反映了我国研究生培养结构向应用型的转变。

表 3.20　　2010 年全国在校硕士研究生规模和结构的变化情况

年份	在校学术型硕士研究生		在校专业硕士学位研究生	
	人数（人）	比重（%）	人数（人）	比重（%）
2009	1 032 858	88.95	128 325	11.05
2010	1 062 020	83.00	217 446	17.00

资料来源：根据教育部发展规划司提供的数据整理。

（二）区域分布

1. 各省（自治区、直辖市）在校研究生的规模和结构

2010 年全国在校博士、硕士研究生在各省（自治区、直辖市）的分布，见表 3.21。

表 3.21　　2010 年全国各省（自治区、直辖市）在校研究生分布情况

省（自治区、直辖市）	在校博士研究生		在校硕士研究生		合计	
	人数（人）	比重（%）	人数（人）	比重（%）	人数（人）	比重（%）
北京	62 315	24.06	164 811	12.88	227 126	14.76
天津	7 523	2.91	33 499	2.62	41 022	2.67
河北	1 950	0.75	29 502	2.31	31 452	2.04
山西	1 839	0.71	21 716	1.69	23 555	1.53
内蒙古	900	0.35	13 064	1.02	13 964	0.91
辽宁	12 406	4.79	69 613	5.44	82 019	5.33
吉林	8 815	3.40	42 809	3.35	51 624	3.36
黑龙江	9 418	3.64	45 048	3.52	54 466	3.54
上海	24 449	9.44	87 267	6.82	111 716	7.26
江苏	22 124	8.54	103 326	8.08	125 450	8.15
浙江	8 329	3.22	39 662	3.10	47 991	3.12
安徽	4 322	1.67	34 669	2.70	38 991	2.53
福建	4 424	1.71	26 509	2.07	30 933	2.01
江西	677	0.26	20 636	1.61	21 313	1.40
山东	7 487	2.89	57 547	4.50	65 034	4.23
河南	1 142	0.44	27 879	2.18	29 021	1.89
湖北	19 958	7.71	83 182	6.50	103 140	6.70
湖南	9 251	3.57	46 970	3.67	56 221	3.65
广东	12 341	4.77	60 114	4.70	72 455	4.71
广西	661	0.26	20 162	1.58	20 823	1.35
海南	123	0.05	2 879	0.23	3 002	0.20
重庆	5 024	1.94	38 125	2.98	43 149	2.80
四川	12 181	4.70	65 353	5.11	77 534	5.04
贵州	282	0.11	11 124	0.87	11 406	0.74
云南	2 099	0.81	23 226	1.82	25 325	1.65
西藏	8	0.00	710	0.06	718	0.05
陕西	14 701	5.68	70 627	5.52	85 328	5.55
甘肃	3 335	1.30	22 274	1.74	25 609	1.66
青海	94	0.04	2 049	0.16	2 143	0.14
宁夏	57	0.02	3 152	0.24	3 209	0.21
新疆	713	0.28	11 962	0.93	12 675	0.82
合计	258 948	100.00	1 279 466	100.00	1 538 414	100.00

资料来源：根据教育部发展规划司提供的数据整理。

各省（自治区、直辖市）在校研究生分布如图 3.14 所示。

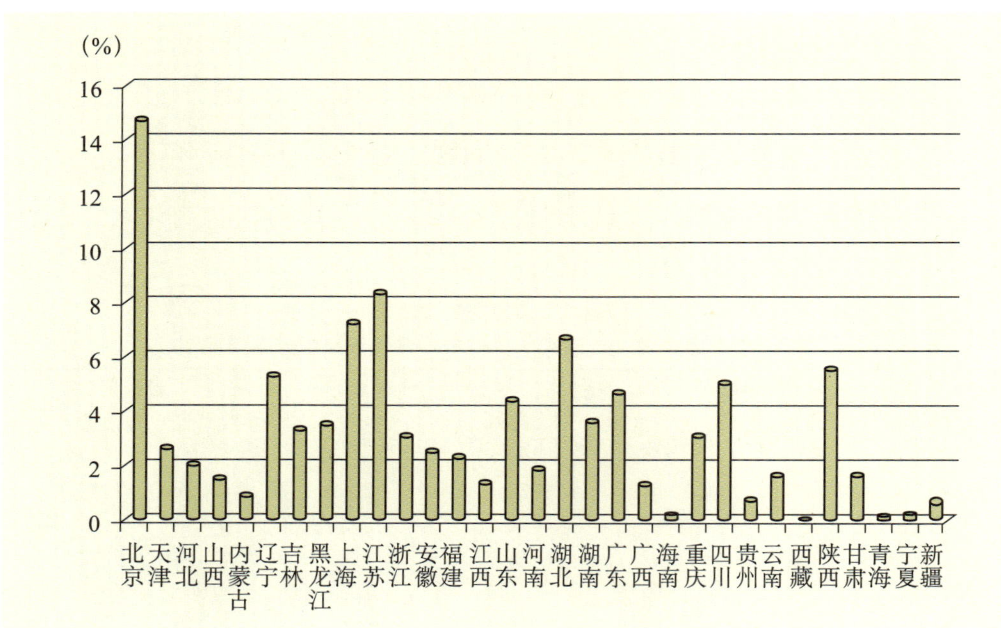

图 3.14　2010 年各省（自治区、直辖市）在校研究生分布图

图 3.14 表明，在校研究生人数较多的五个省（直辖市）依次为北京、江苏、上海、湖北和陕西。其中，北京 2010 年在校研究生最多，占全国在校研究生总人数的 14.76%。在校研究生人数较少的五个省（自治区）分别为海南、贵州、西藏、青海和宁夏。

表 3.22 表明了 2010 年各省（自治区、直辖市）在校研究生占全国比重的分布情况。

表 3.22　2010 年各省（自治区、直辖市）在校博士、硕士研究生占全国比重情况

占全国比重	在校博士研究生		在校硕士研究生	
区间（%）	省（自治区、直辖市）	比重（%）	省（自治区、直辖市）	比重（%）
[10，100)	北京	24.06	北京	12.88
[5，10)	上海、江苏、湖北、陕西	31.37	辽宁、上海、江苏、湖北、四川、陕西	37.47
[1，5)	天津、辽宁、吉林、黑龙江、浙江、安徽、福建、山东、湖南、广东、重庆、四川、甘肃	40.50	天津、河北、山西、内蒙古、吉林、黑龙江、浙江、安徽、福建、江西、山东、河南、湖南、广东、广西、重庆、云南、甘肃	47.16
[0，1)	河北、山西、内蒙古、江西、河南、广西、海南、贵州、云南、西藏、青海、宁夏、新疆	4.07	新疆、贵州、宁夏、海南、青海、西藏	2.49

资料来源：根据教育部发展规划司提供的数据整理。

（1）各省（自治区、直辖市）在校学术型研究生规模和结构

表 3.23 表明了 2010 年在校学术型博士、硕士研究生在各省（自治区、直辖市）的分布情况。

表 3.23　　2010 年全国各省（自治区、直辖市）在校学术型研究生分布情况

省（自治区、直辖市）	在校学术型博士研究生		在校学术型硕士研究生		合计	
	人数（人）	比重（%）	人数（人）	比重（%）	人数（人）	比重（%）
北京	60 789	23.86	132 136	12.44	192 925	14.65
天津	7 480	2.94	27 836	2.62	35 316	2.68
河北	1 950	0.77	26 434	2.49	28 384	2.16
山西	1 839	0.72	18 806	1.77	20 645	1.57
内蒙古	900	0.35	11 130	1.05	12 030	0.91
辽宁	12 318	4.84	56 991	5.37	69 309	5.26
吉林	8 809	3.46	37 423	3.52	46 232	3.51
黑龙江	9 418	3.70	39 785	3.75	49 203	3.74
上海	24 105	9.46	65 607	6.18	89 712	6.81
江苏	22 115	8.68	88 535	8.34	110 650	8.40
浙江	8 290	3.25	34 960	3.29	43 250	3.28
安徽	4 322	1.70	30 186	2.84	34 508	2.62
福建	4 417	1.73	22 207	2.10	26 624	2.02
江西	677	0.27	17 376	1.64	18 053	1.37
山东	7 485	2.94	48 565	4.57	56 050	4.26
河南	1 142	0.45	24 000	2.26	25 142	1.91
湖北	19 528	7.67	67 041	6.31	86 569	6.58
湖南	8 518	3.34	38 257	3.60	46 775	3.56
广东	11 800	4.63	47 903	4.51	59 703	4.53
广西	642	0.25	17 122	1.61	17 764	1.35
海南	123	0.05	2 103	0.20	2 226	0.17
重庆	4 981	1.96	31 823	3.00	36 804	2.81
四川	12 020	4.72	56 012	5.27	68 032	5.17
贵州	282	0.11	8 384	0.79	8 666	0.66
云南	2 099	0.82	19 129	1.80	21 228	1.61
西藏	8	0.00	684	0.06	692	0.05
陕西	14 481	5.68	59 379	5.60	73 860	5.61
甘肃	3 330	1.31	18 418	1.73	21 748	1.65
青海	94	0.04	1 529	0.14	1 623	0.12
宁夏	57	0.02	2 899	0.27	2 956	0.22
新疆	713	0.28	9 360	0.88	10 073	0.76
合计	254 732	100.00	1 062 020	100.00	1 316 752	100.00

资料来源：根据教育部发展规划司提供的数据整理。

各省（自治区、直辖市）在校学术型研究生的分布如图 3.15 所示。

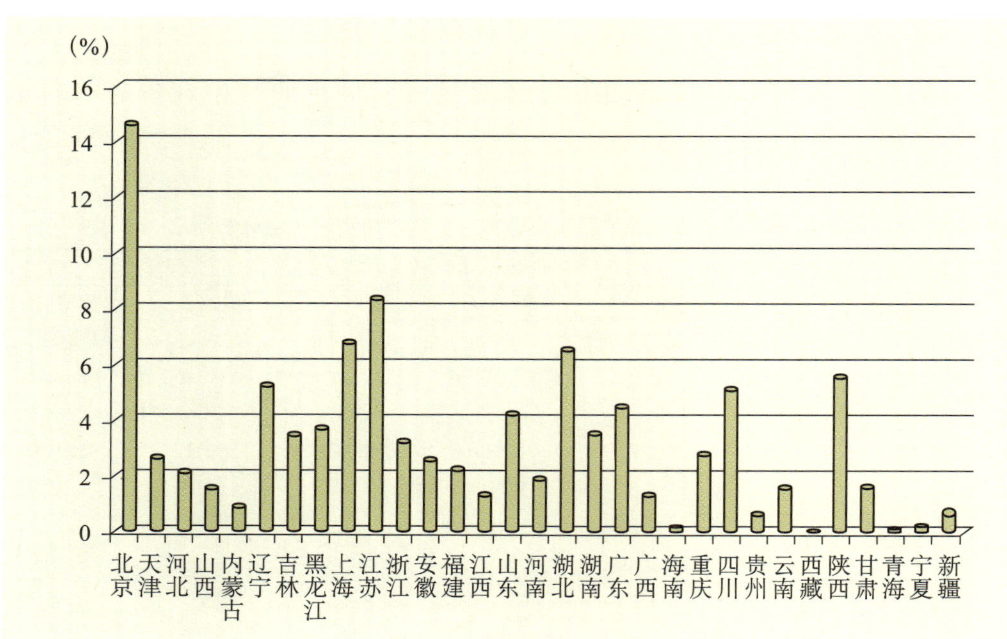

图 3.15　2010 年各省（自治区、直辖市）在校学术型研究生分布图

根据表 3.23 和图 3.15，在校学术型博士研究生和学术型硕士研究生均主要集中在北京地区，其余地区学术型博士研究生和硕士研究生所占比例均小于 10%。

在校学术型研究生较多的五个省（直辖市）由高到低依次为北京、江苏、上海、湖北和陕西，其中北京 2010 年在校学术型研究生达 192 925 人，占全国在校学术型研究生总人数的 14.65%。在校学术型研究生人数较少的五个省（自治区）分别为海南、贵州、西藏、青海和宁夏，与全国在校研究生的分布相似。

（2）各省（自治区、直辖市）在校专业学位研究生规模和结构

表 3.24 和图 3.16 表明了全国各省（自治区、直辖市）在校专业博士学位研究生的分布情况。

表 3.24　2010 年全国各省（自治区、直辖市）在校专业博士学位研究生分布情况

省（自治区、直辖市）	在校专业博士学位研究生	
	人数（人）	比重（%）
北京	1 526	36.20
天津	43	1.02
辽宁	88	2.09
吉林	6	0.14
上海	344	8.16

续前表

省（自治区、直辖市）	在校专业博士学位研究生	
	人数（人）	比重（%）
江苏	9	0.20
浙江	39	0.93
福建	7	0.17
山东	2	0.05
湖北	430	10.20
湖南	733	17.39
广东	541	12.83
广西	19	0.45
重庆	43	1.02
四川	161	3.81
陕西	220	5.22
甘肃	5	0.12
合计	4 216	100.00

资料来源：根据教育部发展规划司提供的数据整理。

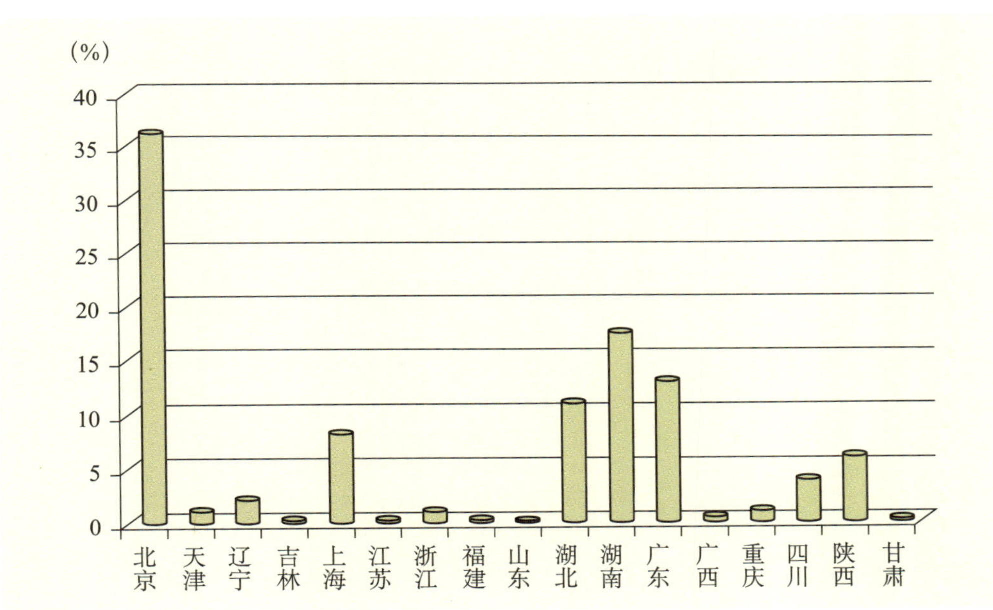

图 3.16　2010 年各省（自治区、直辖市）在校专业博士学位研究生分布图

图 3.16 表明，全国共 17 个省（自治区、直辖市）有在校专业博士学位研究生，主要集中在北京、湖南、广东、湖北四个省（直辖市），这四个省（直辖市）所占比重之和达到了 76.62%。其中，北京在校专业博士学位研究生最多，在全国在校专业博士学位研究生中所占比重为 36.20%。除上述四个省（直辖市）外，其余省（自治区、直辖市）均小于 10%。

全国各省（自治区、直辖市）在校专业硕士学位研究生的分布情况如表 3.25 所示。

表 3.25　2010 年全国各省（自治区、直辖市）在校专业硕士学位研究生分布情况

省（自治区、直辖市）	在校专业硕士学位研究生	
	人数（人）	比重（%）
北京	32 675	15.03
天津	5 663	2.60
河北	3 068	1.41
山西	2 910	1.34
内蒙古	1 934	0.89
辽宁	12 622	5.80
吉林	5 386	2.48
黑龙江	5 263	2.42
上海	21 660	9.96
江苏	14 791	6.80
浙江	4 702	2.16
安徽	4 483	2.06
福建	4 302	1.98
江西	3 260	1.50
山东	8 982	4.13
河南	3 879	1.78
湖北	16 141	7.42
湖南	8 713	4.01
广东	12 211	5.62
广西	3 040	1.40
海南	776	0.36
重庆	6 302	2.90
四川	9 341	4.30
贵州	2 740	1.26
云南	4 097	1.88
西藏	26	0.01
陕西	11 248	5.17
甘肃	3 856	1.77
青海	520	0.24
宁夏	253	0.12
新疆	2 602	1.20
合计	217 446	100.00

资料来源：根据教育部发展规划司提供的数据整理。

各省（自治区、直辖市）在校专业硕士学位研究生的分布如图 3.17 所示。

2010 年各省（自治区、直辖市）中，在校专业硕士学位研究生占全国专业硕士学位研究生的比重最大的是北京，为 15.03%；其余省（自治区、直辖市）的在校专业硕士研究生的比重均小于 10%。与图 3.16 所示的在校专业

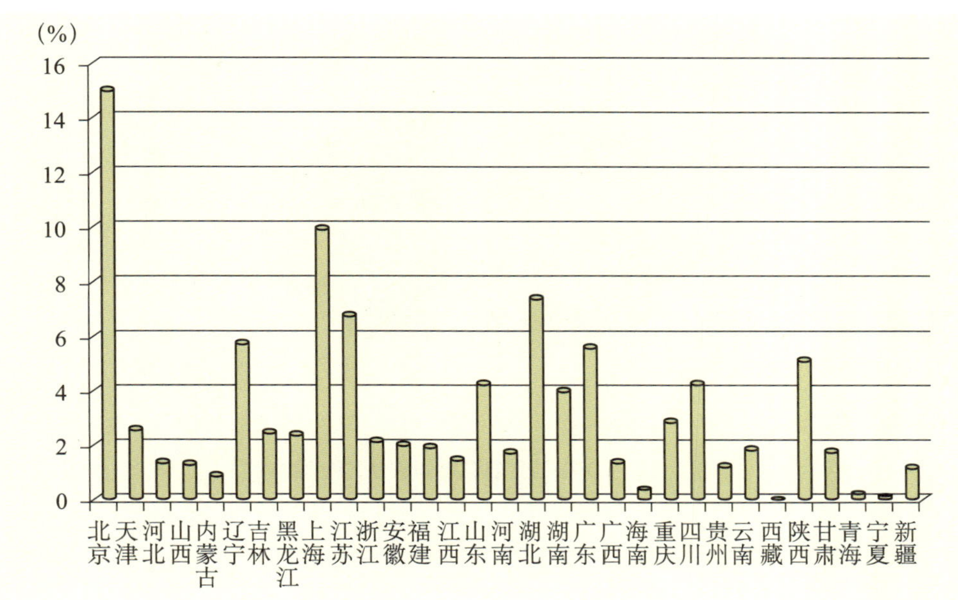

图 3.17　2010 年各省（自治区、直辖市）在校专业硕士学位研究生分布图

博士学位研究生相比，在校专业硕士学位研究生在各省（自治区、直辖市）的分布更加分散。

2. 在校研究生的地区分布

表 3.26 和图 3.18 表明了全国各地区在校研究生的分布情况。

表 3.26　　2010 年在校研究生的地区分布

地区名称	在校博士研究生		在校硕士研究生		合计	
	人数（人）	比重（%）	人数（人）	比重（%）	人数（人）	比重（%）
东部地区	151 065	58.34	605 116	47.29	756 181	49.15
中部地区	37 189	14.36	235 052	18.37	272 241	17.70
西部地区	40 055	15.47	281 828	22.03	321 883	20.92
东北地区	30 639	11.83	157 470	12.31	188 109	12.23
合计	258 948	100.00	1 279 466	100.00	1 538 414	100.00

资料来源：根据教育部发展规划司提供的数据整理。

2010 年我国东部地区共有在校研究生 756 181 人，占全国比重最大，为 49.15%；东北地区共有在校研究生 188 109 人，所占比重最小，为 12.23%。

根据表 3.26，2010 年东部地区在校博士研究生所占比重大于其在校硕士研究生所占的比重，而其他地区在校博士研究生所占的比重均小于其在校硕士研究生所占的比重，反映了我国博士研究生的培养主要集中在东部地区的结构。

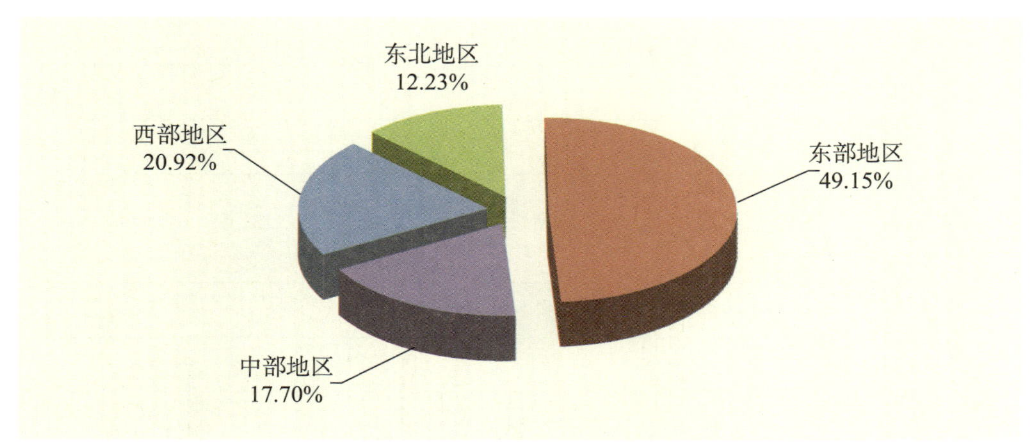

图 3.18　2010 年全国在校研究生的地区分布

（1）各地区在校学术型研究生的分布

根据表 3.27 和图 3.19，2010 年东部地区共有在校学术型研究生 644 840 人，占全国比重最大，为 48.97%；东北地区共有在校学术型研究生 164 744 人，所占比重最小，为 12.51%。

全国在校学术型博士研究生中，东部地区在校学术型博士研究生所占比重最大，为 58.32%；东北地区最小，为 11.99%。全国在校学术型硕士研究生中，东部地区在校学术型硕士研究生所占比重最大，46.73%；东北地区所占比重最小，为 12.64%。

表 3.27　　2010 年在校学术型研究生的地区分布

地区名称	在校学术型博士研究生		在校学术型硕士研究生		合计	
	人数（人）	比重（%）	人数（人）	比重（%）	人数（人）	比重（%）
东部地区	148 554	58.32	496 286	46.73	644 840	48.97
中部地区	36 026	14.14	195 666	18.42	231 692	17.60
西部地区	39 607	15.55	235 869	22.21	275 476	20.92
东北地区	30 545	11.99	134 199	12.64	164 744	12.51
合计	254 732	100.00	1 062 020	100.00	1 316 752	100.00

资料来源：根据教育部发展规划司提供的数据整理。

（2）各地区在校专业学位研究生的分布

根据表 3.28 和图 3.20，2010 年东部地区共有在校专业学位研究生 111 341 人，占全国比重最大，为 50.23%；东北地区共有在校专业学位研究生 23 365 人，所占比重最小，为 10.54%。

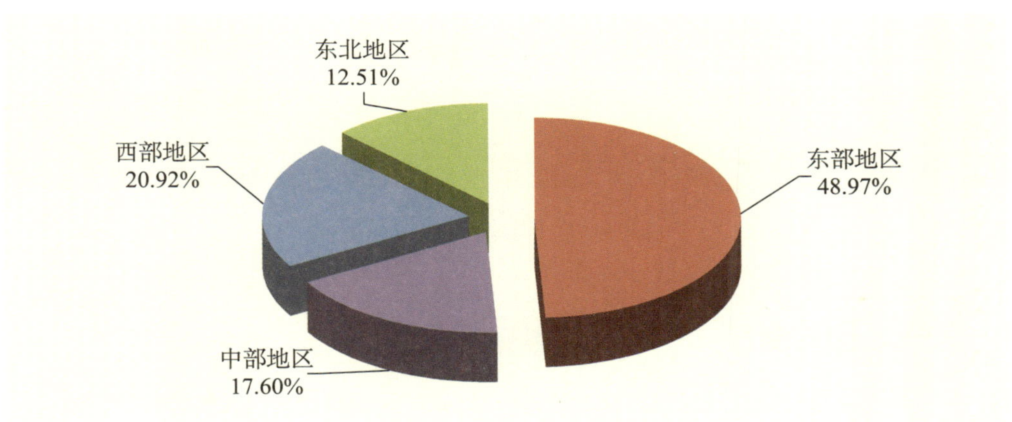

图 3.19　2010 年全国在校学术型研究生的地区分布

全国在校专业博士学位研究生中，东部地区在校专业博士学位研究生所占比重最大，为 59.56%；东北地区最小，为 2.23%。全国在校专业硕士学位研究生中，东部地区在校专业硕士学位研究生所占比重最大，为 50.05%；东北地区所占比重最小，为 10.70%。

表 3.28　2010 年在校专业学位研究生的地区分布

地区名称	在校专业博士学位研究生		在校专业硕士学位研究生		合计	
	人数（人）	比重（%）	人数（人）	比重（%）	人数（人）	比重（%）
东部地区	2 511	59.56	108 830	50.05	111 341	50.23
中部地区	1 163	27.58	39 386	18.11	40 549	18.29
西部地区	448	10.63	45 959	21.14	46 407	20.94
东北地区	94	2.23	23 271	10.70	23 365	10.54
合计	4 216	100.00	217 446	100.00	221 662	100.00

资料来源：根据教育部发展规划司提供的数据整理。

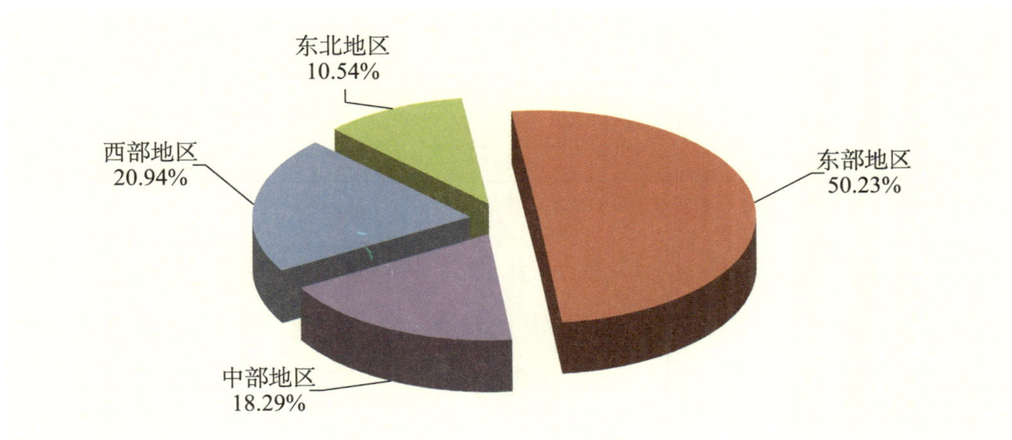

图 3.20　2010 年全国在校专业学位研究生的地区分布

三、外国留学生[①]

（一）招生情况

1. 留学生招生规模

2010 年全国共招收留学生 80 846 人，其中男性 42 501 人，女性 38 345 人（见表 3.29）。

表 3.29　2010 年留学生招生规模

男性		女性		合计	
人数（人）	比重（%）	人数（人）	比重（%）	人数（人）	比重（%）
42 501	52.57	38 345	47.43	80 846	100.00

资料来源：根据教育部发展规划司提供的数据整理。

2. 按学习层次统计的留学生招生结构

按学习层次的不同，把留学生分为博士研究生、硕士研究生、本科生、专科生和培训生，不同层次的招生结构见表 3.30 和图 3.21。

表 3.30　2010 年分学习层次的留学生招生结构

层次	人数（人）	比重（%）
博士研究生	1 835	2.27
硕士研究生	6 912	8.55
本科生	15 765	19.50
专科生	316	0.39
培训生	56 018	69.29
合计	80 846	100.00

资料来源：根据教育部发展规划司提供的数据整理。

表 3.30 和图 3.21 表明，2010 年来华学习的留学生中以培训的人数最多，为 56 018 人，占留学生招生总数的 69.29%；专科生的招生人数最少，为 316 人，占留学生招生总数的 0.39%。

① 外国留学生包括博士研究生、硕士研究生、本科生、专科生和培训生。

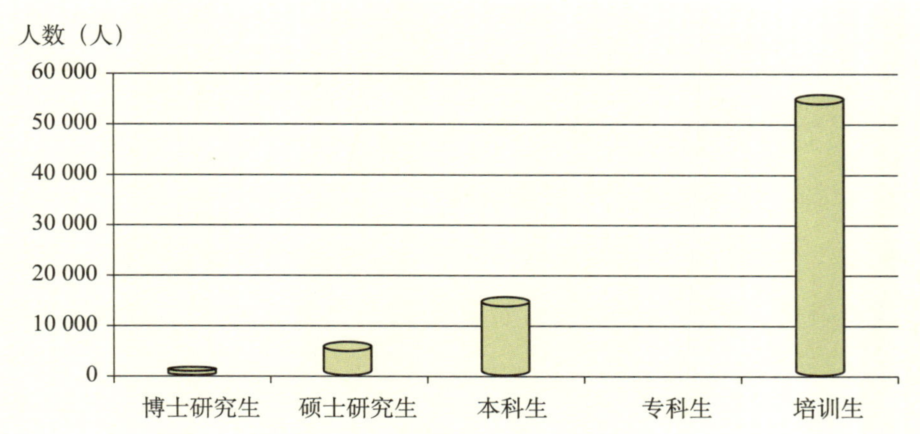

图 3.21　2010 年分学习层次的留学生招生结构

3. 分大洲的留学生招生结构

把留学生的生源地按大洲分为亚洲、非洲、欧洲、北美洲、南美洲和澳洲，其分大洲的留学生招生结构见表 3.31 和图 3.22。

表 3.31　2010 年分大洲的留学生招生结构

大洲	人数（人）	比重（%）
亚洲	49 495	61.22
非洲	6 015	7.44
欧洲	15 116	18.70
北美洲	7 801	9.65
南美洲	1 223	1.51
澳洲	1 196	1.48
合计	80 846	100.00

资料来源：根据教育部发展规划司提供的数据整理。

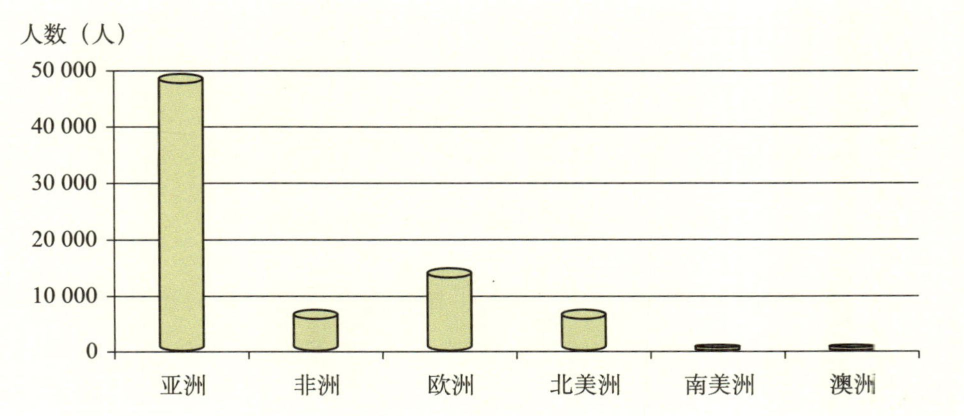

图 3.22　2010 年分大洲的留学生招生结构

表 3.31 和图 3.22 表明，2010 年留学生中来自亚洲的生源最多，为 49 495 人，占留学生招生总数的 61.22%；来自澳洲的生源最少，为 1 196 人，占留学生招生总数的 1.48%。

4. 分经费来源的留学生招生结构

把留学生的招生结构按经费来源分为国际组织资助、中国政府资助、本国政府资助、学校间交换和自费，不同经费来源的招生结构见表 3.32 和图 3.23。

表 3.32　　2010 年分经费来源的留学生招生结构

经费来源	人数（人）	比重（%）
国际组织资助	190	0.24
中国政府资助	13 591	16.81
本国政府资助	1 345	1.66
学校间交换	8 834	10.93
自费	56 886	70.36
合计	80 846	100.00

资料来源：根据教育部发展规划司提供的数据整理。

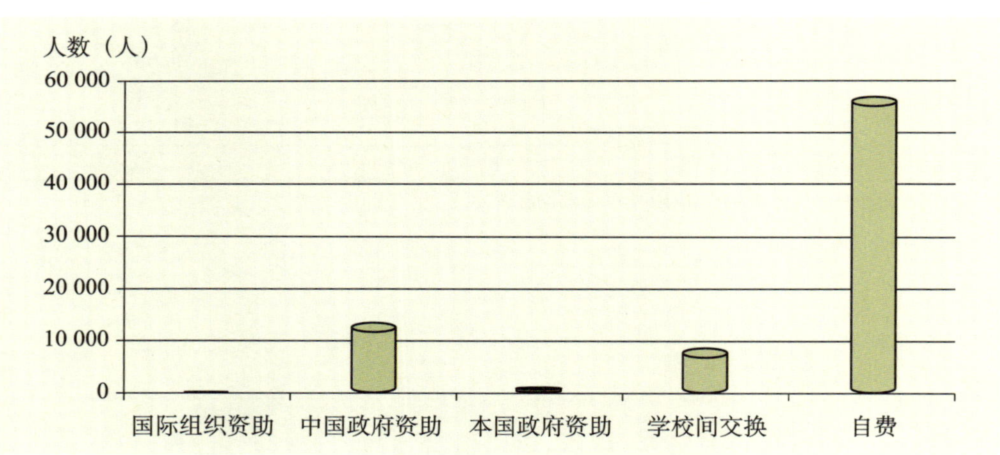

图 3.23　2010 年分经费来源的留学生招生结构

表 3.32 和图 3.23 表明，2010 年留学生中自费生的招生人数最多，为 56 886 人，占留学生招生总数的 70.36%；国际组织资助的招生人数最少，为 190 人，占留学生招生总数的 0.24%。

5. 留学生在我国就读的区域分布结构

(1) 按省(自治区、直辖市)划分的留学生的招生结构

2010年我国31个省(自治区、直辖市)留学生的招生结构见表3.33和图3.24。

表3.33 2010年我国各省(自治区、直辖市)留学生的招生结构

省(自治区、直辖市)	人数(人)	比重(%)
北京	25 460	31.49
天津	2 723	3.37
河北	716	0.89
山西	61	0.08
内蒙古	357	0.44
辽宁	2 809	3.47
吉林	2 587	3.20
黑龙江	2 887	3.57
上海	9 064	11.21
江苏	5 711	7.06
浙江	3 625	4.48
安徽	516	0.64
福建	1 487	1.84
江西	335	0.41
山东	3 573	4.42
河南	375	0.46
湖北	2 616	3.24
湖南	1 461	1.81
广东	3 020	3.74
广西	1 805	2.23
海南	253	0.31
重庆	1 786	2.21
四川	1 068	1.32
贵州	209	0.26
云南	2 746	3.40
西藏	20	0.02
陕西	1 630	2.02
甘肃	448	0.55
青海	127	0.16
宁夏	188	0.23
新疆	1 183	1.46
合计	80 846	100.00

资料来源：根据教育部发展规划司提供的数据整理。

表3.33和图3.24表明，2010年留学生招生较多的五个省(直辖市)依次为北京、上海、江苏、浙江和山东，其中北京的留学生招生人数远多于其他省(自治区、直辖市)，为25 460人，占留学生招生总数的31.49%；招生较少的五个省(自治区)分别为西藏、山西、青海、宁夏和贵州。

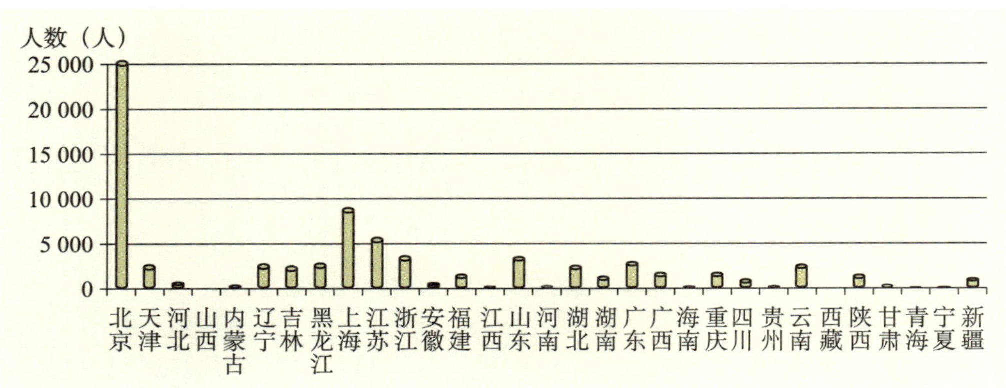

图 3.24　2010 年我国各省（自治区、直辖市）留学生的招生结构

（2）按地区划分的留学生的招生结构

2010 年留学生在我国不同地区的招生结构见表 3.34 和图 3.25。

表 3.34　2010 年我国各地区留学生的招生结构

地区名称	人数（人）	比重（%）
东部地区	55 632	68.81
中部地区	5 364	6.63
西部地区	11 567	14.31
东北地区	8 283	10.25
合计	80 846	100.00

资料来源：根据教育部发展规划司提供的数据整理。

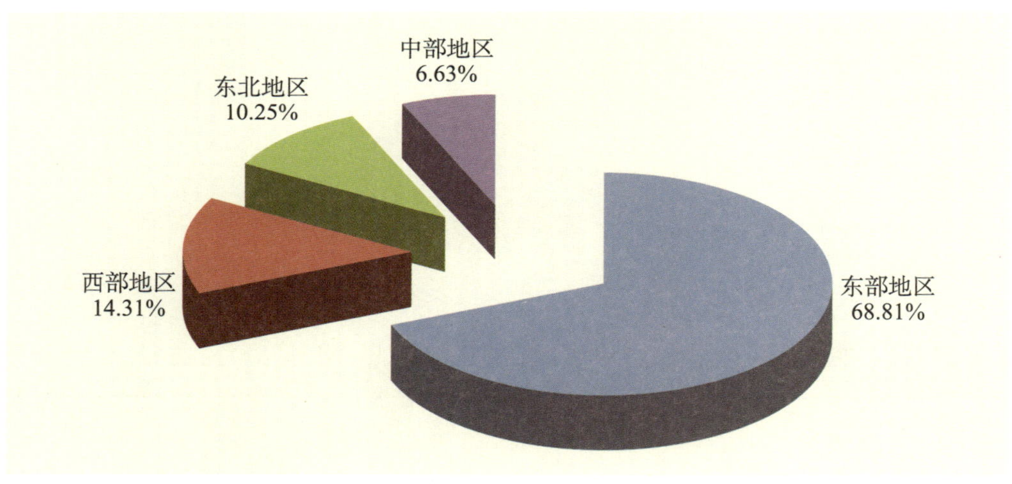

图 3.25　2010 年我国各地区留学生的招生结构

表 3.34 和图 3.25 表明，2010 年我国东部地区招收留学生最多，为 55 632 人，占留学生招生总数的 68.81%；中部地区招收留学生最少，

为 5 364 人，占留学生招生总数的 6.63%。

（二）培养情况

1. 在读留学生规模

2010 年在读留学生 130 637 人，其中男性 74 285 人，女性 56 352 人，见表 3.35。

表 3.35　　2010 年在读留学生规模

男性		女性		合计	
人数（人）	比重（%）	人数（人）	比重（%）	人数（人）	比重（%）
74 285	56.86	56 352	43.14	130 637	100.00

资料来源：根据教育部发展规划司提供的数据整理。

2. 分学习层次的在读留学生结构

2010 年分学习层次的在读留学生结构见表 3.36 和图 3.26。

表 3.36　　2010 年分学习层次的在读留学生结构

层次	人数（人）	比重（%）
博士研究生	4 998	3.82
硕士研究生	14 691	11.25
本科生	59 372	45.45
专科生	577	0.44
培训生	50 999	39.04
合计	130 637	100.00

资料来源：根据教育部发展规划司提供的数据整理。

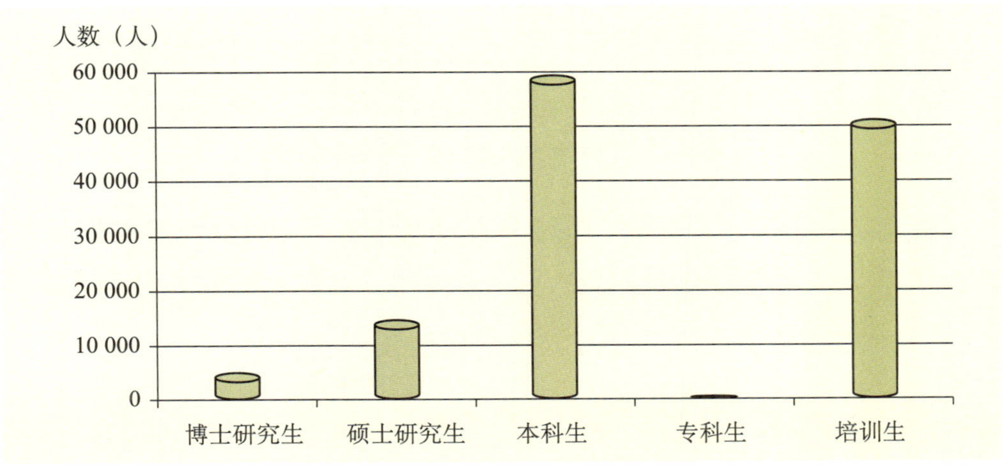

图 3.26　2010 年分学习层次的在读留学生结构

表3.36和图3.26表明，2010年留学生中在读的本科生人数最多，其次为培训生。在读的博士研究生、硕士研究生比重相对较小。

3. 分大洲的在读留学生结构

2010年分大洲的在读留学生结构见表3.37和图3.27。

表3.37　　2010年分大洲的在读留学生结构

大洲	人数（人）	比重（%）
亚洲	90 609	69.36
非洲	11 390	8.72
欧洲	16 863	12.90
北美洲	8 506	6.51
南美洲	1 956	1.50
澳洲	1 313	1.01
合计	130 637	100.00

资料来源：根据教育部发展规划司提供的数据整理。

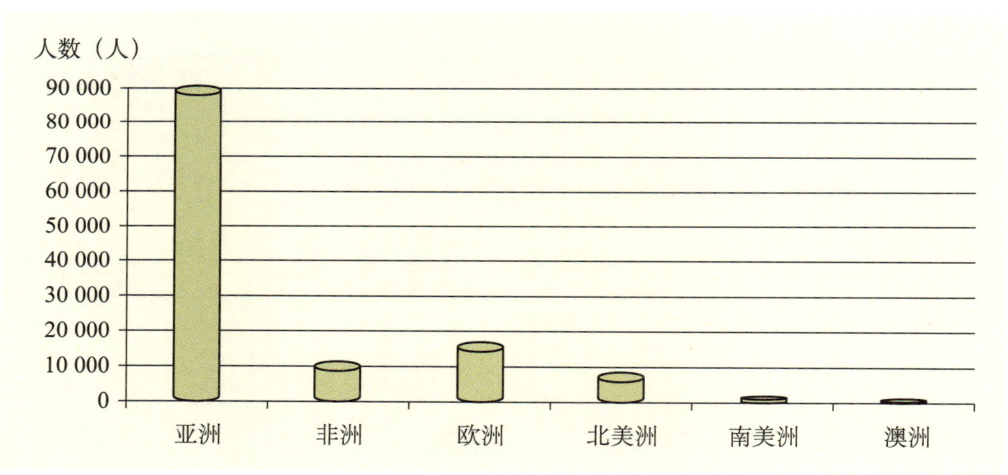

图3.27　2010年分大洲的在读留学生结构

表3.37和图3.27表明，2010年在读留学生中来自亚洲的人数最多，为90 609人，占在读留学生总数的69.36%；来自澳洲的人数最少，为1 313人，占在读留学生总数的1.01%。

4. 分经费来源的在读留学生结构

2010年分经费来源的在读留学生结构见表3.38和图3.28。

表 3.38　　2010 年分经费来源的在读留学生结构

经费来源	人数（人）	比重（%）
国际组织资助	272	0.21
中国政府资助	23 670	18.12
本国政府资助	1 991	1.52
学校间交换	8 130	6.22
自费	96 574	73.93
合计	130 637	100.00

资料来源：根据教育部发展规划司提供的数据整理。

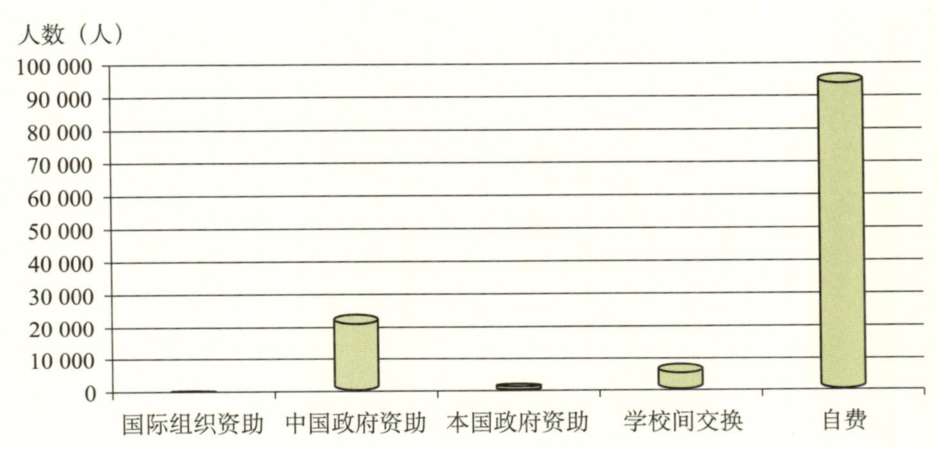

图 3.28　2010 年分经费来源的在读留学生结构

表 3.38 和图 3.28 表明，2010 年在读留学生中自费的人数最多，为 96 574 人，占在读留学生总数的 73.93%；国际组织资助的人数最少，为 272 人，占在读留学生总数的 0.21%。

5. 在读留学生在我国的区域分布结构

(1) 按省（自治区、直辖市）划分的在读留学生结构

2010 年我国 31 个省（自治区、直辖市）的在读留学生结构见表 3.39 和图 3.29。

表 3.39　　2010 年我国各省（自治区、直辖市）在读留学生结构

省（自治区、直辖市）	人数（人）	比重（%）
北京	33 617	25.73
天津	5 541	4.24
河北	1 725	1.32
山西	147	0.11
内蒙古	1 332	1.02
辽宁	5 617	4.30

续前表

省（自治区、直辖市）	人数（人）	比重（%）
吉林	4 526	3.46
黑龙江	3 950	3.02
上海	17 340	13.27
江苏	10 172	7.79
浙江	5 543	4.24
安徽	700	0.54
福建	2 078	1.59
江西	1 341	1.03
山东	4 799	3.67
河南	1 329	1.02
湖北	5 539	4.24
湖南	1 715	1.31
广东	5 486	4.20
广西	3 196	2.45
海南	391	0.30
重庆	2 079	1.59
四川	1 846	1.41
贵州	154	0.12
云南	3 564	2.73
西藏	20	0.02
陕西	3 432	2.63
甘肃	736	0.56
青海	257	0.20
宁夏	298	0.23
新疆	2 167	1.66
合计	130 637	100.00

资料来源：根据教育部发展规划司提供的数据整理。

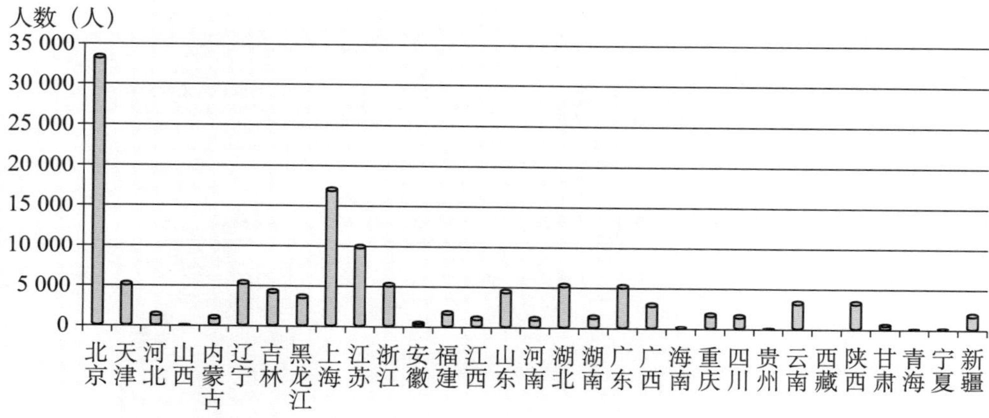

图 3.29　2010 年我国各省（自治区、直辖市）在读留学生结构

表 3.39 和图 3.29 表明，2010 年在读留学生较多的五个省（直辖市）依次为北京、上海、江苏、辽宁和浙江，其中北京的在读留学生远多于其他省（自治区、直辖市），为 33 617 人，占在读留学生总数的 25.73%；在读留学生较少的五个省（自治区）分别为西藏、山西、贵州、青海和宁夏。

（2）按地区划分的在读留学生结构

2010 年我国不同地区在读留学生结构见表 3.40 和图 3.30。

表 3.40　　2010 年我国各地区在读留学生结构

地区名称	人数（人）	比重（%）
东部地区	86 692	66.36
中部地区	10 771	8.24
西部地区	19 081	14.61
东北地区	14 093	10.79
合计	130 637	100.00

资料来源：根据教育部发展规划司提供的数据整理。

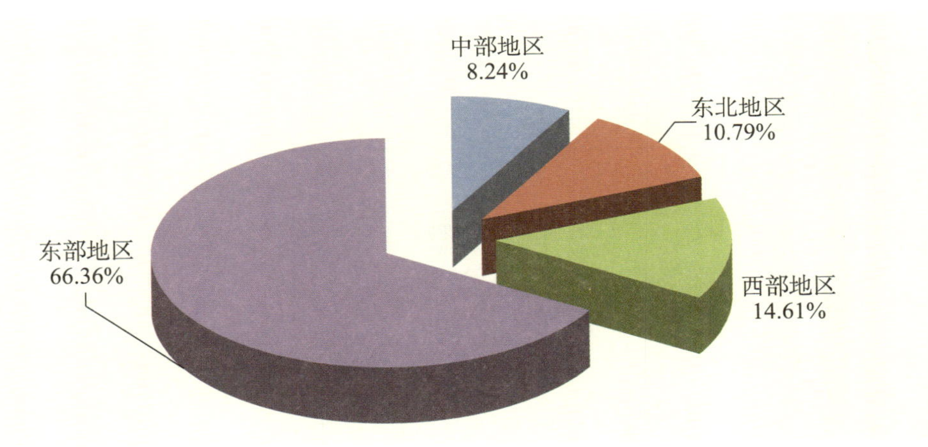

图 3.30　2010 年我国各地区在读留学生结构

表 3.40 和图 3.30 表明，2010 年我国东部地区在读留学生最多，为 86 692 人，占在读留学生总数的 66.36%；中部地区的在读留学生最少，为 10 771 人，占在读留学生总数的 8.24%。

四、研究生导师

研究生导师分为三种类型：博士生导师、硕士生导师、博士生硕士生导师。博士生导师仅指导博士研究生；硕士生导师仅指导硕士研究生；博士生硕士生导师既指导博士研究生，也指导硕士研究生。

（一）规模和结构

2010 年全国共有研究生导师 260 465 人，其中博士生导师 16 204 人，硕士生导师 201 174 人，博士生硕士生导师 43 087 人，各自所占比重如表 3.41 所示。

表 3.41　2010 年研究生导师总体规模表

导师层次	人数（人）	比重（%）
博士生导师	16 204	6.22
硕士生导师	201 174	77.24
博士生硕士生导师	43 087	16.54
合计	260 465	100.00

资料来源：根据教育部发展规划司提供的数据整理。

表 3.41 反映出硕士生导师是研究生导师的主体部分。

1. 2010 年不同年龄段研究生导师的性别结构

按年龄和性别划分，研究生导师的结构如表 3.42 所示。

表 3.42　2010 年研究生导师的性别结构

年龄组	男		女		合计	
	人数（人）	比重（%）	人数（人）	比重（%）	人数（人）	比重（%）
30 岁及以下	1 621	0.85	715	1.04	2 336	0.90
31～35 岁	14 380	7.50	6 227	9.07	20 607	7.91
36～40 岁	30 804	16.06	14 733	21.46	45 537	17.48
41～45 岁	44 747	23.33	17 923	26.10	62 670	24.06
46～50 岁	47 982	25.02	15 792	23.00	63 774	24.48
51～55 岁	26 885	14.02	8 099	11.79	34 984	13.43
56～60 岁	13 992	7.29	3 543	5.16	17 535	6.74

续前表

年龄组	男		女		合计	
	人数（人）	比重（%）	人数（人）	比重（%）	人数（人）	比重（%）
61～65 岁	6 198	3.23	1 014	1.48	7 212	2.77
66 岁及以上	5 191	2.70	619	0.90	5 810	2.23
合计	191 800	100.00	68 665	100.00	260 465	100.00

资料来源：根据教育部发展规划司提供的数据整理。

2010 年研究生导师中，46～50 岁年龄段的研究生导师最多，占研究生导师总数的 24.48%。41～50 岁之间的研究生导师占研究生导师总数的 48.54%，是研究生导师的主体。

表 3.42 和图 3.31 表明，在男性研究生导师中，46～50 岁年龄段的人数最多，所占比重为 25.02%；在女性研究生导师中，41～45 岁年龄段的人数最多，所占比重为 26.10%。

在 45 岁以下的研究生导师中，女性研究生导师所占比重较大；而在 46 岁及以上的研究生导师中，男性研究生导师所占比重较大。

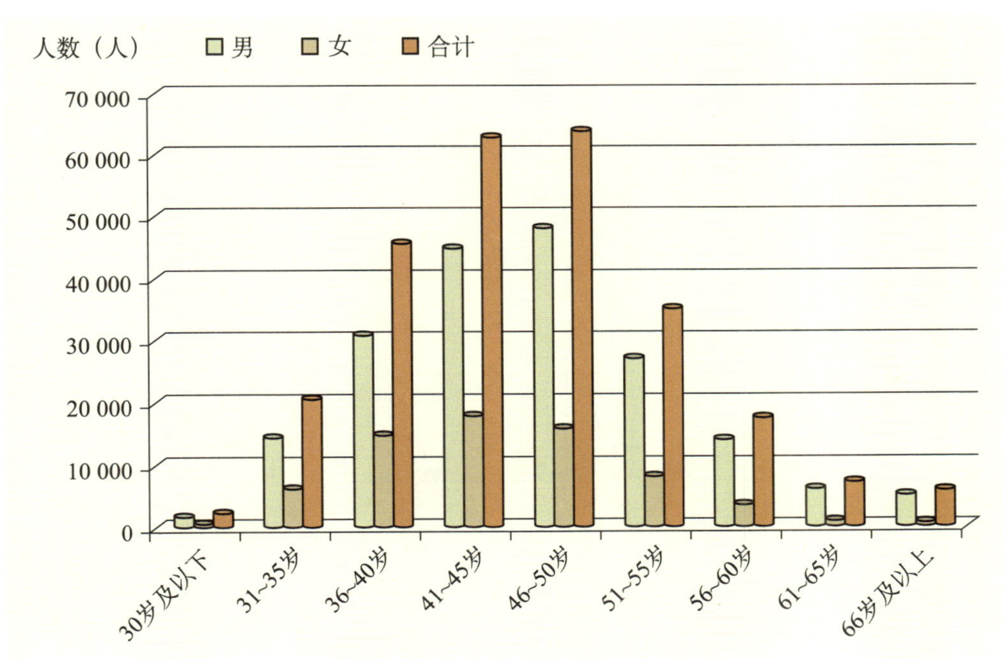

图 3.31　2010 年研究生导师年龄结构

2. 2010 年不同年龄段研究生导师的职称结构

2010 年研究生导师中，具有正高级职称的导师有 132 763 人，具有副高级职称的导师120 233人，各占研究生导师总数的50.97%和46.16%。具有中级职称的导师所占比重最小，为2.87%。具体见表3.43和图3.32。

表3.43 2010年研究生导师的职称结构

年龄组	正高级		副高级		中级		合计	
	人数（人）	比重（%）	人数（人）	比重（%）	人数（人）	比重（%）	人数（人）	比重（%）
30岁及以下	86	0.06	1 018	0.85	1 232	16.49	2 336	0.90
31～35岁	1 662	1.25	15 340	12.76	3 605	48.27	20 607	7.91
36～40岁	9 160	6.90	34 729	28.88	1 648	22.06	45 537	17.48
41～45岁	29 079	21.90	33 070	27.50	521	6.98	62 670	24.06
46～50岁	41 343	31.14	22 121	18.40	310	4.15	63 774	24.49
51～55岁	25 961	19.55	8 950	7.44	73	0.98	34 984	13.43
56～60岁	13 713	10.33	3 760	3.13	62	0.83	17 535	6.73
61～65岁	6 356	4.80	842	0.70	14	0.19	7 212	2.77
66岁及以上	5 403	4.07	403	0.34	4	0.05	5 810	2.23
合计	132 763	100.00	120 233	100.00	7 469	100.00	260 465	100.00

资料来源：根据教育部发展规划司提供的数据整理。

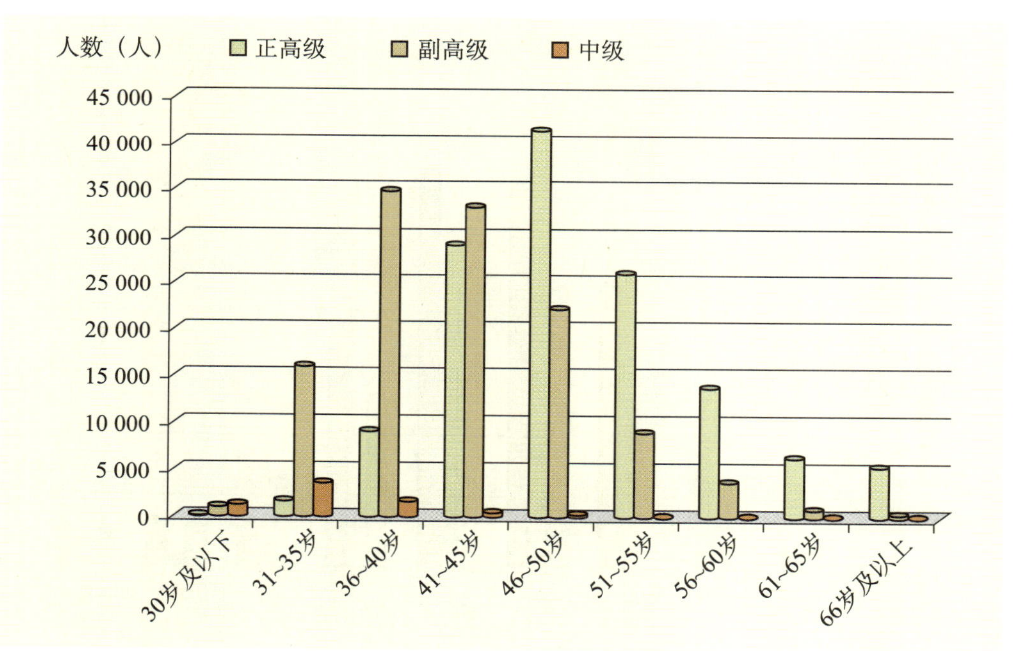

图3.32 2010年研究生导师的职称结构

表3.43和图3.32表明，具有正高级职称的研究生导师年龄主要分布在41～55岁之间，所占比重为72.59%；具有副高级职称的研究生导师年龄主要分布在31～50岁之间，所占比重为87.54%；具有中级职称

的研究生导师年龄主要分布在 40 岁以下，所占比重为 86.82%。

3. 2010 年不同年龄段研究生导师的层次结构

2010 年研究生导师的层次结构如表 3.44 和图 3.33 所示。

表 3.44　　　　2010 年研究生导师的层次结构

年龄组	博士生导师		硕士生导师		博士生硕士生导师		合计	
	人数（人）	比重（%）	人数（人）	比重（%）	人数（人）	比重（%）	人数（人）	比重（%）
30 岁及以下	10	0.06	2 275	1.13	51	0.12	2 336	0.90
31～35 岁	169	1.04	19 571	9.73	867	2.01	20 607	7.91
36～40 岁	873	5.39	40 863	20.31	3 801	8.82	45 537	17.48
41～45 岁	2 724	16.81	50 363	25.04	9 583	22.24	62 670	24.06
46～50 岁	4 168	25.72	46 750	23.24	12 856	29.84	63 774	24.49
51～55 岁	2 843	17.55	24 593	12.22	7 548	17.52	34 984	13.43
56～60 岁	1 817	11.21	11 718	5.82	4 000	9.28	17 535	6.73
61～65 岁	1 485	9.17	3 436	1.71	2 291	5.32	7 212	2.77
66 岁及以上	2 115	13.05	1 605	0.80	2 090	4.85	5 810	2.23
合计	16 204	100.00	201 174	100.00	43 087	100.00	260 465	100.00

资料来源：根据教育部发展规划司提供的数据整理。

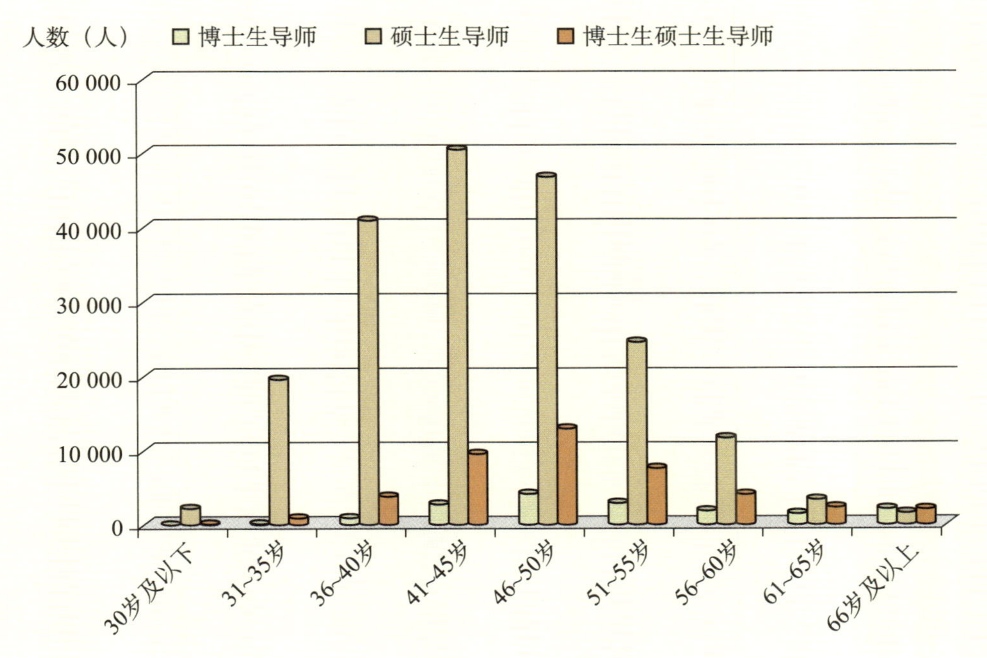

图 3.33　2010 年研究生导师的层次结构

表 3.44 和图 3.33 表明，博士生导师中，年龄主要分布在 41～60 岁之间，所占比重为 71.29%；硕士生导师年龄主要分布在 36～55 岁之间，

所占比重为 80.81%；博士生硕士生导师中，年龄主要分布在 41～55 岁之间，所占比重为 69.60%。

（二）区域分布

1.2010 年各省（自治区、直辖市）研究生导师的分布情况

（1）各省（自治区、直辖市）研究生导师的职称结构

2010 年研究生导师最多的五个省（直辖市）依次为北京、江苏、上海、湖北和广东，其中北京的研究生导师占全国研究生导师的比重最大，为 15.38%。海南、西藏、青海、宁夏四个省（自治区）的研究生导师占全国研究生导师的比重小于 1%。

在正高级职称的研究生导师中，北京占全国正高级职称的研究生导师的比重最大，为 15.91%，西藏所占比重最小，为 0.06%；在副高级职称的研究生导师中，北京所占比重最大，为 14.23%，青海所占比重最小，为 0.08%；在中级职称的研究生导师中，北京占全国中级职称的研究生导师的比重最高，为 24.26%，海南、贵州、西藏、青海均没有中级职称的研究生导师（见表 3.45、图 3.34）。

表 3.45　　2010 年各省（自治区、直辖市）研究生导师的职称分布

省（自治区、直辖市）	正高级		副高级		中级		合计	
	人数（人）	比重（%）	人数（人）	比重（%）	人数（人）	比重（%）	人数（人）	比重（%）
北京	21 128	15.91	17 108	14.23	1 812	24.26	40 048	15.38
天津	3 313	2.50	2 818	2.34	16	0.21	6 147	2.36
河北	3 884	2.93	2 471	2.06	272	3.64	6 627	2.54
山西	1 993	1.50	1 406	1.17	185	2.48	3 584	1.38
内蒙古	1 722	1.30	1 081	0.90	22	0.29	2 825	1.09
辽宁	6 506	4.90	5 390	4.48	690	9.24	12 586	4.83
吉林	4 861	3.66	3 982	3.31	101	1.35	8 944	3.43
黑龙江	5 070	3.82	3 405	2.83	195	2.61	8 670	3.33
上海	9 003	6.78	8 253	6.86	274	3.67	17 530	6.73
江苏	8 700	6.55	10 386	8.64	617	8.26	19 703	7.56
浙江	4 569	3.44	4 638	3.86	153	2.05	9 360	3.59
安徽	2 770	2.09	2 736	2.28	103	1.38	5 609	2.15
福建	2 883	2.17	2 193	1.82	381	5.10	5 457	2.10
江西	2 397	1.81	2 167	1.80	38	0.51	4 602	1.77
山东	6 669	5.03	6 793	5.65	247	3.31	13 709	5.26

续前表

省（自治区、直辖市）	正高级		副高级		中级		合计	
	人数（人）	比重（%）	人数（人）	比重（%）	人数（人）	比重（%）	人数（人）	比重（%）
河南	3 638	2.74	3 740	3.11	113	1.51	7 491	2.88
湖北	7 033	5.30	7 700	6.40	949	12.71	15 682	6.02
湖南	4 606	3.47	3 898	3.24	199	2.66	8 703	3.34
广东	7 467	5.62	6 936	5.77	192	2.57	14 595	5.60
广西	2 344	1.77	2 092	1.74	141	1.89	4 577	1.76
海南	386	0.29	320	0.27	0	0.00	706	0.27
重庆	2 543	1.92	3 028	2.52	182	2.44	5 753	2.21
四川	4 865	3.66	5 409	4.50	145	1.94	10 419	4.00
贵州	1 633	1.23	1 127	0.94	0	0.00	2 760	1.06
云南	2 313	1.74	1 907	1.59	210	2.81	4 430	1.70
西藏	81	0.06	110	0.09	0	0.00	191	0.07
陕西	6 253	4.71	5 035	4.19	197	2.64	11 485	4.41
甘肃	2 037	1.53	2 025	1.68	18	0.24	4 080	1.57
青海	325	0.24	94	0.08	0	0.00	419	0.16
宁夏	442	0.33	254	0.21	11	0.15	707	0.27
新疆	1 329	1.00	1 731	1.44	6	0.08	3 066	1.18
合计	132 763	100.00	120 233	100.00	7 469	100.00	260 465	100.00

资料来源：根据教育部发展规划司提供的数据整理。

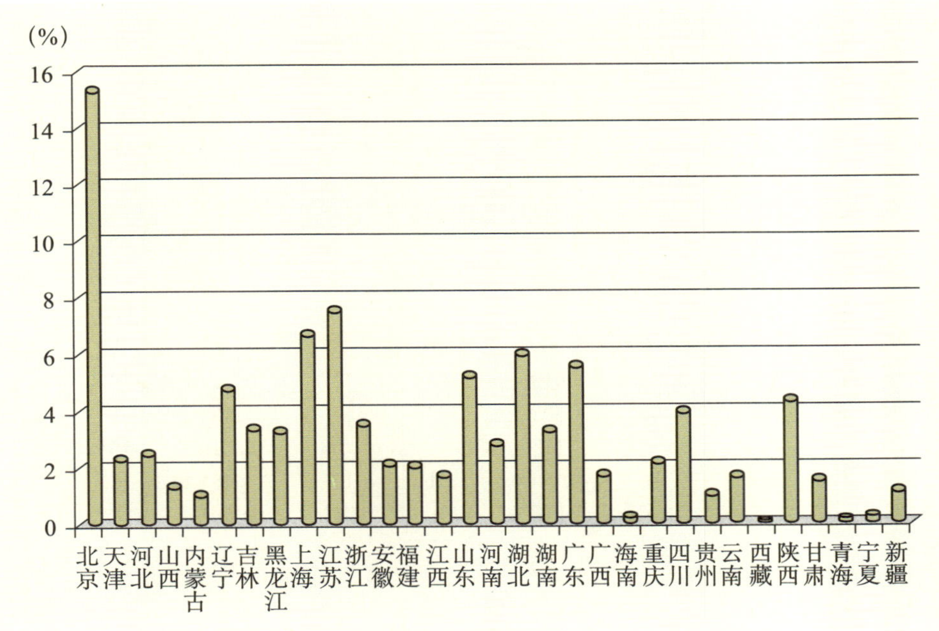

图 3.34　2010 年各省（自治区、直辖市）研究生导师职称分布图

(2) 各省（自治区、直辖市）研究生导师的层次结构

在博士生导师中，北京占全国博士生导师的比重最大，为35.52%，海南和贵州则没有博士生导师；在硕士生导师中，北京占全国硕士生导师的比重最大，为12.85%，西藏所占比重最小，为0.09%；在博士生硕士生导师中，北京占全国博士生硕士生导师的比重最高，为19.57%，西藏最少，所占比重为0.01%（见表3.46）。

表3.46 2010年研究生导师各省（自治区、直辖市）的层次分布

省（自治区、直辖市）	博士生导师		硕士生导师		博士生硕士生导师		合计	
	人数（人）	比重（%）	人数（人）	比重（%）	人数（人）	比重（%）	人数（人）	比重（%）
北京	5 755	35.52	25 860	12.85	8 433	19.57	40 048	15.38
天津	1 073	6.62	4 698	2.34	376	0.87	6 147	2.36
河北	289	1.78	5 724	2.85	614	1.43	6 627	2.54
山西	37	0.23	3 109	1.55	438	1.02	3 584	1.38
内蒙古	31	0.19	2 594	1.29	200	0.46	2 825	1.08
辽宁	257	1.59	10 481	5.21	1 848	4.29	12 586	4.83
吉林	1 312	8.10	6 979	3.47	653	1.52	8 944	3.43
黑龙江	390	2.41	6 347	3.15	1 933	4.49	8 670	3.33
上海	1 559	9.62	11 614	5.77	4 357	10.11	17 530	6.73
江苏	905	5.59	14 665	7.29	4 133	9.59	19 703	7.56
浙江	38	0.23	7 522	3.74	1 800	4.18	9 360	3.59
安徽	218	1.35	4 674	2.32	717	1.66	5 609	2.15
福建	161	0.99	4 230	2.10	1 066	2.47	5 457	2.10
江西	23	0.14	4 262	2.12	317	0.74	4 602	1.77
山东	290	1.79	11 651	5.79	1 768	4.10	13 709	5.26
河南	50	0.31	6 863	3.41	578	1.34	7 491	2.88
湖北	651	4.02	11 736	5.83	3 295	7.65	15 682	6.02
湖南	861	5.31	6 866	3.41	976	2.27	8 703	3.34
广东	822	5.07	11 315	5.62	2 458	5.70	14 595	5.60
广西	10	0.06	4 251	2.11	316	0.73	4 577	1.76
海南	0	0.00	616	0.31	90	0.21	706	0.27
重庆	120	0.74	4 760	2.37	873	2.03	5 753	2.21
四川	456	2.81	8 030	3.99	1 933	4.49	10 419	4.00
贵州	0	0.00	2 643	1.31	117	0.27	2 760	1.06
云南	68	0.42	3 892	1.93	470	1.09	4 430	1.70
西藏	3	0.02	185	0.09	3	0.01	191	0.07
陕西	622	3.84	8 669	4.31	2 194	5.09	11 485	4.41
甘肃	41	0.25	3 178	1.58	861	2.00	4 080	1.57
青海	7	0.04	373	0.19	39	0.09	419	0.16
宁夏	17	0.10	657	0.33	33	0.08	707	0.27
新疆	138	0.85	2 730	1.36	198	0.46	3 066	1.18
合计	16 204	100.00	201 174	100.00	43 087	100.00	260 465	100.00

资料来源：根据教育部发展规划司提供的数据整理。

2. 2010 年各地区研究生导师的分布情况

(1) 各地区研究生导师的职称结构

2010 年我国东部地区研究生导师有 133 882 人，占全国比重最大，为 51.40%；东北地区研究生导师为 30 200 人，所占比重最小，为 11.60%。

在正高级职称的研究生导师中，东部地区占全部正高级职称研究生导师的比重最大，为 51.22%，东北地区所占比重最小，为 12.38%；在副高级职称的研究生导师中，东部地区所占比重最大，为 51.50%，东北地区所占比重最小；在中级职称的研究生导师中，东部地区所占比重最大，为 53.07%，西部地区所占比重最小，为 12.48%。不同职称的研究生导师在各地区的分布结构类似。具体见表 3.47 和图 3.35。

表 3.47 2010 年不同地区研究生导师的职称分布

地区名称	正高级		副高级		中级		合计	
	人数（人）	比重（%）	人数（人）	比重（%）	人数（人）	比重（%）	人数（人）	比重（%）
东部地区	68 002	51.22	61 916	51.50	3 964	53.07	133 882	51.40
中部地区	22 437	16.90	21 647	18.00	1 587	21.25	45 671	17.53
西部地区	25 887	19.50	23 893	19.87	932	12.48	50 712	19.47
东北地区	16 437	12.38	12 777	10.63	986	13.20	30 200	11.60
合计	132 763	100.00	120 233	100.00	7 469	100.00	260 465	100.00

资料来源：根据教育部发展规划司提供的数据整理。

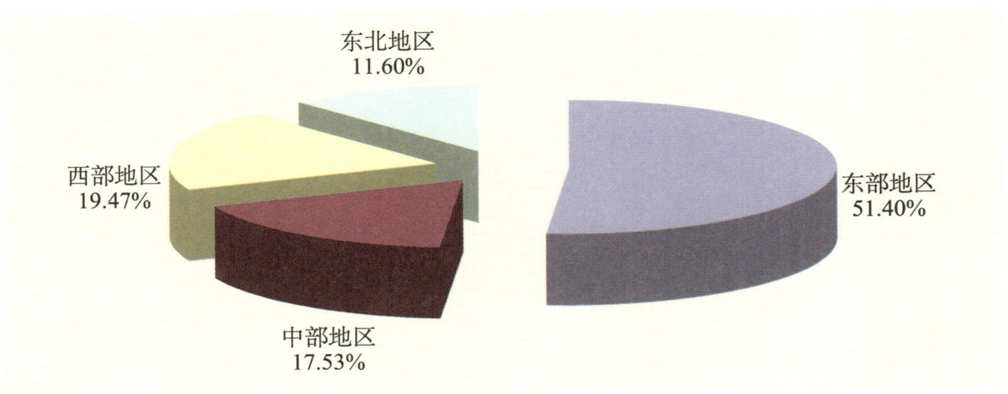

图 3.35 2010 年不同地区研究生导师的职称分布

（2）各地区研究生导师的层次结构

观察研究生导师的层次在各地区中的分布，可以看到在博士生导师中，东部地区所占比重最大，为67.22%，西部地区所占比重最小，为9.34%；硕士生导师中，东部地区所占比重最大，为48.66%，东北地区所占比重最小，为11.83%；博士生硕士生导师中，东部地区所占比重最大，为58.24%，而东北地区所占比重最小，为10.29%（见表3.48）。

表3.48　2010年不同地区研究生导师的层次分布

地区	博士生导师		硕士生导师		博士生硕士生导师		合计	
	人数（人）	比重（%）	人数（人）	比重（%）	人数（人）	比重（%）	人数（人）	比重（%）
东部	10 892	67.22	97 895	48.66	25 095	58.24	133 882	51.40
中部	1 840	11.35	37 510	18.65	6 321	14.67	45 671	17.54
西部	1 513	9.34	41 962	20.86	7 237	16.80	50 712	19.47
东北	1 959	12.09	23 807	11.83	4 434	10.29	30 200	11.59
合计	16 204	100.00	201 174	100.00	43 087	100.00	260 465	100.00

资料来源：根据教育部发展规划司提供的数据整理。

（三）生师比情况

研究生生师比是指平均每个研究生导师指导的研究生人数，即研究生数与研究生导师数的比值。2010年我国研究生生师比情况如表3.49所示：

表3.49　2010年研究生生师比情况

在校研究生（人）	博士研究生	258 948
	硕士研究生	1 279 466
	合计	1 538 414
研究生导师（人）	博士生导师	16 204
	硕士生导师	201 174
	博士生硕士生导师	43 087
	合计	260 465
生师比	博士生师比	4.37
	硕士生师比	5.24
	合计生师比	5.91

说明：（1）在校研究生中包含专业研究生。

（2）研究生生师比的计算公式为：

$$博士生师比=\frac{在校博士研究生数}{博士生导师数+博士生硕士生导师数}$$

$$硕士生师比=\frac{在校硕士研究生数}{硕士生导师数+博士生硕士生导师数}$$

$$合计生师比=\frac{在校研究生总数}{研究生导师总数}$$

资料来源：根据教育部发展规划司提供的数据整理。

表 3.49 显示，2010 年我国研究生生师比为 5.91，即平均每个研究生导师指导在校研究生 5.91 人。

1. 各省（自治区、直辖市）研究生生师比

研究生生师比在全国各省（自治区、直辖市）的情况有所不同，具体见表 3.50。

表 3.50　　2010 年各省（自治区、直辖市）研究生生师比情况

省（自治区、直辖市）	博士生师比	硕士生师比	研究生生师比	省（自治区、直辖市）	博士生师比	硕士生师比	研究生生师比
北京	4.39	4.81	5.67	湖北	5.06	5.53	6.58
天津	5.19	6.60	6.67	湖南	5.04	5.99	6.46
河北	2.16	4.65	4.75	广东	3.76	4.36	4.96
山西	3.87	6.12	6.57	广西	2.03	4.41	4.55
内蒙古	3.90	4.68	4.94	海南	1.37	4.08	4.25
辽宁	5.89	5.65	6.52	重庆	5.06	6.77	7.50
吉林	4.49	5.61	5.77	四川	5.10	6.56	7.44
黑龙江	4.05	5.44	6.28	贵州	2.41	4.03	4.13
上海	4.13	5.46	6.37	云南	3.90	5.32	5.72
江苏	4.39	5.50	6.37	西藏	1.33	3.78	3.76
浙江	4.53	4.25	5.13	陕西	5.22	6.50	7.43
安徽	4.62	6.43	6.95	甘肃	3.70	5.51	6.28
福建	3.61	5.01	5.67	青海	2.04	4.97	5.11
江西	1.99	4.51	4.63	宁夏	1.14	4.57	4.54
山东	3.64	4.29	4.74	新疆	2.12	4.09	4.13
河南	1.82	3.75	3.87	合计	4.37	5.24	5.91

资料来源：根据教育部发展规划司提供的数据整理。

表 3.50 显示，研究生生师比在 7 以上的省（直辖市）有重庆、四川和陕西。其中，最高的是重庆，为 7.50。西藏的生师比最小，为 3.76。

2010 年全国博士生师比与硕士生师比分别为 4.37 和 5.24。博士生师比在 5 以上的省（直辖市）有天津、辽宁、湖北、湖南、重庆、四川、陕西。其中，辽宁的博士生师比最高，为 5.89。宁夏的博士生师比最小，为 1.14。

硕士生师比在 6 以上的省（直辖市）有天津、山西、安徽、重庆、四川和陕西。其中，重庆的硕士生师比最高，为 6.77，其次为天津，为 6.60。河南的硕士生师比最低，为 3.75。

2. 各地区研究生生师比

根据表 3.51 显示，2010 年我国西部地区的生师比最高，为 6.35；

其次为东北地区，为6.23。生师比最低的地区是东部地区，为5.65。中部地区的生师比为5.96。结合各地区在校研究生及研究生导师的数据，中部、西部及东北地区研究生生师比偏高，一方面说明国家对这些地区的研究生培养在加强，不断增加这些地区研究生的规模，另一方面说明这些地区的师资力量还有待发展和加强。

表3.51　　2010年各地区研究生生师比情况

地区	博士生师比	硕士生师比	研究生生师比
东部	4.20	4.92	5.65
中部	4.56	5.36	5.96
西部	4.58	5.73	6.35
东北	4.79	5.58	6.23

资料来源：根据教育部发展规划司提供的数据整理。

3. 与2009年相比生师比变化情况

与2009年相比，2010年研究生生师比有所提高，从2009年的5.32提高到5.91。博士生师比有所下降，从2009年的4.44下降到2010年的4.37；硕士生师比则从2009年的4.58提高到2010年的5.24，即2009年平均每个硕士生导师指导硕士生4.58人，2010年平均每个硕士生导师则要指导5.24人。

表3.52　　2010年研究生生师比的变化情况

年份	博士生师比	硕士生师比	研究生生师比
2009	4.44	4.58	5.32
2010	4.37	5.24	5.91

资料来源：根据教育部发展规划司提供的数据整理。

第四章

研究生质量

坚持质量第一观念，积极提升质量水平，是我国学位与研究生教育的核心任务。在我国研究生培养中，政府及其教育主管部门、研究生培养单位始终高度重视研究生质量水平的提升，通过推进导师制度改革、研究生招生制度改革，创新教育理念，不断完善研究生培养质量保障体系等措施，有效保障和提高了研究生培养质量。

多年来，我国在研究生培养上始终强调理论水平与实践能力全面发展，突出科研创新能力培养，把导师队伍建设摆在突出位置，打造一流导师团队；始终重视学科建设，改善基础条件，完善质量监督与保障体系，不断形成特色和优势；不断加强宏观调控，优化区域布局，完善培养类型，实现规模、结构、质量和效益的协调发展。

一、基本制度

我国为保障研究生培养质量，制定了一系列制度和规则，包括《中华人民共和国学位条例》、《普通高等学校学生管理规定》、《学位授予和人才培养学科目录设置与管理办法》、《授予博士、硕士学位和培养研究生的二级学科自主设置实施细则》、《授予博士、硕士学位和培养研究生的学科、专业目录》、《关于修订研究生培养方案的指导意见》等。这些制度和规则涉及研究生培养的各主要方面，其核心功能就是为研究生质量确立保障。主要体现在：

（一）质量标准

我国研究生质量标准主要体现在对研究生培养目标的规定方面。我国研究生质量标准强调研究生的品德、素养、能力、心智、体魄的培养，主要体现在德育和学术两个方面，即要求所培养的研究生一方面要具有较高的政治觉悟和道德水平，另一方面要具备更加专业的理论知识、基本技能和学术科研能力。

1. 德育水平

《普通高等学校学生管理规定》中明确提出，研究生德育培养目标是“保障学生身心健康，促进学生德、智、体、美全面发展”，研究生应当“确立在中国共产党领导下走中国特色社会主义道路、实现中华民族伟大复兴的共同理想和坚定信念；应当树立爱国主义思想，具有团结统一、爱好和平、勤劳勇敢、自强不息的精神”，使硕士生、博士生成为适应社会主义现代化要求的高级专门化人才。

2. 学术水平

《中华人民共和国学位条例》明确规定了硕士、博士研究生获得相应学位的学术能力要求。授予硕士学位的要求是“（一）在本门学科上掌握坚实的基础理论和系统的专门知识；（二）具有从事科学研究工作或独立担负专门技术工作的能力”。授予博士学位的要求是“（一）在本门学科上掌握坚实宽广的基础理论和系统深入的专门知识；（二）具有独立从事科学研究工作的能力；（三）在科学或专门技术上做出创造性的成果”。

（二）过程管理

我国在研究生的招录选拔、课程教学、科学研究、导师指导、学位授予等各个环节，建立了一套较为完整的质量控制体系。

1. 招录选拔

我国研究生招生根据招考专业、招考单位等具体情况，分别采用推荐免试、统一考试、联合考试、单独考试等方式。招生考试采取笔试和面试相结合的方法，除全面考察考生的专业知识水平外，还注重考察其开展科学研究工作的综合能力。

2. 课程教学

我国的研究生课程设置的主要依据是培养研究生的知识结构与能力结构需求，以及研究生教育的特殊规律性。综合全国研究生培养单位的普遍情况来看，硕士研究生的课程一般由学位课、选修课、补修课等部分组成，博士研究生的课程主要由学位课、专业选修课和研究环节三个部分组成。

3. 科学研究

撰写学位论文是研究生培养科研能力的一种重要方式。硕士研究生一般需要一年左右时间完成学位论文，博士研究生需要两年以上时间完成学位论文。另外，自设科研课题以及参与导师科研项目也是研究生科学研究活动的主要内容。大多数学校对博士研究生在校期间都有发表学术论文的要求。

4. 导师指导

研究生导师是研究生培养过程的实施主体。我国研究生培养大多实行导师负责制，部分学校开始采取导师负责和导师组集体培养相结合的方式。导师主要通过科研项目指导和学位论文指导的方式保障研究生学术质量。

5. 学位授予

学位授予是研究生培养的重要环节。我国学位授予制度规定研究生必须撰写学位论文。对于硕士学位论文，强调选择具有重要学术价值或应用价值的问题作为论文选题，鼓励研究生通过调查研究，解决实际问题。对于博士学位论文，则强调在理论上有一定的创新，具备相应的理论水平和学术价值。

学位论文答辩是检验研究生学位论文水平的重要环节。博士学位论文实行公开答辩。学位论文答辩委员会根据答辩情况讨论、投票，决定学位论文是否通过。

二、保障体系

（一）政府部门的质量保证措施

政府部门对研究生质量的监管实行以间接管理为主、直接管理为辅的管理体制，重点依靠法律规章制度、政策引导、资源供给、评价督导等方式，调动培养单位的积极性，通过一系列政策措施保障研究生质量。

1. 学位授权审核制度调整

国务院学位委员会在第二十五次会议上审议通过了《博士、硕士学位授权审核办法改革方案》，主要措施包括两个方面的内容：一是进一步扩大已有学位授权单位新增学位授权的自主权，明确了在一定范围内委托各授权单位自行审核的权限及相关制度，提出了新增学位授权学科点规模和结构的指导性要求。二是进一步明确了新增博士、硕士学位授权单位，明确了国家对各省（自治区、直辖市）新增博士、硕士学位授权单位工作实施分类管理的原则，同时充分发挥省级政府和有关部门的统筹规划作用，提出了拟新增学位授权单位的立项建设工作的相关要求。

2010 年，教育部在前两年学位授权单位的审批权向省学位委员会下放的基础上，又将一级学科博士、硕士学位授权工作进一步下放到有研究生院的高校和中国科学院研究生院与中国社科院研究生院（共 58 个单位，见表 4.1）。国务院学科评议组只对 58 个有研究生院的单位和省学位委员会按分配指标提出的新增一级学科点进行复核与投票。

表 4.1　自行审核一级学科学位授权单位名单

北京大学	中国人民大学	清华大学	北京交通大学
北京航空航天大学	北京理工大学	北京科技大学	北京邮电大学
中国农业大学	北京林业大学	中国协和医科大学	北京师范大学
南开大学	天津大学	大连理工大学	东北大学
吉林大学	东北师范大学	哈尔滨工业大学	哈尔滨工程大学
复旦大学	同济大学	上海交通大学	华东理工大学
华东师范大学	第二军医大学	南京大学	东南大学
南京航空航天大学	南京理工大学	中国矿业大学	河海大学
南京农业大学	浙江大学	中国科学技术大学	厦门大学
山东大学	中国石油大学	武汉大学	华中科技大学
中国地质大学	湖南大学	中南大学	国防科学技术大学
中山大学	华南理工大学	四川大学	重庆大学
西南交通大学	电子科技大学	西安交通大学	西北工业大学
西安电子科技大学	西北农林科技大学	兰州大学	第四军医大学
中国科学院研究生院	中国社科院研究生院		

2. 博士学位论文抽检

博士学位论文抽检是指对已经获得博士学位的作者的学位论文进行随机抽样，并进行合格性质量评价的过程。教育部自 2000 年起开展博士学位论文质量抽查工作，主要从学位论文的选题与综述，论文成果的创新性，论文体现的理论基础、专门知识及科学研究能力等方面进行评价。

2010 年，我国进一步加大了博士学位论文抽查力度，以期通过博士学位论文抽检，在学位授权单位、导师和学生中进一步强化质量观念，增强质量意识，促进学位授权单位重视博士生培养的整体质量。国务院学位办组织专家重新设计了博士学位论文抽检方案，采取随机抽检与指定抽检相结合、以随机抽检为主的方式，抽取了上一学年度的博士学位论文共 1 316 篇，覆盖了所有的博士学位授权单位。为保证抽检工作的公平、公正，减轻学位授权单位的负担，避免非学术因素的干扰，抽检工作没有发文部署，而是从国家图书馆直接调取了论文电子版进行网上通讯评议。

从 2010 年开始，博士学位论文抽检工作作为一项常规工作，每年一次，并适当增加抽检数量，实现抽检工作常态化。通过加大对抽检结果的使用，形成良性的质量监督机制，以有效保障博士学位授予质量。

3. 全国研究生学术交流平台建设

2010 年 9 月，教育部为促进研究生学术交流，营造研究生教育创新氛围，提高研究生培养质量，决定设立全国研究生学术交流平台，支持开展全国性研究生学术交流活动，扩大院校之间、学科之间、研究生之间的交流，创新培养模式，共享优质教育资源，促进高层次创新人才脱颖而出。

全国研究生学术交流平台，主要包括全国博士生学术论坛和全国研究生暑期学校两种形式，目的在于依托高水平大学，充分利用国家重点学科、国家重点实验室等优质教育资源，以一级学科为基础，在全国范围内设立多学科领域的学术交流平台，形成稳定的办学基地。

为鼓励研究生参加学术交流，教育部要求研究生培养单位制定相关支持政策，包括：对参加全国研究生暑期学校的学生，可在完成教学要求的条件下计入相应学分；对参加全国博士生学术论坛的学生，可算作相应的学术、科研活动等。通过实施一批具有示范带动作用的学术交流项目，逐渐形成覆盖一级学科领域的定位明确、层次清晰、特色鲜明的学术交流平台，为优秀研究生的学术成长创造良好条件。

按照《全国研究生学术交流平台项目实施办法》，全国博士生学术论坛在某一学科领域内，通过征文形式，面向全国选拔在学博士研究生，进行学术论文的集中交流。承办单位在该学科领域，须具有国家重点学科，或国家重点实验室、国家工程（技术）中心，或部级重点实验室、工程中心、社科研究基地等。原则上，每个一级学科每年举办一次论坛，每个项目资助经费在 30 万元左右。

全国研究生暑期学校在某一学科领域内，面向全国招收在学硕士、博士研究生作为学员，聘请海内外学术水平高、教学经验丰富的知名专家、学者担任主讲教师，开设若干基础课程、选修课程和举行前沿学术报告会，介绍本学科领域的学术发展动态和最新研究成果。承办单位在该学科领域，须具有国家重点学科，或国家重点实验室，或部级重点实验室、工程中心、社科研究基地等。

原则上，每个一级学科每年举办 1 期暑期学校。理科等基础学科，办学时间一般为 3 周，资助经费在 40 万元左右；人文、社会学科，办学时间一般为 2 周，资助经费在 30 万元左右；工科等其他学科，办学时间一般为 10 天，资助经费为 20 万元。

2010 年，全国共在北京大学等 24 所重点高校举办 4 次全国博士生学术论坛和 20 期全国研究生暑期学校，共资助项目经费 540 万元。这些项目充分发挥了不同高校的学科优势，共享了优质教育资源，通过设立高起点、大范围、多领域的学术交流平台，对于研究生丰富知识、促进交流、拓宽视野、砥砺思想、激发热情、增强使命感和责任感，起到了较强的推动作用。2011—2015 年，全国研究生学术交流平台将以总体项目的形式继续实施。

4. 研究生教育创新计划

教育部从2003年开始实施研究生教育创新计划，其目的是要深入探索新形势下研究生教育规律，更新观念，深化改革，推进创新，建立与社会主义市场经济体制相适应的研究生教育体制和运行机制；加强研究生培养基地建设，改善培养条件，促进优质资源共享；建立研究生科研创新激励机制，营造创新氛围，强化创新意识、创新精神和创新能力的培养；努力使我国研究生培养质量和研究生教育的整体水平尽快接近或达到发达国家水平，为实施科教兴国战略和人才强国战略奠定坚实的人才基础。

初期的计划内容主要包括：全国博士生学术论坛、全国博士生学术会议、全国研究生暑期学校、博士生国内访学以及建设研究生创新中心等一批稳定的品牌项目。

由于实施了全国研究生学术交流平台建设，全国博士生学术论坛和全国研究生暑期学校两个项目得以在该平台上集中实施。2010年，教育部继续实施研究生教育创新计划，主要集中在博士生国内访学以及建设研究生创新中心等一批稳定的品牌项目上。支持一批新兴学科的、有国际合作的博士生学术交流论坛，鼓励博士生学术交流走向国际舞台。同时，资助有关学科和高校开展青年导师培训工作。

5. 博士生学术新人奖

2010年，教育部决定设立全国博士生学术新人奖，面向国内博士学位授权单位在学全日制博士研究生，优先支持基础学科以及国家亟须发展学科的人才培养，重点资助学业成绩突出、创新意识强、科研潜力大的优秀博士研究生。评选人数为当年全国博士研究生招收总数的5%左右；一次性资助获奖博士研究生3万～5万元/人。学术新人奖资助经费主要用于博士研究生参加高水平国际国内学术交流、参与或主持创新性科学研究、撰写高质量学位论文等有关学术研究活动，不得用作博士研究生的生活津贴。经导师和学位授权单位有关部门同意，具体可用于调查研究、资料收集、参加国际国内学术会议、科研成果发表或鉴定以及适当补充实验材料等方面。

2010 年首届评选出 43 个研究生培养单位的 695 名博士生（见表 4.2），给予每人 3 万元奖励，总计资助经费 2 085 万元。

表 4.2　2010 年全国博士生学术新人奖培养单位和获奖人数情况

培养单位	人数	培养单位	人数	培养单位	人数
北京大学	40	中国人民大学	20	清华大学	40
北京航空航天大学	15	北京理工大学	10	中国农业大学	15
北京师范大学	20	中央民族大学	5	南开大学	20
天津大学	20	大连理工大学	10	东北大学	10
吉林大学	20	哈尔滨工业大学	25	复旦大学	25
同济大学	15	上海交通大学	25	华东师范大学	10
南京大学	25	东南大学	10	浙江大学	25
中国科学技术大学	25	厦门大学	15	山东大学	15
中国海洋大学	5	武汉大学	20	华中科技大学	20
湖南大学	10	中南大学	20	中山大学	20
华南理工大学	10	四川大学	20	重庆大学	10
电子科技大学	5	西安交通大学	25	西北工业大学	10
西北农林科技大学	10	兰州大学	10	中共中央党校	5
中国科学院研究生院	10	中国社科院研究生院	10	国防大学	5
国防科学技术大学	10				

资料来源：根据教育部网站资料统计。

（二）培养单位的质量保证机制

培养单位内部建立研究生教育质量管理与保障体系，是保证和提高研究生教育质量的根本。

1. 过程管理机制

为了保证研究生的教育质量，培养单位依据一定的教育理念和国家相关规定，结合社会需求和自身实际情况，形成了各具特色的研究生培养模式，针对研究生培养的目标、过程和环节，形成了一系列制度性规定，主要包括：招考录取制度、导师制度、基本学习制度、科学研究训练制度、学位论文的评审和答辩制度等，这些制度规定是研究生培养质量的重要保证。

（1）招考录取制度。为保证研究生生源质量，各培养单位建立了严格的研究生选拔体系，不仅对报名资格进行严格规定，而且通过全国统一考试、单独考试和推荐免试等多种形式对培养对象进行选拔，确保研究生生源优秀。

（2）导师制度。在当前研究生培养活动中，各培养单位高度重视导师队伍建设并制定了遴选和审定导师资格的制度。培养单位通过建立严格的导师遴选制度、聘任制度、培训制度、考核和奖励制度，以及健全研究生导师的激励和竞争机制的方式，确保了导师队伍的整体质量和水平。

（3）基本学习制度。主要表现形式为以学分制规定的课程学习制度。研究生课程体系是研究生教学内容的总和，是保证研究生培养质量的基础。培养单位根据研究生培养目标的要求，通过构建公共必修课、学科基础课、专业基础课、选修课等课程体系，完善课程的总体布局，培养了研究生的学习能力和创新能力。同时，为增强研究生服务社会、服务人民的意识和社会责任感，增强研究生在实践中解决实际问题的能力，提高研究生的培养质量和综合素质，各培养单位把参加社会实践作为培养高层次、高质量人才的重要形式列入研究生的培养计划。另外，一些培养单位还把研究生参加前沿学术论坛及学术讲座和阅读主要经典著作及专业学术期刊纳入课程学习并计算相应学分。课程体系的优化设计，对于提高研究生综合知识素质和创新能力起到了积极作用。

（4）科学研究训练制度。进行科学研究，撰写学术论文，是研究生培养工作的关键环节。目前，我国研究生的科研活动方式主要是参与导师承担的科研项目。大多数研究生培养单位对研究生在校学习期间都有发表论文的要求，其中，博士研究生一般要求在本专业核心期刊上发表论文，方可参加毕业论文答辩。

（5）学位论文的评审和答辩制度。学位论文质量是研究生培养质量的综合体现，也是授予相应学位的主要依据。根据《中华人民共和国学位条例》，“通过博士学位课程考试和论文答辩，成绩合格”，方能授予学位。培养单位围绕研究生学位论文工作的主要环节，如开题、阶段性成果报告、预答辩、论文评阅、论文答辩等，采取了相应的检查和评估措施，建立了学位论文的质量监控机制。一是做好选题研究和开题报告，要求研究生在撰写论文前，必须经过认真的调查研究，查阅大量的文献资料，了解所研究课题的研究历史与现状，在此基础上提出自己的主攻方向及研究目标，确定自己的研究思路、技术路线与研究方案，并以开题报告形式向导师组汇报。二是实行学位论文答辩制度，并组织必须有外单位同行专家参加的答辩委员会，对定稿后的学位论文进行评审，由评审专家提出评审意见并给出是否同意学位论文提交答辩的明确意见。三是对进入评阅和答辩程序的学位论文实行预答辩制度与导师回避制度，部分培养单位还对学位论文进行抽查，实行学位论文匿名评审制度。

2. 培养机制改革

自 2006 年开始，教育部支持和推动部分高等学校开展了研究生培养机制改革的试点工作，2009 年改革试点范围扩大至所有中央部（委）属培养研究生的高等学校，同时鼓励各省（自治区、直辖市）选择所属培养研究生的高等学校进行改革试点。2010 年，这项工作在不断完善国家宏观调控机制和资源配置机制、不断加大国家对研究生教育投入的同时，重点推进培养单位内部的研究生培养机制改革，构建研究生教育质量保证机制、规模调控机制和结构调整机制。

一是，调整培养结构。调整硕士研究生培养的类型结构，加大应用型人才的培养力度，通过培养机制改革，建立起实现分类型培养和合理调控学术型、应用型研究生比例的新机制。各试点高校从本校实际情况出发，根据本校办学目标、办学特色和人才需求情况，研究探索包括学术型研究生与专业学位研究生在内的分类型培养的具体办法，区别目标定位，创新培养模式，建立符合不同培养类型特点的奖助、激励机制。比如，在专业硕士培养模式改革方面，2010 年评选了 64 所高校参加改革试点，采取了实行学校教授和行业一线专业人士共同参与的双导师制，学生必须参加至少半年以上的相关领域的实际工作，可以用工程报告、工作总结等代替毕业论文，等等。通过这些措施，提高了人才的培养质量，满足了国内各行各业对应用型人才的大量需求。

二是，加大培养资源投入。构建合理和科学的研究生奖助体系，根据研究生在校的学习、科研情况和其他各方面表现给予相应的奖助学金，包括奖学金、助学金、专项奖学金、专项资助基金、困难补助金等多种形式；不断加大研究生各类科研、创新基金的支持力度，增强研究生的创新、创造、创业能力；建立健全国内外访学制度，实施研究生教育国际化战略，包括公派出国攻读博士学位、与国外著名大学联合培养博士研究生、资助研究生出国参加国际学术会议等多种方式。

三是，以导师负责制和资助制为核心，明确导师责权。构建以科学研究为主导的导师负责制和以科研课题为引导的导师资助制，是研究生培养机制改革的主要内容之一，它将有助于激发导师和研究生两个关键主体的积极性与能动性；同时，赋予导师在研究生招生、培养、科研等方面更大的自主权。

部分培养单位规定，招收博士生的导师必须为学生提供部分资助经费。根据博士生导师所在学科专业性质，确定资助经费的额度。招两个以上（包括两个）的博士生，在前一个的基础上实行一定比例的累进资助。同时，鼓励导师为优秀的研究生提供更多的经费资助。

四是，通过采取不同的招生办法，实现多元化招生，尽可能扩大免试推荐研究生的比例、硕博连读比例，保证研究生生源质量。

五是，加强培养环节的考核力度。部分高校建立博士生资格考试制度，实施对博士研究生的年度科研考核制度，实施以学分为核心的弹性学制，同时，严格遵循质量标准，逐渐建立博士生淘汰机制。

研究生培养单位通过上述系列措施，完善和创新研究生培养模式，强化与优化研究生培养环节的质量管理和监督，鼓励研究生的创新和科研实践，激发与调动研究生的科研积极性和创新热情，从而顺利地推动培养机制改革，提高了研究生的培养质量。

三、质量水平

研究生质量水平是研究生综合能力的总体体现。研究生科研立项情况、研究生获奖情况、研究生科研经费情况以及研究生的就业状况等是研究生质量水平的最直接反映。本节拟从研究生院工作状况、研究生在R&D人员以及高层次人才中的占比情况、研究生的就业状况等基本方面映射研究生的质量水平。

（一）研究生院培养

在我国研究生教育中，研究生院起到了重要的作用。目前，经教育部批准设置的56所研究生院承担了全国大部分研究生培养任务。

1. 研究生院高校研究生培养质量总体情况

我们可以通过一些指标来看研究生院高校的研究生培养质量，这些指标分别是：在校研究生数、科技总经费投入（千元）、导师正高职比、博士生导师比、国家重点学科数和百篇优博论文数，这些指标体现了研究生培养的规模质量、经费投入、导师质量、学科建设和论文质量等方面。将研究生院高校的数据与全国高校的数据进行对比，可以更清楚地看到研究生院高校研究生培养质量情况（见表4.3）。

表4.3 研究生院高校研究生培养基本指标与全国高校比较（2010年度）

指标		研究生院高校	全国高校
在校研究生数	总计（人）	551 649	1 538 414
	占比	35.86%	100%
科技总经费投入	总计（千元）	45 040 586	94 748 749
	占比	47.54%	100%
导师正高职比	平均值	40.88%	50.97%
博士生导师比	平均值	36.09%	22.76%
国家重点学科数	一级学科	288	308
	二级学科	427	689
百篇优博论文数	总计	64	100
	占比	64.00%	100%

资料来源：《教育部直属高校二〇一〇年基本情况统计资料汇编》、《2010中国教育经费统计年鉴》。

2. 研究生院高校获奖情况反映出的研究生培养质量

研究生院培养质量，在国家三大奖（国家自然科学奖、国家科学技术发明奖、国家科学技术进步奖）等获奖方面都有明显体现。

在 2010 年度国家科学技术奖授奖项目中，全国高等学校获得国家自然科学奖二等奖 21 项，占总数的 70%。其中，14 所研究生院所在高校获得奖项 19 项，占全国高校获奖总数的 90%，占全部获奖项目总数的 63.3%（见表 4.4）。

表 4.4　　2010 年度研究生院高校国家自然科学奖二等奖获奖情况

获奖单位类型	获奖项目	
	总数	占比
研究生院高校（14 所）	19	63.3%
全国高校获奖项目	21	70%
全部获奖项目	30	100%

资料来源：根据科技部官方网站数据整理。

全国高等学校获得国家科学技术发明奖通用项目二等奖 25 项，占通用项目总数的 75.76%。其中，13 所研究生院高校获得 15 项，占全国高校获奖总数的 60%，占通用项目总数的 45.45%（见表 4.5）。

表 4.5　　2010 年度研究生院高校国家科学技术发明奖二等奖获奖情况

获奖单位类型	获奖项目	
	总数	占比
研究生院高校（13 所）	15	45.45%
全国高校获奖项目	25	75.76%
通用项目获奖总数	33	100%

资料来源：根据科技部官方网站数据整理。

全国高等学校获得国家科学技术进步奖通用项目 152 项（特等奖 1 项，一等奖 8 项，二等奖 143 项），占通用项目总数的 71.0%。其中，高校为第一完成单位的 105 项（一等奖 2 项，二等奖 103 项），占通用项目总数的 49.1%。其中，32 所研究生院高校作为第一完成单位，获得 56 项（一等奖 2 项，二等奖 54 项），占全国作为第一完成单位的高校获奖总数的 53%。

全国高等学校共获得国家三大奖 198 项，占总数的 71.5%。其中，高校为第一完成单位的 151 项，占总数的 54.5%（以上统计不包含国防专用项目）。其中，39 所研究生院高校作为第一完成单位，获得 92 项（一等奖 2 项，二等奖 90 项），占全国作为第一完成单位的高校获奖总数的 61%。

（二）科研活动

1. 基于R&D人员的分析

研究与开发（R&D）人员是指专门从事研究与开发工作的人员，他们是科技活动人员的主体，是衡量一个国家或地区科技资源的重要指标。2009年[①]，全国R&D人员中研究生占比为19.20%，其中，全国研究开发机构R&D人员中研究生占比为22.96%，研究生成为我国R&D人员最重要的人力资源构成。

按执行部门划分来看，2009年高等学校以及研究与开发机构的人力资源构成中，研究生所占的比例最高，分别为57.62%和35.88%（见表4.6、图4.1）。

表4.6　2009年R&D人员及其硕博人员数（按执行部门分）

	R&D人员（人）				毕业研究生/R&D人员（%）
	总数	其中：博士毕业生	其中：硕士毕业生	其中：本科毕业生	
全国总计	3 183 687	178 843	432 580	945 095	19.20
按执行部门分					
企业总计	2 185 241	22 375	150 640	625 843	7.92
工业企业	1 914 274	17 632	120 792	547 647	7.23
非工业企业	270 967	4 743	29 848	78 196	12.77
研究与开发机构	323 034	35 393	80 511	136 015	35.88
高等学校	509 366	114 931	178 550	154 667	57.62
其他	166 046	6 144	22 879	28 570	17.48

资料来源：中华人民共和国国家统计局：《中国统计年鉴2010》。

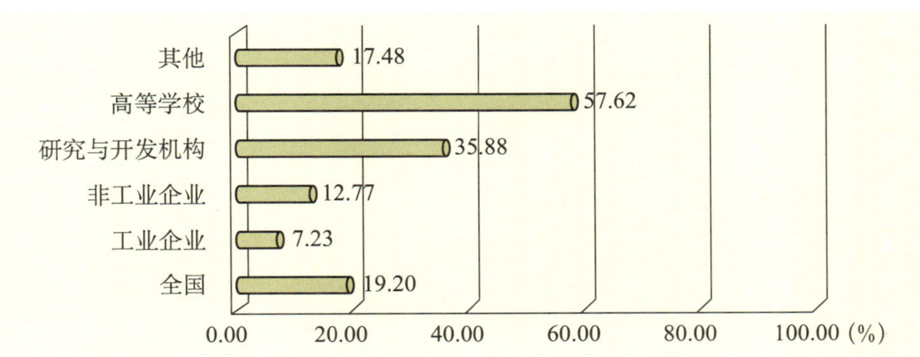

图4.1　2009年毕业研究生占R&D人员比例情况（按执行部门分）

① 最新统计数据为2009年第二次R&D资源清查数据。

从行业来看，教育以及科学研究、技术服务和地质勘察业等成为研究生占比最高的行业，研究生占比分别为60.37%、35.00%。研究生已成为教育科研等人力资源构成中的中坚力量（见表4.7、图4.2）。

表4.7　2009年R&D人员及其硕博人员数（按行业分）

	R&D人员（人）				毕业研究生/R&D人员（%）
	总数	其中：博士毕业生	其中：硕士毕业生	其中：本科毕业生	
全国总计	3 183 687	178 843	432 580	945 095	19.20
按行业分					
农、林、牧、渔业	16 798	350	1 055	4 254	8.36
采矿业	110 837	831	5 221	23 608	5.46
制造业	1 777 395	16 547	113 845	519 380	7.34
电力、燃气及水的生产和供应业	26 042	254	1 726	4 659	7.60
建筑业	92 535	673	4 293	24 524	5.37
交通运输、仓储和邮政业	8 254	182	863	2 146	12.66
信息传输、计算机服务和软件业	90 533	1 086	11 538	19 947	13.94
金融业	1 556	11	56	101	4.31
租赁和商务服务业	26 300	277	2 092	9 064	9.01
科学研究、技术服务和地质勘察业	389 324	39 551	96 699	169 803	35.00
水利、环境和公共设施管理业	3 905	55	255	882	7.94
教育	458 558	108 403	168 418	137 136	60.37
卫生、社会保障和社会福利业	179 522	10 599	26 419	29 329	20.62
文化、体育和娱乐业	2 128	24	100	262	5.83

资料来源：中华人民共和国国家统计局：《中国统计年鉴2010》。

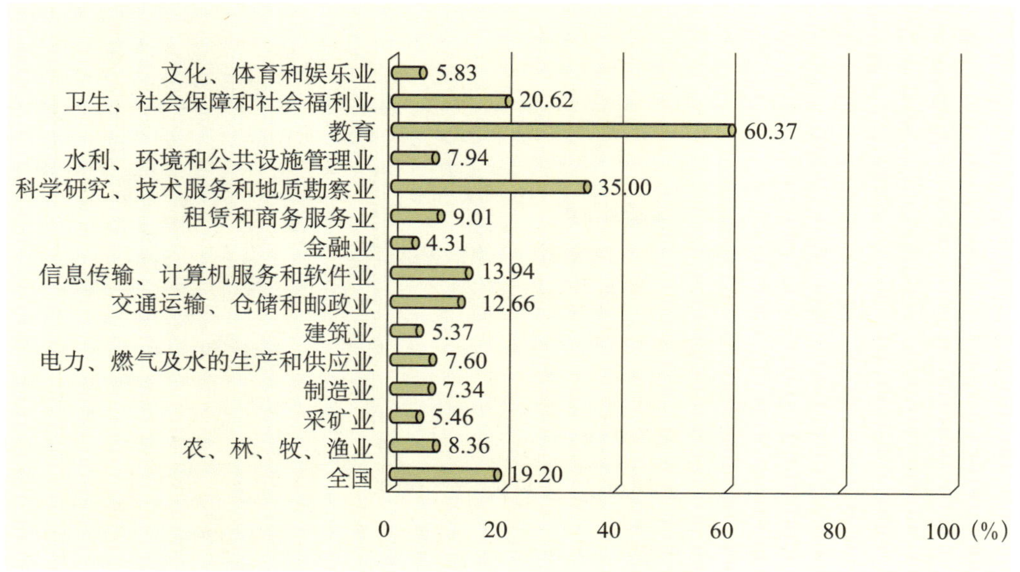

图4.2　2009年毕业研究生占R&D人员比例情况（按行业分）

分地区来看，2009 年北京地区 R&D 人员中研究生比例占比最高，为 36.93%，其次为吉林 35.17%，研究生占比最低的省份为河南 11.99%（见表 4.8、图 4.3）。

表 4.8　2009 年分地区 R&D 人员及其硕博人员数

	R&D 人员（人）				毕业研究生/R&D 人员（%）
	总数	其中：博士毕业生	其中：硕士毕业生	其中：本科毕业生	
全国（不含港、澳、台）	3 183 653	178 834	432 577	945 386	19.20
北京	252 676	37 609	55 705	65 083	36.93
天津	72 599	5 351	9 374	21 883	20.28
河北	84 601	2 787	10 803	27 162	16.06
山西	65 147	2 292	7 515	16 620	15.05
内蒙古	31 381	1 057	4 087	10 513	16.39
辽宁	119 440	8 048	17 703	35 237	21.56
吉林	56 428	6 725	13 121	19 444	35.17
黑龙江	72 587	4 251	10 990	22 528	21.00
上海	170 512	17 160	29 732	49 489	27.50
江苏	369 403	13 525	33 296	95 862	12.67
浙江	239 058	8 688	21 288	67 646	12.54
安徽	87 664	2 973	11 589	27 702	16.61
福建	85 745	3 608	7 887	23 831	13.41
江西	51 894	1 435	5 951	15 419	14.23
山东	233 137	8 829	24 097	83 428	14.12
河南	132 062	3 107	12 730	37 972	11.99
湖北	131 680	9 138	16 554	32 320	19.51
湖南	93 806	4 689	13 693	28 671	19.60
广东	383 524	12 729	56 037	117 220	17.93
广西	45 049	2 786	8 563	13 942	25.19
海南	6 487	372	1 060	1 328	22.07
重庆	53 359	2 960	8 582	15 199	21.63
四川	125 089	6 370	19 358	42 562	20.57
贵州	19 982	1 023	2 739	8 210	18.83
云南	36 876	2 565	6 520	12 230	24.64
西藏	1 916	107	402	922	26.57
陕西	93 576	5 170	14 260	28 892	20.76
甘肃	29 490	2 068	3 945	10 297	20.39
青海	7 510	269	681	2 604	12.65
宁夏	10 722	331	1 120	3 650	13.53
新疆	20 253	812	3 195	7 220	19.78

资料来源：中华人民共和国国家统计局：《中国统计年鉴 2010》。

从 2009 年全国研究与开发机构 R&D 人员中的研究生占比来看，研究生已经成为高等院校以及研究与开发机构等执行部门人力资源中的主要构成力量。在与境外机构合办、与国内高校合办的研究与开发机构 R&D 人

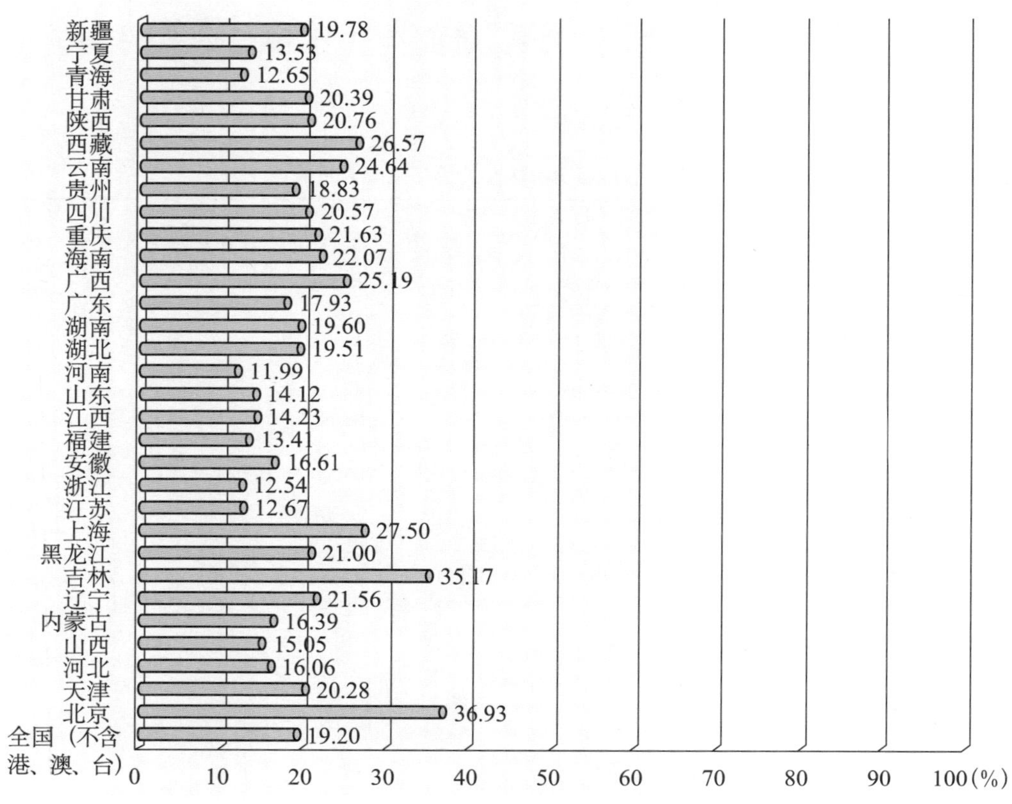

图 4.3　2009 年分地区毕业研究生占 R&D 人员比例情况

员中，研究生更是其主体性构成，比例分别达到了 80.72%、75.77%（见表 4.9）。

表 4.9　　2009 年全国研究与开发机构 R&D 人员及其硕博人员数

	机构数（个）	R&D 人员（人）		研究生/R&D 人员（%）
		总数	其中：博士和硕士	
全国总计	44 891	1 426 315	327 498	22.96
按机构所属执行部门分				
企业	33 840	988 002	136 679	13.83
工业企业	29 879	895 604	114 441	12.78
非工业企业	3 961	92 398	22 239	24.07
研究与开发机构	3 707	323 034	121 092	37.49
高等学校	6 082	91 105	62 629	68.74
其他	1 262	24 174	7 098	29.36
按机构所属学科分				
自然科学	1 303	77 970	47 013	60.30
农业科学	2 709	54 321	18 076	33.28

续前表

	机构数（个）	R&D人员（人）		研究生/R&D人员（%）
		总数	其中：博士和硕士	
医药科学	2 274	55 809	21 450	38.43
工程与技术科学	36 858	1 212 063	228 857	18.88
人文与社会科学	1 747	26 152	12 102	46.28
按机构组成类型分				
政府部门办	4 655	352 936	132 563	37.56
与国内高校合办	243	4 111	3 115	75.77
与国内独立研究机构合办	18	317	171	53.94
与境外机构合办	22	223	180	80.72
与境内注册其他企业合办	430	5 384	3 928	72.96
单位自办	39 468	1 062 779	187 341	17.63
其他	55	565	200	35.40

资料来源：中华人民共和国国家统计局：《中国统计年鉴 2010》。

分地区来看，北京地区的研究与开发机构R&D人员中，研究生比例仍然最高，比例为48.60%，其次为海南36.78%，研究生占比最低的是浙江，为11.47%（见表4.10、图4.4）。

表4.10　　2009年分地区研究与开发机构R&D人员及其硕博人员数

	机构数（个）	R&D人员（人）		研究生/R&D人员（%）
		总数	其中：博士和硕士	
全国（不含港、澳、台）	44 891	1 426 315	327 498	22.96
北京	2 037	134 215	65 227	48.60
天津	883	29 823	7 050	23.64
河北	911	30 712	5 721	18.63
山西	628	18 039	3 173	17.59
内蒙古	480	12 877	1 976	15.35
辽宁	1 534	46 128	11 366	24.64
吉林	637	21 363	7 472	34.98
黑龙江	731	25 674	6 110	23.80
上海	2 087	84 303	26 304	31.20
江苏	6 093	153 071	25 385	16.58
浙江	6 336	126 377	14 499	11.47
安徽	2 078	34 719	6 245	17.99
福建	1 529	38 101	5 369	14.09
江西	675	17 391	2 776	15.96
山东	3 058	121 402	19 186	15.80
河南	1 821	57 504	7 886	13.71
湖北	1 500	50 199	13 037	25.97
湖南	1 406	35 415	8 202	23.16
广东	4 282	201 136	47 179	23.46
广西	683	13 109	2 608	19.89
海南	190	1 800	662	36.78
重庆	745	20 025	4 404	21.99

续前表

	机构数（个）	R&D人员（人）		研究生/R&D人员（%）
		总数	其中：博士和硕士	
四川	1 461	56 907	13 741	24.15
贵州	335	7 970	1 359	17.05
云南	576	12 911	3 296	25.53
西藏	35	902	117	12.97
陕西	885	46 924	11 111	23.68
甘肃	399	12 308	3 143	25.54
青海	116	2 485	510	20.52
宁夏	187	4 104	551	13.43
新疆	569	8 392	1 822	21.71

资料来源：中华人民共和国国家统计局：《中国统计年鉴 2010》。

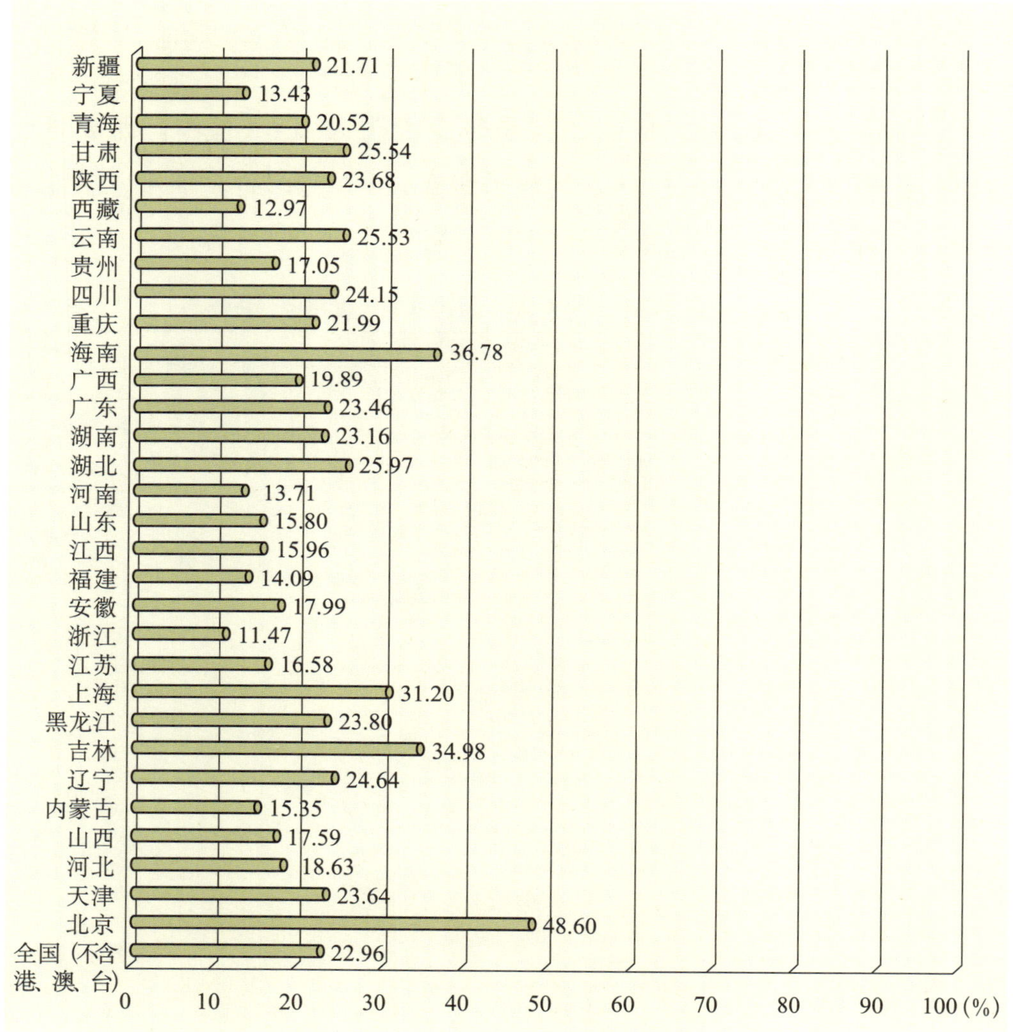

图 4.4　2009 年分地区研究与开发机构 R&D 人员中毕业研究生占比情况

R&D活动的规模和强度指标反映一国的科技实力与核心竞争力，R&D水平体现着一国的政治经济实力，因此，研究生在R&D人员中的构成充分说明了研究生过硬的科研能力和水平，反映了我国研究生科研质量的不断提升。

2. 基于高层次人才的分析[①]

高层次人才是一批能够突破关键技术、发展高新产业、带动新兴学科发展的优质人才。国家高层次人才中研究生的占比情况是研究生培养质量的最高表现，是研究生学术科研质量的最好评判依据。

面上项目是国家自然科学基金资助体系中的主要部分，包括自由申请、青年科学基金和地区科学基金三个层次，其资助经费占国家自然科学基金项目总经费的60%以上，主要用于支持科技工作者在国家自然科学基金资助范围内自由选题，开展创新性的科学研究。从国家自然科学基金面上项目中研究生以上学历的占比情况来看，2001—2010年，研究生已成为获得国家自然科学基金面上项目的主要群体，并且所占比例呈现逐年上升的趋势（见表4.11）。

表4.11　2001—2010年国家自然科学基金面上项目中研究生的占比情况

年份	博士（人）	硕士（人）	学士（人）	其他（人）	总计（人）	研究生占比（%）
2001	2 929	724	366	416	4 435	82.37
2002	4 041	950	461	356	5 808	85.93
2003	4 535	1 130	440	254	6 359	89.09
2004	5 872	1 132	480	227	7 711	90.83
2005	7 307	1 173	422	209	9 111	93.07
2006	8 493	1 189	407	182	10 271	94.27
2007	6 560	704	305	144	7 713	94.18
2008	7 779	724	291	130	8 924	95.28
2009	8 999	713	248	101	10 061	96.53
2010	11 825	807	312	86	13 030	96.95

资料来源：国家自然科学基金委网站，见http：//www.nsfc.gov.cn/nsfc/cen/xmtj/index.html。

中国青年科技奖是中央组织部、人力资源和社会保障部、中国科协共同设立并组织实施的奖项，是面向全国广大青年科技工作者的奖项。

① 本小节的分析参考了蔡学军、范巍等：《中国博士发展状况》（北京，北京大学出版社，2011）中第五章“博士与高层次人才队伍建设”的分析。

该奖项旨在造就一批进入世界科技前沿的青年学术和技术带头人，表彰奖励在国家经济发展、社会进步和科技创新中作出突出成就的青年科技人才。从1994年到2007年，在历届中国青年科技奖获奖者中，具有博士学历的人数为606人，占获奖者总数的60.72%（见表4.12）。

表4.12　1994—2007年中国青年科技奖获奖者中博士的情况分析

	人数（人）	占比（%）
历届中国青年科技奖获奖者总数	998	100
历届中国青年科技奖获奖者中的博士总数	606	60.72

资料来源：蔡学军、范巍等：《中国博士发展状况》，北京，北京大学出版社，2011。

“百千万人才工程”是根据国家科技发展规划和经济社会发展需要制定的，旨在培养造就优秀学术技术带头人的专项人才培养计划。数据显示，1996—2009年，“百千万人才工程”中博士占比整体处于较高的比例，最高时达到79.40%，这些博士现已成为各个领域的学术技术带头人和业务骨干（见表4.13）。

表4.13　1996—2009年“百千万人才工程”中博士占比情况分析

	1996年	1997年	1999年	2002年	2006年	2007年	2009年	合计
“百千万人才工程”总人数（人）	683	394	319	819	530	561	806	4 112
“百千万人才工程”博士人数（人）	442	265	250	604	384	408	640	2 993
“百千万人才工程”博士占比（%）	64.71	67.26	78.37	73.75	72.45	72.73	79.40	72.79

资料来源：蔡学军、范巍等：《中国博士发展状况》，北京，北京大学出版社，2011。

2002—2010年度，国家技术发明奖获奖项目中第一完成人具有博士学位的比例处在45%～85%之间，并且整体呈现上升的趋势；在国家自然科学奖获得者中，第一完成人具有博士学位的比例也相对较高，处在15%～80%之间，且比例也呈现逐年上升的趋势（见表4.14）。

表4.14　2002—2010年博士在国家技术发明奖、国家自然科学奖获得者中的占比情况

年份	博士在国家技术发明奖获得者中的占比情况			博士在国家自然科学奖获得者中的占比情况		
	获奖项目个数（个）	第一完成人具有博士学位人数(人)	博士占比（%）	获奖项目个数（个）	第一完成人具有博士学位人数(人)	博士占比（%）
2002	24	11	45.83	21	7	33.33
2003	19	11	57.89	19	3	15.79

续前表

年份	博士在国家技术发明奖获得者中的占比情况			博士在国家自然科学奖获得者中的占比情况		
	获奖项目个数（个）	第一完成人具有博士学位人数（人）	博士占比（%）	获奖项目个数（个）	第一完成人具有博士学位人数（人）	博士占比（%）
2004	28	15	53.57	28	8	28.57
2005	38	30	78.95	40	17	42.50
2006	29	20	68.97	56	17	30.36
2007	39	33	84.62	51	25	49.02
2008	34	25	73.53	37	25	67.57
2009	28	23	82.14	39	30	76.92
2010	30	22	73.33	33	25	75.76

资料来源：蔡学军、范巍等：《中国博士发展状况》，北京，北京大学出版社，2011；2008、2009、2010年度国家科学技术奖励大会，见 http：//www.cas.cn/zt/hyzt/2010gjkxjldh/。

3. 基于研究生科研经费的分析

自 2006 年开始，各研究生培养单位相继开展了研究生培养机制改革实践。各培养单位陆续建立和完善了以科学研究为主导的导师负责制与资助制度，通过设立“研究生科研创新基金项目”、“研究生教育创新计划”等，为在校研究生的科研开展提供了有力的经费保障。2010 年，教育部直属高校研究生人均科研经费达到 5.64 万元，是 2004 年人均科研经费的 2.18 倍，研究生人均科研经费连续 7 年保持较高的增长态势（见表 4.15、图 4.5）。

表 4.15　　教育部直属高校研究生人均科研经费情况（2004—2010 年）

年份	研究生在校生数（人）	科研经费收入（万元）	人均科研经费（万元）
2004	436 758	1 127 672.45	2.58
2005	504 197	1 424 804.05	2.83
2006	544 186	1 570 579.26	2.89
2007	567 023	1 972 299.01	3.48
2008	591 374	2 472 386.08	4.18
2009	636 054	2 763 485.21	4.34
2010	690 156	3 892 155.01	5.64

资料来源：2004—2010 年度教育部直属高校年度基本情况统计资料汇编。

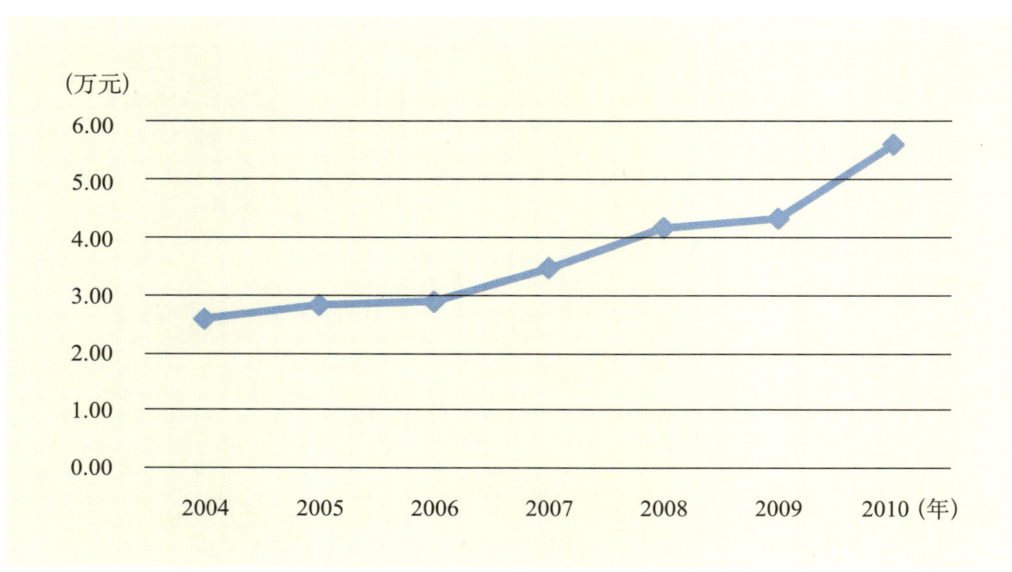

图 4.5　教育部直属高校研究生人均科研经费情况（2004—2010 年）

（三）就业状况

1. 就业情况

2010 年全国共有研究生毕业生 379 909 人，共就业 320 830 人，平均就业率为 84.45%，比 2009 年的 81.77%提高了近 3 个百分点。其中，博士毕业生 46 947 人，就业率为 88.24%；硕士毕业生 332 962 人，就业率达 83.91%（见表 4.16）。

表 4.16　2010 年研究生就业情况统计

毕业生数（人）	博士毕业生	46 947
	硕士毕业生	332 962
	合计	379 909
就业数（人）	博士毕业生	41 427
	硕士毕业生	279 403
	合计	320 830
就业率（%）	博士毕业生	88.24
	硕士毕业生	83.91
	合计	84.45

资料来源：全国高等学校学生信息咨询与就业指导中心。

（1）各学科门类博士毕业生就业情况

2010 年不同学科门类的博士、硕士毕业生就业情况如表 4.17 所示。

表 4.17　　2010 年不同学科门类的博士、硕士毕业生就业情况统计

学科门类	博士毕业生			硕士毕业生		
	毕业人数	就业人数	就业率（%）	毕业人数	就业人数	就业率（%）
哲学	691	602	87.12	4 309	3 017	70.02
经济学	2 043	1 870	91.53	16 595	14 760	88.94
法学	2 200	2 063	93.77	26 852	20 280	75.53
教育学	940	892	94.89	12 713	9 633	75.77
文学	2 174	1 948	89.60	31 266	24 166	77.29
历史学	800	683	85.38	4 002	2 820	70.46
理学	11 132	9 657	86.75	43 623	36 247	83.09
工学	15 284	13 521	88.47	107 273	98 248	91.59
农学	2 142	1 668	77.87	12 280	8 708	70.91
医学	6 397	5 660	88.48	38 709	30 922	79.88
军事学	17	17	100.00	215	211	98.14
管理学	3 127	2 846	91.01	35 125	30 391	86.52
合计	46 947	41 427	88.24	332 962	279 403	83.91

资料来源：全国高等学校学生信息咨询与就业指导中心。

由表 4.17 得到 2010 年不同学科门类下的博士毕业生就业图，如图 4.6 所示。

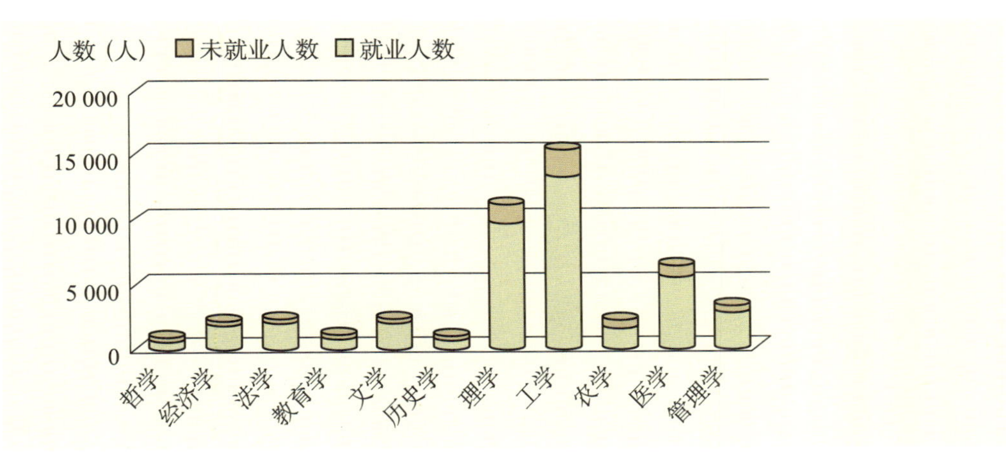

图 4.6　2010 年各学科门类博士毕业生就业图

说明：(1) 圆柱形的高度代表博士毕业生数；(2) 本图中不含军事学博士毕业生就业与未就业人数。

表 4.17 和图 4.6 表明，除军事学外，教育学博士毕业生的就业率最高，为 94.89%；农学博士毕业生的就业率最低，为 77.87%。

(2) 各学科门类硕士毕业生就业情况

由表 4.17 得到 2010 年不同学科门类下的硕士毕业生就业图，如图 4.7 所示。

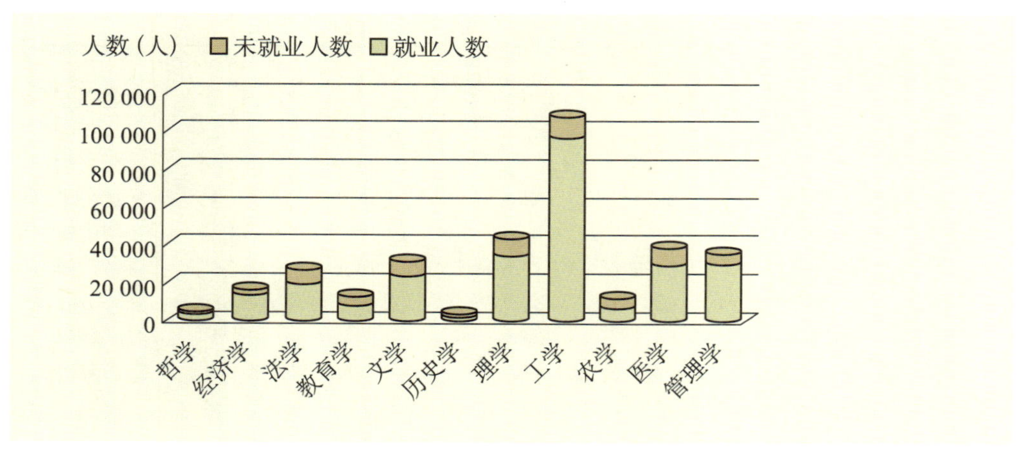

图 4.7　2010 年各学科门类硕士毕业生就业图

说明：（1）圆柱形的高度代表硕士毕业生数；（2）本图中不含军事学硕士毕业生就业与未就业人数。

图 4.7 表明，除军事学外，工学硕士毕业生的就业率最高，为 91.59%；哲学硕士毕业生的就业率最低，为 70.02%。

（3）博士、硕士毕业生就业率比较

由表 4.17 得到 2010 年不同学科门类下的博士、硕士毕业生就业图，如图 4.8 所示。

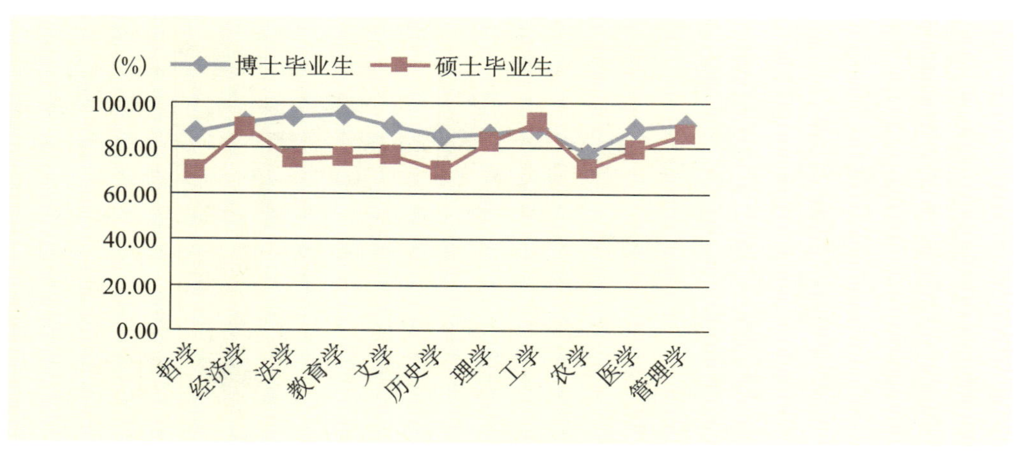

图 4.8　2010 年各学科门类下的博士、硕士毕业生就业图

说明：本图中不含军事学博士、硕士毕业生就业形势。

图 4.8 表明，2010 年我国各学科门类的博士、硕士毕业生保持较高的就业率，除工学外，其他学科门类下博士毕业生的就业率普遍高于硕士毕业生的就业率。

2. 就业去向

就业是衡量研究生质量的一个重要方面，硕士、博士学位获得者的就业去向既是就业情况的基本反映，也是衡量研究生质量的重要指标，反映了社会对所培养的研究生的接受程度和认可程度。

（1）硕士学位获得者就业去向

2010 年，硕士学位获得者就业去向相对比较均衡，就业去向主要集中于国有企业、高等学校、行政单位以及医疗卫生等事业单位（见图 4.9、表 4.18）。

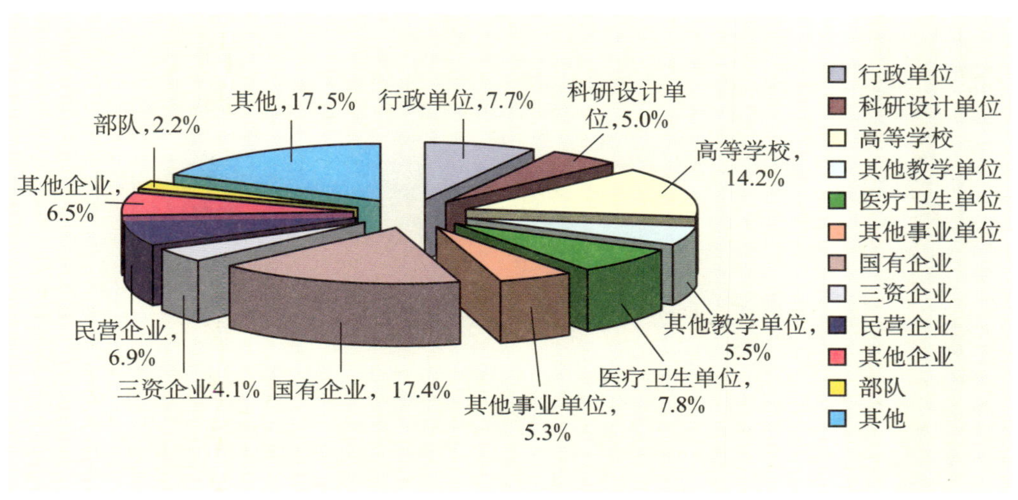

图 4.9 2010 年硕士学位获得者就业去向统计

（2）博士学位获得者就业去向

2010 年，博士学位获得者的主要就业去向是高等学校、科研设计单位，其中，去高等学校的博士学位获得者比例为 44.2%，去科研设计单位的比例为 12.8%，选择去以上两种单位的比例超过整个博士学位获得者的 50%（见表 4.19、图 4.10）。

3. 服务社会情况

在研究生培养的过程中，按社会、地区与行业的需求加以培养，使硕士、博士在走入社会后，能够真正做到人尽其才、才尽其用，增强其服务社会的能力。

表 4.18　　2010 年硕士学位获得者就业去向统计（分学科）（%）

类别	学位类别												合计占比
	哲学	经济学	法学	教育学	文学	历史学	理学	工学	农学	医学	管理学	专业学位	
工作单位性质													
行政单位	10.0	9.4	17.6	3.1	4.5	7.0	4.0	3.0	5.9	2.0	8.2	13.5	7.7
科研设计单位	0.5	0.8	0.6	0.5	1.0	0.6	6.8	11.7	7.8	1.4	1.9	3.0	5.0
高等学校	27.0	10.5	20.0	41.9	35.5	17.2	15.7	9.4	9.9	8.8	17.3	9.7	14.2
其他教学单位	11.7	1.4	3.9	16.9	10.5	24.4	11.5	0.8	1.8	1.6	2.0	8.1	5.5
医疗卫生单位	0.4	0.1	0.2	0.7	0.2	0.1	1.9	0.2	0.3	63.7	1.5	11.0	7.8
其他事业单位	6.3	4.4	4.8	4.7	6.6	8.4	7.9	4.3	10.2	1.9	5.1	5.8	5.3
国有企业	5.5	34.4	7.9	2.3	5.9	3.3	8.4	26.3	5.8	1.8	23.8	18.8	17.4
三资企业	0.8	5.2	1.6	1.1	1.8	0.4	4.0	6.2	1.8	1.2	4.9	4.1	4.1
民营企业	3.6	6.8	4.0	3.6	4.2	2.6	8.8	10.9	12.0	2.6	8.3	4.8	6.9
其他企业	5.2	10.1	5.6	3.0	5.3	4.3	6.5	9.5	9.7	2.3	8.4	4.3	6.5
部队	2.2	0.6	1.9	1.1	0.9	0.5	1.2	3.5	0.2	3.6	0.8	2.2	2.2
其他	26.8	16.3	31.8	21.0	23.6	31.2	23.3	14.2	34.6	9.4	17.8	14.6	17.5

资料来源：国务院学位委员会办公室。

表 4.19 **2010 年博士学位获得者就业去向统计（分学科）（%）**

类别	学位类别												合计占比
	哲学	经济学	法学	教育学	文学	历史学	理学	工学	农学	医学	管理学	专业学位	
工作单位性质													
行政单位	6.8	16.4	16.9	4.4	2.8	7.3	2.6	3.3	5.4	2.0	11.9	0.4	5.0
科研设计单位	4.4	4.1	3.1	4.3	2.5	6.4	22.4	16.9	25.7	4.1	5.1	0.3	12.8
高等学校	70.0	43.6	59.0	81.8	79.1	68.8	42.5	44.3	45.3	24.4	51.4	9.4	44.2
其他教学单位	1.0	0.7	1.1	0.8	1.2	1.3	0.7	0.4	0.7	1.2	0.4	1.4	0.7
医疗卫生单位	0.4	0.1	0.1	0.3	0.1	0.0	1.7	0.3	0.4	46.2	0.8	76.0	9.0
其他事业单位	3.4	5.0	4.2	2.9	2.7	6.6	4.2	3.0	7.4	1.4	4.3	0.5	3.4
国有企业	1.6	16.0	2.4	0.7	1.3	0.7	3.6	9.9	1.9	0.9	10.3	0.2	6.3
三资企业	0.4	1.2	0.3	0.0	0.1	0.0	1.7	2.1	1.3	0.7	1.0	0.3	1.4
民营企业	1.0	1.5	0.9	0.5	0.5	0.0	1.5	1.6	0.9	0.5	2.4	0.2	1.3
其他企业	0.6	3.7	1.3	0.0	0.8	0.0	1.7	1.9	1.5	0.6	2.2	0.2	1.6
部队	2.6	0.5	1.5	0.8	1.7	0.3	1.0	4.6	0.4	6.7	0.9	7.6	3.3
其他	7.8	7.2	9.2	3.5	7.2	8.6	16.3	11.6	9.1	11.1	9.4	3.5	11.1

资料来源：国务院学位委员会办公室。

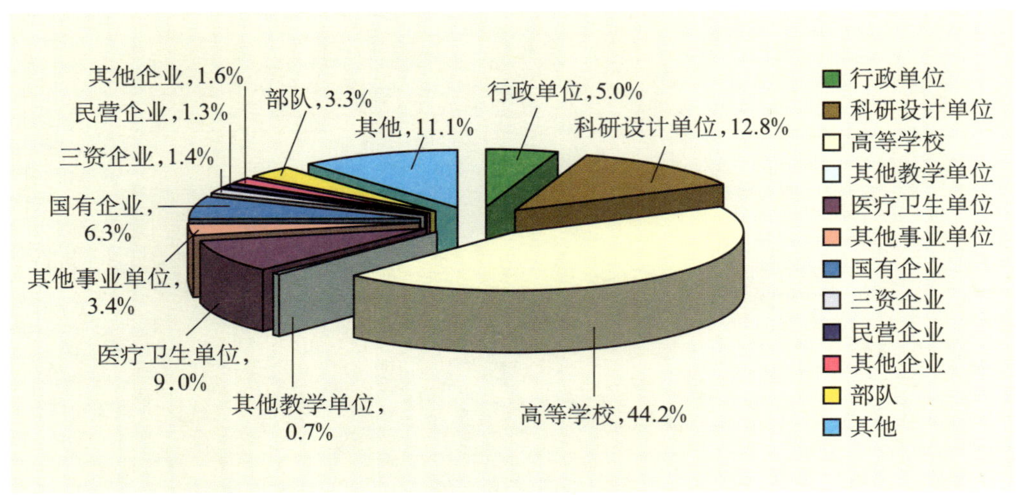

图 4.10　2010 年博士学位获得者就业去向统计

（1）成为我国各地区人才资源的重要构成部分

人才资源是指一个国家或地区中具有较多科学知识、较强劳动技能，在价值创造过程中起关键或重要作用的人。优质的人才资源是一个地区发展的关键所在，也是一个地区保持发展活力的源泉，因此，地区就业人员中研究生及以上的比例已经成为衡量一个地区能否持续发展的重要因素。2010 年，北京、上海地区就业人员中研究生及以上占比相较其他地区优势明显，占比分别为 3.38％、2.02％（见表 4.20）。

表 4.20　　2010 年分地区全国就业人员研究生及以上占比情况（％）

地区名称	就业人员			
	合计	男	女	其中：研究生及以上
全国（港、澳、台除外）	100	54	46	0.23
北京	100	57.5	42.5	3.38
天津	100	55.0	45.0	0.49
河北	100	55.3	44.7	0.30
山西	100	59.2	40.8	0.08
内蒙古	100	57.0	43.0	0.05
辽宁	100	56.4	43.6	0.23
吉林	100	57.1	42.9	0.25
黑龙江	100	57.0	43.0	0.11
上海	100	58.1	41.9	2.02
江苏	100	51.1	48.9	0.37
浙江	100	57.1	42.9	0.18
安徽	100	53.5	46.5	0.09

续前表

地区名称	就业人员			
	合计	男	女	其中：研究生及以上
福建	100	55.9	44.1	0.13
江西	100	53.3	46.7	0.13
山东	100	52.9	47.1	0.14
河南	100	51.8	48.2	0.06
湖北	100	53.7	46.3	0.17
湖南	100	54.6	45.4	0.28
广东	100	53.1	46.9	0.32
广西	100	53.5	46.5	0.05
海南	100	54.9	45.1	0.14
重庆	100	53.3	46.7	0.06
四川	100	52.4	47.6	0.16
贵州	100	52.7	47.3	0.02
云南	100	53.5	46.5	0.04
西藏	100	51.1	48.9	—
陕西	100	52.9	47.1	0.22
甘肃	100	52.1	47.9	0.14
青海	100	53.1	46.9	0.10
宁夏	100	54.2	45.8	0.10
新疆	100	54.4	45.6	0.09

资料来源：《中国人口和就业统计年鉴 2010》。

(2) 成为我国各行业人才资源的重要构成部分

研究生是具有创新精神和从事科学研究、教学、管理工作或独立承担专门技术工作的高级专门人才。研究生运用自己的知识，扎根于各个行业，是研究生服务社会、贡献社会的主要途径。

从 2010 年我国研究生及以上学历者就业行业分布来看，研究生及以上学历者主要集中于具有广阔的发展前景的行业，如：教育，公共管理和社会组织，金融业，科学研究、技术服务和地质勘察业，卫生、社会保障和社会福利业，信息传输、计算机服务和软件业等（见表 4.21、图 4.11）。

表 4.21　　2010 年我国研究生及以上学历者就业行业分布情况（%）

行业	研究生及以上	男	女
农、林、牧、渔业	0.6	0.5	0.8
采矿业	0.6	0.8	0.5

续前表

行业	研究生及以上	男	女
制造业	12.0	14.0	8.9
电力、燃气及水的生产和供应业	1.6	1.6	1.5
建筑业	0.7	0.7	0.7
交通运输、仓储和邮政业	1.2	1.2	1.1
信息传输、计算机服务和软件业	4.8	5.1	4.3
批发和零售业	3.9	4.0	3.9
住宿和餐饮业	0.3	0.2	0.3
金融业	5.3	4.8	6.2
房地产业	0.9	1.1	0.7
租赁和商务服务业	3.4	3.2	3.8
科学研究、技术服务和地质勘察业	5.3	5.7	4.4
水利、环境和公共设施管理业	1.2	1.5	0.8
居民服务和其他服务业	0.8	0.7	1.0
教育	37.8	35.2	42.0
卫生、社会保障和社会福利业	5.8	5.4	6.4
文化、体育和娱乐业	3.1	3.1	3.0
公共管理和社会组织	10.7	11.2	9.8

资料来源：《中国人口和就业统计年鉴 2010》。

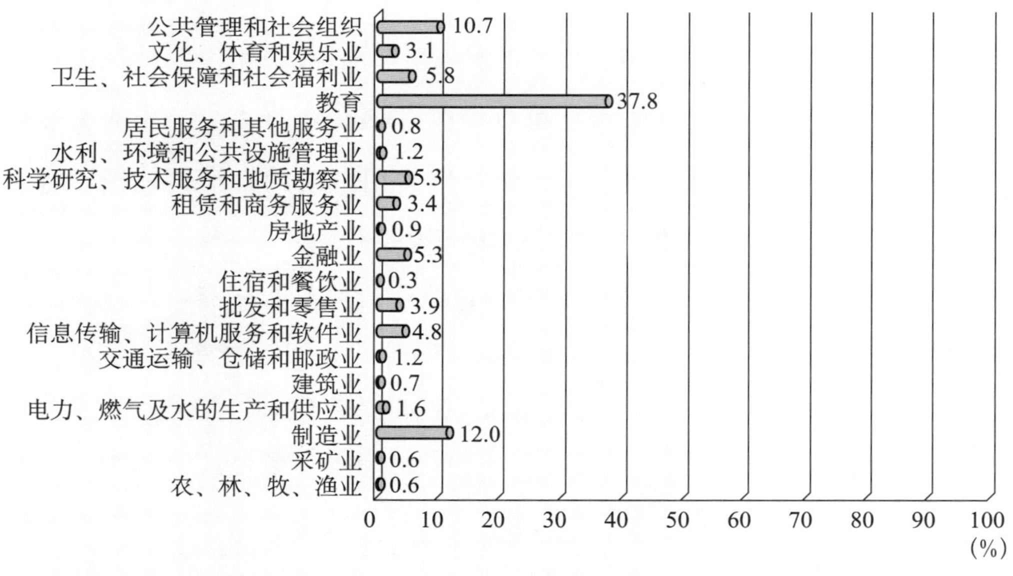

图 4.11　2010 年我国研究生及以上学历者就业行业分布情况

从职业角度来看，研究生及以上学历的就业者主要集中在专业技术人员以及办事人员和有关人员这两类职业上，占比分别达到 62.6%和 21.0%（见表 4.22、图 4.12）。

表 4.22　　2010 年我国研究生及以上就业人员职业构成（%）

职业	研究生及以上	男	女
单位负责人	5.7	7.1	3.4
专业技术人员	62.6	62.8	62.7
办事人员和有关人员	21.0	20.5	21.9
商业、服务业人员	6.7	6.0	7.8
农林牧渔、水利业生产人员	0.9	0.9	1.1
生产运输设备操作人员及有关人员	3.0	2.9	3.1
其他	0.1		0.2

资料来源：《中国人口和就业统计年鉴 2010》。

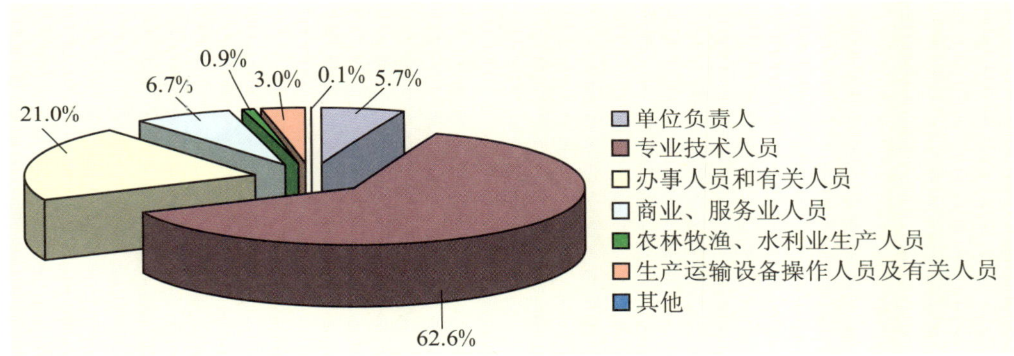

图 4.12　2010 年我国研究生及以上就业人员职业构成

从我国各行业研究生及以上学历就业人员占比的变化来看，近三年来，研究生及以上学历就业人员在各行业就业人员中的比例几乎都呈现上升趋势，这既是我国经济发展对高层次人才需求不断增加的客观结果，也是研究生培养为社会肯定的主要体现（见表 4.23）。

表 4.23　　我国各行业研究生及以上学历就业者比例（%）

行业	2010 年	2009 年	2008 年
农、林、牧、渔业	0.01	0.00	—
采矿业	0.27	0.16	0.16
制造业	0.32	0.21	0.19
电力、燃气及水的生产和供应业	0.65	0.57	1.21
建筑业	0.08	0.04	0.10
交通运输、仓储和邮政业	0.12	0.09	0.18
信息传输、计算机服务和软件业	2.74	2.43	2.10

续前表

行业	2010年	2009年	2008年
批发和零售业	0.14	0.12	0.09
住宿和餐饮业	0.03	0.02	0.06
金融业	1.98	1.88	2.06
房地产业	0.69	0.63	0.64
租赁和商务服务业	1.67	1.51	1.36
科学研究、技术服务和地质勘察业	4.63	4.12	6.16
水利、环境和公共设施管理业	1.08	0.93	0.67
居民服务和其他服务业	0.11	0.09	0.09
教育	5.34	4.55	3.42
卫生、社会保障和社会福利业	1.65	1.40	1.32
文化、体育和娱乐业	1.65	1.50	1.25
公共管理和社会组织	1.24	1.14	1.25

资料来源：《中国人口和就业统计年鉴2010》。

第五章

政策发展与解读

一、重要讲话

（一）国务委员、国务院学位委员会主任委员刘延东同志在纪念《中华人民共和国学位条例》实施三十周年纪念大会上的讲话要点

2011 年 2 月 12 日，新中国教育和科学事业的第一部法律《中华人民共和国学位条例》（以下简称《学位条例》）迎来了实施的而立之年。中共中央政治局委员、国务委员、国务院学位委员会主任委员刘延东同志出席了《学位条例》实施三十周年的纪念大会，并作重要讲话。

刘延东同志的讲话主要分为三个部分。第一部分对《学位条例》颁布三十年以来，我国学位与研究生教育的发展历程进行了回顾；第二部分对《学位条例》颁布三十年以来，我国学位与研究生教育的宝贵经验进行了总结；第三部分对当前和今后一个时期我国学位与研究生教育的重点工作作出了展望和部署。

在讲话的第一部分，刘延东同志首先回顾了三十年来，我国学位与研究生教育走过从无到有、从小到大、快速发展的不平凡进程，并向长期以来为我国学位制度发展作出杰出贡献的广大教育工作者和各界人士表示感谢。

刘延东同志强调，《学位条例》作为新中国教育和科研领域的第一部法律，是改革开放的重要成果，是新中国教育史上的重要里程碑。三十年来，《学位条例》为学位制度的不断完善和研究生教育事业的持续发展，为培养改革开放和现代化建设所急需的高层次人才提供了坚强的保障，作出了举足轻重、不可替代的重要贡献，主要体现在四个方面：第一，经过三十年的努力，我们基本建成了中国特色的学位制度；第二，经过三十年的努力，我们基本实现了立足国内，自主培养高层次人才的

战略目标；第三，经过三十年的努力，我国学位与研究生教育体制机制改革不断深化；第四，经过三十年的努力，我国学位与研究生教育的国际影响力逐步增强。

在讲话的第二部分，刘延东同志指出，在《学位条例》实施三十年来的改革发展实践中，我们取得了巨大成就，也积累了宝贵经验，丰富了对中国特色学位与研究生教育发展的规律性的认识。三十年的历程启示我们：坚持中国特色学位与研究生教育发展之路，是我国学位制度的根本方向；与时俱进、改革创新是学位与研究生教育生机勃勃的动力之源；坚持质量第一观念，积极提升质量水平，是学位与研究生教育的核心任务；加强法制建设，是学位与研究生教育改革和发展的重要保障；虚心学习、开放包容是中国特色学位制度应有的胸怀。

在讲话的第三部分，刘延东同志首先分析了我国学位与研究生教育面临的新的形势和新的使命。她认为，当今世界，经济政治格局深刻变革，每个国家的发展都如逆水行舟，不进则退。实现经济社会更高水平的发展，必须有更多的高层次人才作为支撑。科技进步和自主创新更加依赖大批高端人才，参与全球治理也越来越需要大量具有国际视野的高端人才。学位与研究生教育作为国民教育的顶端，对其他层次的教育有着带动和引领的作用，是高层次创新型人才的主要来源和科学研究潜力的主要标志，是提高综合国力和国际竞争力的有力支撑。

她进一步指出，2010 年我国有三件大事对现代化建设全局将产生深远影响，对学位与研究生教育也将产生深远影响。一是召开了十七届五中全会，做出了当前我国仍处于可以大有作为的重要战略机遇期的重大判断，对“十二五”期间经济社会发展做出全面部署，明确提出以科学发展为主题，以加快转变经济发展方式为主线；二是颁布了《国家中长期人才发展规划纲要（2010—2020 年）》，召开了全国人才工作会议，提出了未来 10 年我国人才发展的战略目标、指导方针、总体部署和重大举措；三是颁布了《国家中长期教育改革和发展规划纲要（2010—2020 年）》，召开了新世纪第一次全国教育工作会议，谋划了未来十年教育改革发展的蓝图。中央的部署为做好学位与研究生教育工作指明了方向。

在深入分析当前形势和使命的基础上，刘延东同志还指出，应清醒地认识到，我国学位与研究生教育和发达国家相比、和经济社会发展阶段性需求相比、和人民群众接受高水平教育的期盼相比，还存在许多不适应的地方。我们必须从战略和全局的高度深刻认识学位与研究生教育的重大意义，切实增强责任感、紧迫感和忧患意识，奋发有为，积极进取，更好地担负起造就高层次人才和支撑自主创新的历史重任。在新的历史时期，学位与研究生教育必须高举中国特色社会主义伟大旗帜，以邓小平理论和“三个代表”重要思想为指导，深入贯彻落实科学发展观，以育人为根本，以质量为核心，以改革为动力，坚持“完善制度、提高质量，科教结合、支撑创新，适应需求、引领未来”的基本思路，更新教育观念，创新培养模式，完善结构类型，统筹区域发展，加快建设中国特色、世界一流、结构优化、布局合理的高质量学位与研究生教育，为建设创新型国家和提升国际竞争力提供有力支撑。

在第三部分的最后，刘延东同志对当前和今后一个时期要重点抓好的六个方面的工作进行了部署：

第一，围绕国家经济社会发展大局，瞄准世界科技前沿和国家战略需求，丰富和完善学位制度。刘延东同志强调，适应世界科技发展的新趋势和中国现代化建设的新要求，攀登世界科技高峰，有力服务于我国经济发展方式转变，是学位与研究生教育改革发展的基本出发点。要确立全面的质量观和多元化培养目标，科学调整各级各类学位标准，优化培养定位、学制要求、评价体系和资源配置。积极发展专业学位教育，根据我国经济社会发展趋势，在国家急需的新能源、新材料、环境、生物、信息、经济、教育、法律、社会工作等领域，加大专业学位设置力度，创新培养模式，加强专业实践环节，促进高层次人才培养与产业、行业、企业、社会紧密结合。改革学位授权审核办法，建立与人才需求紧密结合的动态调控机制，及时调整学科结构、层次结构、类型结构，优先支持与国家重大战略、产业发展、社会工作和改善民生相关的学科。要大力促进哲学社会科学繁荣，推动学科交叉融合。要优化区域布局，特别要通过国家扶持、对口支援等多种方式，改善欠发达地区和西部地区的办学条件，促进区域协调发展。刘延东同志还明确要求，要加快推进修订《学位条例》、制定《学位法》的进程，创造更加多样化、更加自主发展、更加有利于创新的制度环境。

第二，坚持质量第一，深入推进培养机制与模式改革。刘延东同志明确指出，提高质量是今后十年高等教育改革发展最核心的任务、最鲜明的特征。她要求：要推进导师制度改革，建立以科学研究为主导的导师负责制，在录取、培养、淘汰等方面给予导师更多的自主权并明确相应责任，改善导师队伍的结构，为导师的交流与培养创造更好的条件，建设高水平导师队伍；要推动研究生招生制度改革，完善研究生招生计划确定和分配方法，实行更加公平、更加灵活、更有利于综合考察学生素质的选拔办法；要创新教育理念，建立适应不同类型学生的培养和考核办法，更加注重学术道德和职业道德养成，更加注重发现问题、解决问题的能力训练，避免片面追求论文发表数量，形成有利于个性化人才成长的环境；要建立科学完善的质量保障体系，加强过程管理和质量监控，完善学位授权点定期评估、博士学位论文抽检等制度，坚决撤销不合格的学科授权点，形成符合人才成长规律、富有活力与效率的研究生培养机制，全面提高和保障高层次人才培养质量。

第三，促进科技发展与人才培养有机结合，为提升自主创新和区域发展能力提供有力的支撑。刘延东同志明确指出，创新型人才不足是制约我国创新能力提升的瓶颈，研究生教育与科技人力资源特别是高端科技人才培养密切相关。为此，要促进高层次人才培养与科技创新紧密互动，鼓励研究生参与高水平创新实践，支持大学与科研院所、企业行业共建培养基地，共享优质资源，开展跨学科、跨单位团队式联合培养，加快知识创新和技术创新，推动政、产、学、研、用深度融合。改革科研经费管理制度，调动研究生参与科研活动的积极性，改变重产出和硬件建设、忽略对人才培养支持的局面。结合国家中长期科技规划的实施，发挥重大专项培养人才的独特作用，让更多的研究生在承担国家重大科技项目中得到锻炼成长，让更多的科技成果加快转化为现实生产力。围绕国家区域发展部署，自觉与区域产业发展、民生改善和科技创新目标对接，增强社会服务能力。

第四，注重科学精神和人文素质培养，培育大学文化和优良学风。刘延东同志认为，境界高尚、底蕴深厚的大学文化，是学位与研究生教育健康发展的丰厚土壤。为此，要大力营造鼓励创新、宽容失败的学术氛围，倡导学术民主，鼓励研究生更加自主地探索、更加潜心地研究；大力弘扬脚踏实地、求真求实的学风，引导研究生尊重科学、刻苦求学、严谨治学；大力加强科研诚信和学术道德建设，引导师生培养良好的职业操守，自觉遵守学术规范，坚决杜绝弄虚作假和抄袭剽窃，对学术不诚信实行“零容忍”；大力开展研究生社会责任感教育，丰富社会阅历，培育人文情怀，塑造高尚情操，增强服务国家人民的责任意识；大力推行全员育人的培养模式，调动和发挥研究生自我教育的积极性、主动性，形成全方位育人的良好环境。

第五，推动更加广泛深入的国际交流合作，提升研究生教育的国际化水平。刘延东同志明确指出，扩大对外开放是提升我国研究生教育水平和国际竞争力的重要途径。因此，要准确把握国际研究生教育的发展趋势，学习借鉴国际先进教育理念和办学经验，积极引进国外优质教育资源；要在更宽领域、更深层次上开展国际合作与交流，支持更多有条件的学校探索对外交流的新途径，支持中外大学间的教师互派、学生互换和学分互认；要坚持自主培养与联合培养相互促进，与境外高水平大学建立人才培养与科学研究的合作平台，实现优势互补。她还强调，我国将进一步加大公派留学生和教师出国学习的力度，也将吸引更多的海外学生到中国攻读学位。

第六，加大投入保障力度，确保研究生教育可持续发展。刘延东同志明确指出，教育经费占 GDP 总量 4%目标的实现，将为学位与研究生教育提供更有力的经费支持。因此，要加快创建世界一流大学和一流学科步伐，继续加大对“211 工程”、“985 工程”、重点学科、研究生教育创新计划的投入；要提高研究生生均培养经费标准，加大政府支持博士研究生教育的力度，扶持人文、基础学科发展，支持农、林、水、地、矿、油、核等艰苦行业的研究生积极参与科学研究；要完善研究生奖助学制度，提高研究生生活基本津贴水平，设立资助博士生独立从事科研活动的专项资金，设立研究生国家奖学金。她非常明确地提出要求：各级政府和培养单位都要更加关心研究生教育，为广大研究生的学习生活创造更好的条件，提供更大的支持。

在讲话的结尾，刘延东同志明确指出：回首三十年，我们充满自豪；面对新使命，我们满怀信心。她还对我国学位与研究生教育工作者进行了鼓励和呼吁：让我们更加紧密地团结在以胡锦涛同志为总书记的党中央周围，解放思想，开拓创新，推动学位与研究生教育事业在新的历史起点上实现科学发展，为建设人力资源强国、实现中华民族伟大复兴作出更大贡献！

（二）教育部杜占元副部长在国务院学位委员会第二十八次会议上的报告要点

2011 年 2 月 12 日，国务院学位委员会第二十八次会议在北京召开。教育部副部长杜占元同志在会议上作题为《关于国务院学位委员会第二十七次会议以来工作进展情况及本次会议议程的说明》的报告。报告由两个部分组成。

报告的第一部分是对 2010 年全国学位与研究生教育工作的总结回顾，具体包括人才培养结构调整、专业学位教育、研究生培养机制改革、学位与研究生教育质量保障与监督体系完善、学位与研究生教育三十年经验与成就总结、高水平大学和重点学科建设等六项内容。

在人才培养结构调整方面，杜占元同志介绍了探索建立高层次人才培养结构与我国经济社会发展需求相适应的动态调整机制，大力调整优化研究生教育学科专业结构、类型结构、层次结构和区域布局等方面的工作。杜占元同志首先介绍了《学位授予和人才培养学科目录》修订工作的情况，并指出本次修订始终强调学科设置要具有前瞻性，要综合考虑我国国情、学科发展、市场需求、教育规律和对外交流等因素，要积极探索高层次专门人才培养的学科专业结构与经济社会发展需求相适应的动态机制。接着，杜占元同志还介绍了继续改革完善学位授权审核制度，增强学位授予单位与地方政府调整研究生教育学科结构和类型结构的自主权，进一步优化学位授权的区域布局结构的相关工作。

在专业学位教育方面，杜占元同志首先强调，过去一年的工作围绕“积极发展专业学位教育，扩大专业学位研究生培养规模，大力培养适应社会主义现代化需要的高层次应用型专门人才”开展。他接着介绍说，根据国务院学位委员会第二十七次会议决议，新设置 19 种硕士专业学位类别，组织专家研究制定了 19 种硕士专业学位的办学条件和标准，并分专业学位类别组建全国教育指导委员会，分别研究制定指导性培养方案；印发《硕士、博士专业学位研究生教育发展总体方案》和《硕士、博士专业学位设置与授权审核办法》，明确专业学位教育发展的基本思路。同时，为适应我国经济社会发展对应用型人才的迫切需求，组织开展了设置审计硕士专业学位和工程博士专业学位的研究论证工作。

在研究生培养机制改革方面，杜占元同志共介绍了六个方面的工作。一是设立博士研究生学术新人奖并启动评选试点的工作。二是设立全国研究生学术交流平台，积极支持并资助研究生参加学术交流，营造浓厚的研究生教育创新氛围。三是继续开展全国优秀博士学位论文评选工作。四是经单位申报、专家评审，批准 64 所高校在 15 种专业学位类别（领域）开展专业学位研究生教育综合改革试点工作，并同时发布《关于实施专业学位研究生教育综合改革试点工作的指导意见》，指导试点实施工作。五是与中国工程院密切合作，积极推动高校—工程研究院所联合培养博士研究生试点工作。六是在总结研究生培养机制改革试点经验的基础上，研究和提出了进一步推进改革的工作思路。这个工作思路就是：以学生的培养为中心，遵循研究生教育规律，对现行的培养模式、管理体制和外部支撑条件进行调整，充分调动相关方面的积极性，实现对学生和导师的充分激励；以建立科学的分类培养目标和学位标准体系作为改革的基础，围绕确保对学生的素养、知识、能力等培养的各项需求，完善培养模式和管理制度；加强政策引导和规范管理，统筹设立研究生培养创新专项资金，建立经费划拨动态管理制度。

在学位与研究生教育质量保障与监督体系完善方面，杜占元同志强调，要改进和完善学位与研究生教育质量保障与监督体系，采取切实可行的质量监督措施，进一步提高研究生培养质量。

围绕学位与研究生教育三十年经验和成就总结工作，杜占元同志逐项介绍了《中华人民共和国学位条例》颁布实施三十年来经验和成就的总结情况，新时期学位与研究生教育改革发展重大问题的调研情况，我国学位与研究生教育最新进展的宣传情况，以及学位与研究生教育交流和合作的情况。

最后，围绕教育部继续实施高水平大学和重点学科建设工作，杜占元同志概要介绍了教育部、财政部组织完成“985 工程”二期建设的验收工作进展情况，对试点建设的“优势学科创新平台”进行总结的情况，高等教育“211 工程”三期建设情况，以及“特色重点学科项目”的启动实施工作情况等。

报告的第二部分是关于对本次会议议程的说明。杜占元同志首先指出，本次会议的主题是深入贯彻《国家中长期教育改革和发展规划纲要(2010—2020 年)》，学习领会和落实好刘延东国务委员在《中华人民共和国学位条例》实施三十周年纪念大会上的重要讲话精神，研究讨论学位与研究生教育战线如何完成好规划纲要中涉及学位与研究生教育的重要任务。最后，杜占元同志对本次会议的八项议程及其相关事项和问题做出了比较细致的介绍。

（三）国务院学位委员会办公室主任张尧学同志在 2010 年全国专业学位教育指导委员会联席会议上的讲话要点

2011 年 3 月 30 日，国务院学位委员会办公室在北京召开 2010 年全国专业学位教育指导委员会联席会议，全国 17 个专业学位教育指导委员会的主任委员、副主任委员、秘书长及秘书处负责同志参加了会议。国务院学位委员会办公室主任张尧学同志出席会议并作重要讲话。

张尧学同志在讲话中首先分析了研究生专业学位教育面临的形势和任务。他指出，积极发展研究生专业学位教育，既是学位与研究生教育自身发展、自我完善的需要，也是进一步增强学生就业竞争力，提高学位与研究生教育服务地方经济能力的需要。办好研究生专业学位教育，首先要统一思想，提高认识，要把研究生专业学位教育放在与学术学位同等重要的位置上考虑，甚至在某些方面还要更加重视。

关于如何理解刘延东同志提出的建设“中国特色、世界一流”大学问题，张尧学同志认为，“中国特色”的衡量标准：一是学生、老师是否爱党、爱国、爱人民；二是能否传承和延续中国的优秀传统文化；三是能否适应现阶段中国社会从计划经济向社会主义市场经济转变的国情；四是是否建立了一套符合中国实际的高等教育管理和可持续发展模式。张尧学同志在讲话中进一步指出“世界一流”大学的衡量标准：一是在国际舞台上有发言权、话语权；二是对世界知识宝库有重量级贡献；三是在跨国公司里有大学的基础贡献和知识技术、人才支撑；四是在国际重要领域和相关组织中有一批活跃的毕业生；五是要有知名度并获得人们认可。

张尧学同志还指出，研究生专业学位教育是建设“中国特色、世界一流”大学的重要组成部分。不考虑研究生专业学位教育，不是完整的学位与研究生教育。今后，将进一步完善“985工程”、“211工程”等的考核指标，要把研究生专业学位教育作为大学建设的一个重要考核点，纳入考核体系中来。要从思想认识上，把研究生专业学位教育摆在更加重要的位置上。

张尧学同志进一步指出，办好研究生专业学位教育，要以改革的思路、以市场机制的思路来改革研究生专业学位教育的培养模式。要从多个方面入手，改革创新，突出专业学位教育特色；要注重课程体系设计，贴近行业单位的实际要求；要改进教学方法，加强案例教学等实践实务教学；要加大实习实践基地的建设力度，突出学生的实际动手能力培养；要改革传统的论文评价方法，建立研究生专业学位教育的论文评价标准及规范；要加强师资队伍建设，通过进修学习、兼职聘用等形式，构建双师型的师资队伍结构；要改革传统的以科研为导向的考核评价制度，建立并完善符合研究生专业学位教育特点的考核评价办法；要改变过去传统的办学管理模式，构建能够适应和促进研究生专业学位教育发展的新管理体制和机制；要进一步加强与行业企业用人单位的合作与交流，大力推进研究生专业学位教育与职业任职资格的衔接。

张尧学同志还对各专业学位教育指导委员会的工作提出希望和要求，强调要结合各自特点，积极制定相关标准，实施办学质量认证和评估，推进研究生专业学位教育与职业资格考试制度的衔接，积极探索我国研究生专业学位教育发展的成功之路。

二、规章制度与政策

（一）2010 年，在学位与研究生教育方面，有关部门制定修订了四项重要的规章制度

1.《关于授予境外人士名誉博士学位暂行规定》

2010 年 3 月 29 日，国务院学位委员会下发了《关于授予境外人士名誉博士学位暂行规定》（以下简称《规定》）。《规定》由总则、授予对象与条件、提名与审议、批准与学位授予、附则共五章组成，自 2010 年 7 月 1 日起施行。

第一章“总则”共包括两条。第一条为制定目的与依据，目的表述为“为了完善我国名誉博士学位制度，维护我国名誉博士学位的严肃性与权威性”；依据是《中华人民共和国学位条例》及《中华人民共和国学位条例暂行实施办法》。第二条明确了《规定》的适用范围是“学位授予单位授予外国和我国香港、澳门、台湾地区的卓越学者、科学家或者著名政治家或者社会活动家和其他知名人士名誉博士学位”。

第二章由三条组成，分别规定了不同类别的境外人士可被授予名誉博士学位应具备的基本条件。其中，第三条规定学者和科学家应同时具备的条件是：学术上造诣高深，在某一学科领域取得重大成就，具有国际公认的学术地位和声望；在促进我国参与国际学术交流与合作方面作

出了重要贡献。第四条规定，政治家应同时具备的条件是：在维护世界和平与促进人类进步事业方面作出重要贡献；在增进我国对外友好合作、扩大我国国际影响方面作出了长期、突出的贡献。第五条规定，社会活动家和知名人士应同时具备的条件是：在促进国际友好往来和全面合作方面，声誉卓著；在繁荣和发展我国经济、教育、科学、文化、卫生和体育等事业方面作出了重大贡献。

第三章由五条组成。其中第六条规定，具有博士学位授予权的单位，根据《中华人民共和国学位条例》和本规定提出拟授予名誉博士学位人选，经国务院学位委员会批准后，授予名誉博士学位。第七条列出了拟授予名誉博士学位的人士还应具备的其他条件，包括：除政治家外，应与拟授予名誉博士学位的单位有长期的密切联系，在促进拟授单位学科建设、人才培养以及增加国际交流与合作等方面发挥了重大影响；拟授单位不得接受该人士的直接捐赠、捐资；该人士同意接受拟授单位授予的名誉博士学位；该人士应当有接受普通高等教育的经历。第八条再次强调，未经国务院学位委员会批准，拟授单位不得向拟授人士承诺授予或者自行授予名誉博士学位；同时还规定，拟授人士是外国元首或政府首脑的，应当有国家外事部门建议授予名誉博士学位的书面意见。第九条规定拟授单位的学位评定委员会负责本单位名誉博士学位的评审工作，并列出了须报审议的材料。第十条对学位评定委员会对拟授予博士学位人士的审议和决议程序进行了详细说明。

第四章共有八条。其中，第十一条规定了拟授单位应首先向上级主管部门报送拟授人士相关材料；第十二条规定了拟授单位上级主管部门审批材料和向国务院学位委员会报送的职责；第十三条规定了两个以上博士学位授予单位提名同一境外人士为拟授人选的处置办法；第十四条明确列出了国务院学位委员会对报送材料的审核要求和程序等内容；第十五条规定，国务院学位委员会审批拟授人士采用的办法，强调定期例会讨论或通讯征求意见均须获全体委员半数以上同意，才可做出授予名誉博士学位的决定；第十六条规定了国务院学位委员会受理拟授名誉博士学位申请决定的时限，即在受理拟授名誉博士学位申请后的60

日内做出是否同意授予的决定，同时规定如有特殊情况，报经国务院学位委员会主任委员批准，可延长30日；第十七条规定了拟授申请被批准后，拟授单位向有关人士颁发《名誉博士学位证书》的时限为两年之内，以及若需延期应当履行的程序，并规定授予情况应报国务院学位委员会办公室备案；第十八条规定了国务院学位委员会可撤销批准授予境外人士名誉博士学位的决定的情形，包括有效期满未举行授予仪式、授予权依法终止、拟授人士不同意或死亡，以及发生不可抗力事件等四种情形。

第五章“附则”共有六条。第十九条规定了非博士学位授予单位或其他有关部门依据暂行规定推荐拟授予人士的程序和要求。第二十条规定，已由我国境内（不含香港、澳门与台湾地区）博士学位授予单位授予名义博士学位的境外有关人士，境内其他博士学位授予单位不得再申请授予其名誉博士学位。第二十一条指出，名誉博士学位证书的持有人不享有与国家普通博士文凭持有人相同的权利。第二十二条规定，名誉博士学位证书由国务院学位委员会统一印制。第二十三条指出，本暂行规定由国务院学位委员会负责解释。第二十四条指出，本暂行规定自2010年7月1日起施行。原国务院学位委员会1989年2月27日发布的《关于授予国外有关人士名誉博士学位暂行规定》同时废止。

2.《硕士、博士专业学位设置与授权审核办法》

2010年9月18日，国务院学位委员会、教育部印发了《硕士、博士专业学位设置与授权审核办法》（以下简称《办法》），《办法》共四章，分别为：总则，硕士、博士专业学位设置，硕士、博士专业学位授权审核，附则。

第一章由三条组成，第一条为制发本办法的目的，表述为“为进一步完善我国学位制度，促进硕士、博士专业学位研究生教育的科学发展，加速培养适应经济建设和社会发展所需要的高层次应用型专业人才”；第二条为专业学位的概念解释，即“针对社会特定职业领域的需要，培养具有较强的专业能力和职业素养、能够创造性地从事实际工作的高层次应用型专门人才而设置的一种学位类型”；第三条为专业学位的名称表示规范，即任何专业学位的名称均应表示为："××（职业领域）硕士（博士）专业学位"。

第二章由四条组成。第四条明确了拟设置的专业学位应符合的基本条件，包括"（一）具有明确的职业指向，所对应职业领域的人才培养，已形成相对完整、系统的知识体系；（二）对应职业领域已形成相对独立的专业技术标准，以及相对成熟的职业规范和特定的职业能力标准；（三）对应职业领域的人才需求有较大规模"。第五条规定了专业学位类别的申请程序，"有关主管部门、行业协会或有关学位授予单位提出专业学位类别的设置申请，国务院学位委员会办公室会同有关主管部门、行业协会及有关专家进行论证，报国务院学位委员会审批。硕士专业学位的设置工作一般每五年调整一次"。第六条明确"批准设置的硕士、博士专业学位，由国务院学位委员会负责组织并协调有关行业主管部门、行业协会及有关学位授予单位，成立全国性的专业学位教育指导委员会，指导专业学位授予单位的相关教育教学活动"。第七条规定"批准设置的专业学位统一编入《硕士、博士专业学位授予与人才培养目录》，作为专业学位授权审核、学位授予、人才培养和教育统计分类等工作的依据"。

第三章由七条组成。第八条、第九条明确了国务院学位委员会在硕士、博士专业学位授权审核中的组织和指导职责；第十条、第十一条规定了专业学位授权审核的基本条件和要求，包括"以相应学科作为基础"，以及学位授予单位应具有"以实践为导向的办学模式、良好的办学条件、教学和实践经验丰富的教师队伍以及长期稳定的专业实践场所"。第十二条至第十四条依次明确了新增博士、硕士和军事类专业学位的审批，分别由国务院学位委员会办公室、学位授予单位所在省（自治区、直辖市）学位委员会和中国人民解放军学位委员会等部门组织评审，并报国务院学位委员会审批。

第四章"附则"有四条。第十五条规定"硕士、博士专业学位证书格式由国务院学位委员会办公室统一制定，学位获得者的证书由学位授予单位颁发"；第十六条规定"未经国务院学位委员会批准，任何单位不得开展专业学位研究生教育工作，或在招生与学位授予中使用有关专业学位的名称。对于违反规定的单位，将给予相应的处罚”；第十七条规定“本办法由国务院学位委员会办公室负责解释”；第十八条规定“本办法自公布之日起施行”。

《办法》的最后附录《硕士、博士专业学位授予与人才培养目录》。

3.《全国研究生学术交流平台项目实施办法》

2010年9月20日，教育部下发《教育部关于设立全国研究生学术交流平台的通知》（以下简称《通知》），决定设立全国研究生学术交流平台，以支持开展全国性研究生学术交流活动。全国研究生学术交流平台包括全国博士生学术论坛和全国研究生暑期学校两种形式。《通知》对研究生学术交流平台的组织管理进行了说明。其中，附件为《全国研究生学术交流平台项目实施办法》（以下简称《办法》）。《办法》共包括总则、项目类型及资助、项目管理和其他四个部分。

第一部分“总则”首先指出全国研究生学术交流平台项目设立的目的是“为进一步推进优质教育资源共享，促进研究生教育的交流与合作，营造研究生教育创新氛围，着力培养高层次拔尖创新人才”；之后，对全国研究生学术交流平台进行了界定，即“在全国范围内，通过举办博士生学术论坛、研究生暑期学校等项目，搭建研究生广泛参与的高水平学术平台，帮助研究生开阔视野，增强创新意识，提高创新能力和学术交流能力”。

第二部分指出，全国研究生学术交流平台项目共包括全国博士生学术论坛和全国研究生暑期学校两种类型，并对两类项目的内容、时间与人数、资助方式与额度进行了详细说明。

第三部分首先规定了项目实施原则，指出应采用“总体规划、专家评审、周期轮换”的管理模式，与“985工程”、“211工程”等高水平大学和重点学科建设密切结合，形成稳定的办学基地。之后，对项目的申报、评审的程序和要求进行了明确规定，并阐明了国务院学位委员会、教育部学位管理与研究生教育司在项目评审中的相关职责。本部分最后规定了相关单位在项目管理中的职责：教育部学位管理与研究生教育司负责项目统筹与日常管理，包括组织申报、经费安排、检查监督等。国务院学位委员会学科评议组确定项目承办要求，包括学科领域、论坛主题、暑期学校教学内容、邀请专家条件等，并负责项目实施结果的实效评估。成立项目管理专家小组，具体组织项目申报、材料收集整理、评审组织等有关工作；参与项目实施、管理、检查等工作，建设、维护"全国研究生学术交流平台"专用网站；跟踪、分析、研究项目数据，提供相关信息服务和研究报告。项目承办单位须按照项目任务书要求，具体实施并完成项目，并按照财务管理规定，实行项目预、决算制度，项目执行完毕须提交总结报告。

第四部分首先明确"全国研究生学术交流平台项目经费，实行定额资助，专款专用，经费的使用及监督须按照国家财务管理有关规定执行"；之后规定，全国研究生学术交流平台项目应在宣传、出版等有关材料中注明受"教育部研究生教育创新计划"资助；最后指出"本办法自发布之日起施行"。

4.《授予博士、硕士学位和培养研究生的二级学科自主设置实施细则》

2010 年 11 月 24 日，教育部办公厅印发了《授予博士、硕士学位和培养研究生的二级学科自主设置实施细则》（以下简称《细则》）。《细则》根据《学位授予和人才培养学科目录设置与管理办法》（学位［2009］10号）的规定，明确二级学科由学位授予单位依据国务院学位委员会、教育部发布的一级学科目录，在一级学科学位授权权限内自主设置与调整。制定《细则》的目的是"规范授予博士、硕士学位和培养研究生的二级学科（以下简称二级学科）自主设置"，具体内容共包括 12 条。

第一条规定，"二级学科的自主设置与调整，应遵循学科发展规律，要有利于人才培养，有利于学科特色的形成，与国家经济建设和社会发展对高层次人才的需求相适应"。

第二条明确了二级学科设置的基本条件，包括：与所属一级学科下的其他二级学科的关系；具有相对独立的专业知识体系，已形成若干明确的研究方向；社会具有一定规模的人才需求；学位授予单位应具备设置二级学科所必需的学科基础和人才条件。

第三条规定，学位授予单位可在本单位具有博士或硕士学位授权的一级学科下，自主设置与调整授予博士或硕士学位的二级学科。

第四条至第七条分类规定了不同类型二级学科自主设置与调整的细则。其中，第四条规定，根据《学位授予和人才培养学科目录设置与管理办法》，已列入该目录的二级学科称为目录内二级学科，未列入该目录的二级学科称为目录外二级学科；第五条和第六条详细规定了目录内和目录外二级学科自主设置与调整的条件、要求和程序；第七条明确了交叉学科的自主设置与调整的条件、具体要求和详细程序。

第八条规定，“学位授予单位自主设置的目录内二级学科、目录外二级学科、交叉学科，都应纳入本单位学科建设规划；其设置清单由教育部定期向社会公布”。

第九条规定，“学位授予单位应于每年12月31日前，将本年度增设或撤销的目录内二级学科名单；拟增设、更名或撤销的目录外二级学科和交叉学科的论证方案、专家评议意见表、公示结果和数据库文件；以及本单位各二级学科（含目录内二级学科、目录外二级学科和交叉学科）的招生人数、在学人数、授予学位人数和学生就业情况等数据，报教育部备案”。

第十条规定，“教育部将视各二级学科的人才培养、社会需求和学科发展情况，不定期地向有关单位提出调整（包括增设、更名和撤销）二级学科的建议”。

第十一条规定，“学位授予单位应依据本细则，制定本单位自主设置二级学科的规定及研究生培养质量保障措施”。

第十二条规定，“本细则自2011年3月1日起施行”。

（二）2010年，在学位与研究生教育方面，有关部门制定和调整了六项重要政策

1. 教育部、国家发展改革委、财政部做出新的政策部署，推进高等教育“211工程”三期建设规划

2010年1月30日，教育部、国家发展改革委、财政部印发《教育部、国家发展改革委、财政部关于补充高等教育“211工程”三期建设

规划的通知》（以下简称《通知》）。《通知》指出，三部委共同组织“211工程”三期新增海南大学、西藏大学、青海大学、宁夏大学、石河子大学等5校编制了《海南大学等5校重点学科建设项目》和《海南大学等5校创新人才培养和队伍建设项目》，作为《高等教育“211工程”三期建设规划》的补充。本次补充规划的重点学科建设项目共计29项，创新人才培养和队伍建设项目共计10项。

2010年6月4日，“211工程”部际协调小组办公室印发《关于开展“211工程”三期中期检查工作的通知》，部署有关主管部门和学校完成“211工程”三期建设中期检查工作。中期检查的重点包括：项目提出的目标和任务的进展情况及年度计划执行情况；主要建设成效和可能形成的标志性成果分析及具体支持措施；资金到位和执行情况的分析；项目管理运行的机制和效果；建设中存在的主要问题及改进措施。

2. 国务院学位委员会进一步明确政策措施，加强在学位授予工作中的学术道德和学术规范建设

2010年2月9日，《国务院学位委员会关于在学位授予工作中加强学术道德和学术规范建设的意见》（以下简称《意见》）发布。《意见》指出，自1981年我国实施学位制度以来，各学位授予单位按照《中华人民共和国学位条例》及其暂行实施办法的规定，建立健全规章制度，树立良好学习风气，认真做好学位授予工作，保证了我国学位授予的质量，为我国高层次人才培养作出了重要贡献。近年来，在学位授予工作中出现了一些学术不端行为，损害了我国学位形象。为进一步在学位授予工作中加强学术道德和学术规范建设，《意见》提出了九点意见。

《意见》要求“各学位授予单位必须高度重视学位授予工作中的学术道德和学术规范建设，保证学位授予质量，自觉维护我国学位授予的严肃性和权威性”，“通过各种有效途径，对学位申请者和指导教师进行学术道德和诚信教育”，“不断深化学术评价制度改革，改进学术评价方法，完善与学位授予相关的考核评价制度”，“建立和完善对学位授予工作中舞弊作伪行为的惩处机制，制订切实可行的处理办法”。《意见》还指出，在学位授予工作中，学位授予单位对舞弊作伪行为，必须严肃处理，并强调学位评定委员会是各学位授予单位负责处理学位授予工作中舞弊作伪行为的评决机构，各省级学位委员会和军队学位委员会应对本区域或本系统学位授予单位落实本意见情况进行监督，指导、协助学位授予单位在学位授予工作中做好学术道德和学术规范建设。

2010 年 10 月 9 日，国务院学位委员会办公室再次下发通知，决定对学位授予单位在学位授予工作中加强学术道德和学术规范建设工作进行检查。检查内容包括：各学位授予单位贯彻落实《意见》、完善规章制度、制定实施细则等情况；各学位授予单位建立健全学术道德标准和学术规范，并依此对学位申请者和指导教师进行学术道德与诚信教育情况评判；各学位授予单位改革学术评价制度和对在学位授予工作中舞弊作伪行为进行处理的情况。

3. 教育部批准有关高等学校开展专业学位研究生教育综合改革试点工作，对相关政策支持做出明确规定

2010 年 4 月 26 日，教育部下发《教育部关于开展研究生专业学位教育综合改革试点工作的通知》，决定开展高等学校专业学位研究生教育综合改革试点工作，对高等学校专业学位研究生教育综合改革试点工作的重要意义、指导思想、主要任务、基本要求和组织实施进行了说明，明确了开展该项工作的基本目标、基本内容、政策及经费支持、试点单位的遴选等内容。

2010 年 10 月 13 日，经单位申报、专家评审，教育部决定批准北京大学等 64 所高等学校开展专业学位研究生教育综合改革试点工作，并制订了《关于实施专业学位研究生教育综合改革试点工作的指导意见》（以下简称《意见》），指导试点单位做好有关工作。

《意见》要求相关部门充分认识综合改革试点工作的重要意义，并指出综合改革试点工作的指导思想是：转变教育理念，创新培养模式，改革管理体制，提高培养质量。高等学校专业学位研究生教育综合改革试点工作的主要任务：一是认真研究、准确把握专业学位研究生教育规律，切实转变专业学位研究生教育发展方式，树立正确的专业学位研究生教育质量观；二是改革专业学位研究生选拔制度；三是完善专业学位研究生培养方案；四是积极探索和创新培养模式；五是改革专业学位研究生的考核与评价方法；六是大力加强师资队伍建设；七是建立和完善奖助贷体系和就业服务体系；八是完善校内管理体制与机制。

《意见》还要求试点单位要成立综合改革试点领导小组，制定综合改革试点具体实施方案，依靠广大教师和学生，发挥行业组织或企业的积极性，根据不同专业学位类别教育发展规律以及国家或区域经济社会发展的需要，大力加强国际交流，努力打造自身办学模式和办学特色。

关于综合改革试点工作的组织实施工作，《意见》指出，教育部学位管理与研究生教育司负责综合改革试点工作的管理和指导以及相关协调工作，有关地方教育行政部门要加强领导，根据本地区实际情况，研究制定相关政策和措施；有关全国专业学位教育指导委员会要根据文件精神，积极参与综合改革试点工作；综合改革试点工作周期为 2010 年 9 月—2013 年 6 月。教育部将适时组织有关专家对试点工作进行检查、评估和总结。

4. 教育部设立以“培育学术新人，激励创新发展”为目标的“博士研究生学术新人奖”

2010 年 4 月 28 日，教育部下发《关于设立博士研究生学术新人奖并开展试点工作的通知》，决定设立博士研究生学术新人奖，对学业成绩优异、科研创新潜力较大的优秀在读博士研究生进行资助。学术新人奖申请人应为全日制在学博士生，重点考察其在本科及硕士研究生阶段学习成绩、品德、是否已展露出较强的科研能力和创新潜力。优先支持基础学科和国家急需发展学科的人才培养，目的是“培育学术新人，激励创新发展”。

学术新人奖每年评选一次，评选人数为当年全国博士研究生招收总数的 5%左右，一次性资助获奖博士研究生 3 万～5 万元/人；学位授予单位应根据分配名额自行组织，结果报教育部、国务院学位委员会审批公布；学术新人奖经费主要用于资助博士生参加高水平国际国内学术交流、参与创新性科学研究、撰写高质量学位论文等，具体可用于调查研究、资料收集、参加国际会议、研究成果发表或鉴定、适当补充实验材料等方面，但不得用作博士生生活津贴。

5. 教育部、财政部发布政策文件，明确提出加快推进世界一流大学和高水平大学建设的指导思想、建设目标和主要任务

2010年，教育部、财政部印发《教育部、财政部关于加快推进世界一流大学和高水平大学建设的意见》。该文件总结了“985工程”十年建设取得的主要成效及存在的问题，明确提出加快推进世界一流大学与高水平大学建设的指导思想、建设目标和主要任务。文件指出，实施“985工程”是适合我国国情的建设高水平大学的成功探索，同时又指出，我国高校同世界一流大学相比，在拔尖创新人才培养、自主创新能力和国际竞争力、制度和学术环境建设等方面仍然存在相当差距。因此，必须加快建设步伐，争取早日实现“985工程”的战略目标，为国家在未来发展和国际竞争中赢得战略先机。文件认为，加快推进世界一流大学和高水平大学建设的主要任务是：实现学科建设新的突破，加快建成一批达到国际先进水平的学科；改革培养模式，进行拔尖创新人才培养的改革试点；充分利用当前机遇，加快引进和造就学术领军人物与创新团队；加强与国家科技发展的衔接，加快提升自主创新和社会服务能力；加大对外开放和开展高水平国际交流与合作的力度。文件还强调，要以改革创新精神开创“985工程”建设新局面，建立适应世界一流大学和高水平大学发展的制度；创新决策机制，建立专家咨询监督与政府决策相结合的管理机制；改革资金分配办法，进一步加强组织管理。

6. 国务院学位委员会印发《硕士、博士专业学位研究生教育发展总体方案》，为推进并完善专业学位研究生教育工作确立依据

2010年9月18日，国务院学位委员会印发了《硕士、博士专业学位研究生教育发展总体方案》，对我国硕士、博士专业学位教育未来十年的发展做出战略性规划。文件首先对专业学位（professional degree）进行了界定，明确专业学位是“随着现代科技与社会的快速发展，针对社会特定职业领域的需要，培养具有较强的专业能力和职业素养、能够创造性地从事实际工作的高层次应用型专门人才而设置的一种学位类型”。之后，文件分四个部分，对我国专业学位教育发展总体方案进行了阐述：（1）发展硕士、博士专业学位教育的指导思想、原则和目标；（2）加快创造和完善有利于专业学位教育发展的宏观环境；（3）创新人才培养模式，不断提高培养质量；（4）开展专业学位研究生教育综合改革试点工作。

在第一部分中，结合国际国内的经济、社会、教育发展状况，明确了发展硕士、博士专业学位教育的指导思想和原则，确定了专业学位研究生教育发展的近期目标和中期目标：到2015年，实现硕士研究生教育从以培养学术型人才为主向以培养应用型人才为主的战略性转变，硕士层次的专业学位类别增加一倍左右；稳步发展博士层次专业学位教育，本着“成熟一个、发展一个”的精神，深入论证，有序推进；到2020年，我国研究生教育实现从以培养学术型人才为主向学术型人才和应用型人才培养并重的转变，专业学位教育体系基本完善，研究生教育结构和布局进一步优化，培养质量明显提高，研究生教育能够更好地适应经济社会发展需要和满足人民群众接受研究生教育的需求。

在第二部分中，提出从五个方面入手，创造专业学位教育健康、快速发展的宏观环境：一要积极引导、鼓励行业、企业及社会力量支持、参与专业学位教育；二要从改革招生计划分配方式和改革入学考试方式两方面入手，加大专业学位研究生人才选拔改革力度；三要加快完善专业学位设置与授权审核制度；四要大力推进专业学位教育与职业资格考试的衔接；五要建立健全硕士、博士专业学位教育宏观管理与质量保障体系。

在第三部分中，从三方面阐明了对创新人才培养模式、不断提高培养质量的要求：一要转变办学观念，强化目标导向，建立专业学位研究生教育办学新模式以及相应的课程体系、教学方法、论文标准及考核办法，其中提到要安排不少于半年的实践教学；二要构建“双师型”的师资队伍，要求来自实践领域、有丰富经验的高层次专业人员承担专业课程教学的比例应不低于1/3，大力引进既有理论水平又有实践经验的优秀专业人才从事专业学位教育工作；三要探索专业学位研究生教育管理新机制，包括制定专业学位的评价标准、加强教学基础设施以及教学实践基地的建设、把专业学位毕业生纳入与学术型研究生相同的就业政策范畴等。

在第四部分中，提出开展专业学位研究生教育综合改革试点工作，以推动高校转变观念，提高认识，同时积累经验，加快形成与经济社会发展需要相适应的专业学位教育体系。

附录

附录一

中国大陆地区学位与研究生教育基本数据

1—1 历年全国研究生教育总况

年份	招生数（人）			在校生数（人）			授予学位数（人）		
	合计	博士	硕士	合计	博士	硕士	合计	博士	硕士
1978	10 708	—	10 708	10 934	—	10 934	—	—	—
1979	8 110	—	8 110	18 830	—	18 830	—	—	—
1980	3 616	—	3 616	21 604	—	21 604	—	—	—
1981	9 363	—	9 363	18 848	—	18 848	8 665	—	8 665
1982	11 080	302	10 778	25 847	536	25 311	5 786	13	5 773
1983	15 642	172	15 470	37 166	737	36 429	3 567	19	3 548
1984	21 970	492	21 478	57 566	1 243	56 323	7 880	91	7 789
1985	39 891	2 633	37 258	78 806	3 639	75 167	12 852	234	12 618
1986	37 007	2 248	34 759	98 963	5 654	93 309	15 245	307	14 938
1987	36 738	3 615	33 123	113 452	8 969	104 483	21 453	622	20 831
1988	34 169	3 262	30 907	108 901	10 525	98 376	38 183	1 682	36 501
1989	27 729	2 776	24 953	98 946	10 998	87 948	37 346	1 904	35 442
1990	29 544	3 337	26 207	92 030	11 345	80 685	34 632	2 127	32 505
1991	29 602	4 172	25 430	87 873	12 331	75 542	33 093	2 556	30 537
1992	33 348	5 036	28 312	93 975	14 558	79 417	27 660	2 540	25 120
1993	41 889	6 150	35 739	106 405	17 570	88 835	26 165	2 114	24 051
1994	50 756	9 038	41 718	127 651	22 660	104 991	29 621	3 590	26 031
1995	50 925	11 056	39 869	145 148	28 752	116 396	32 355	4 364	27 991
1996	54 588	10 693	43 895	149 570	30 190	119 380	41 715	5 578	36 137
1997	63 232	12 917	50 315	175 629	39 927	135 702	46 522	6 781	39 741
1998	72 262	14 962	57 300	198 356	45 246	153 110	48 882	8 498	40 384
1999	91 762	19 915	71 847	232 563	54 038	178 525	61 652	10 098	51 554
2000	128 065	25 142	102 923	300 437	67 293	233 144	70 753	11 318	59 435
2001	164 855	32 093	132 762	392 364	85 885	306 479	84 921	12 404	72 517
2002	202 504	38 342	164 162	500 873	108 737	392 136	102 263	14 615	87 648
2003	268 747	48 740	220 007	650 802	136 687	514 115	137 160	18 527	118 633
2004	326 286	53 284	273 002	819 896	165 610	654 286	188 609	22 775	165 834
2005	364 831	54 794	310 037	978 610	191 317	787 293	244 917	28 090	216 827
2006	397 925	55 955	341 970	1 104 653	208 038	896 615	323 635	35 361	288 274
2007	418 612	58 022	360 590	1 195 047	222 508	972 539	410 565	42 671	367 894
2008	446 422	59 764	386 658	1 283 046	236 617	1 046 429	455 006	45 338	409 668
2009	642 988	61 991	580 997	1 404 179	242 996	1 161 183	488 531	49 278	439 253
2010	647 053	63 131	583 922	1 538 414	258 948	1 279 466	508 949	50 735	458 214
合计	4 782 219	664 034	4 118 185	—	—	—	3 548 583	384 230	3 164 353

资料来源：(1) 1978—2008 年“招生数”、“在校生数”引自历年《中国教育统计年鉴》。

(2) 2009 年以后（含 2009 年）各类数据根据教育部高校学生司、教育部发展规划司、国务院学位委员会办公室提供数据进行整理。

1—2 2010年全国研究生招生情况

1—2—1 分学科研究生招生人数统计

单位：人

	合计	哲学	经济学	法学	教育学	文学	历史学
博士	63 131	795	2 704	3 440	1 101	2 744	924
硕士	583 921	4 055	18 084	26 051	12 835	38 205	4 612
	理学	工学	农学	医学	军事学	管理学	专业学位
博士	12 241	23 919	2 851	6 714	26	4 553	1 119
硕士	51 819	128 489	12 995	30 877	210	28 495	227 194

资料来源：教育部高校学生司、国务院学位委员会办公室。

1—2—2 分省（自治区、直辖市）研究生招生人数统计

单位：人

序号	省（自治区、直辖市）	博士	硕士	序号	省（自治区、直辖市）	博士	硕士
1	北京市	18 490	78 354	17	湖北省	4 550	40 752
2	天津市	1 933	16 795	18	湖南省	1 889	19 527
3	河北省	516	15 983	19	广东省	2 919	26 685
4	山西省	440	9 316	20	广西壮族自治区	183	8 648
5	内蒙古自治区	215	6 419	21	海南省	30	1 543
6	辽宁省	2 436	30 152	22	重庆市	1 166	16 918
7	吉林省	2 176	18 221	23	四川省	2 547	27 685
8	黑龙江省	2 197	19 854	24	贵州省	66	4 980
9	上海市	5 504	39 430	25	云南省	397	11 167
10	江苏省	5 097	48 969	26	西藏自治区	0	301
11	浙江省	1 836	17 985	27	陕西省	3 028	30 589
12	安徽省	1 177	15 170	28	甘肃省	725	9 579
13	福建省	1 070	11 860	29	青海省	7	1 161
14	江西省	183	9 641	30	宁夏回族自治区	22	1 367
15	山东省	1 836	27 018	31	新疆维吾尔自治区	174	5 178
16	河南省	322	12 288		合计	63 131	583 535

说明：不包括军事硕士专业学位录取数据。

资料来源：教育部高校学生司、国务院学位委员会办公室。

1—2—3　分省（自治区、直辖市）学术型博士研究生招生人数统计

单位：人

	合计	哲学	经济学	法学	教育学	文学	历史学	理学	工学	农学	医学	军事学	管理学
北京市	18 350	221	854	1 100	306	870	183	4 989	6 695	728	1 189	9	1 206
天津市	1 890	29	160	96	19	62	74	297	832	8	138	0	175
河北省	516	5	9	13	10	18	14	52	206	30	101	0	58
山西省	440	19	28	7	6	13	9	70	210	34	39	0	5
内蒙古自治区	215	0	0	15	0	12	6	55	49	67	0	0	11
辽宁省	2 391	24	166	94	20	14	0	178	1 124	81	423	0	267
吉林省	2 170	32	155	214	75	121	82	538	462	90	293	0	108
黑龙江省	2 196	26	9	45	5	33	0	169	1 288	148	270	0	203
上海市	5 466	73	260	297	177	415	113	975	1 941	31	848	0	336
江苏省	5 078	74	50	243	67	249	63	756	2 230	337	630	0	379
浙江省	1 798	27	51	32	34	94	12	287	814	143	218	0	86
安徽省	1 177	16	7	24		13	11	459	461	33	47	0	106
福建省	1 063	25	101	81	28	82	37	294	161	38	82	0	134
江西省	182	0	28	13	5	4	0	2	55	19	16	0	40
山东省	1 827	27	53	80	20	82	39	428	591	113	304	0	90
河南省	322	0	9	17	5	17	20	79	78	31	62	0	4
湖北省	4 520	68	259	407	76	226	59	627	1 571	179	580	0	468

续前表

	合计	哲学	经济学	法学	教育学	文学	历史学	理学	工学	农学	医学	军事学	管理学
湖南省	1 619	31	56	98	39	49	13	273	669	83	146	0	162
广东省	2 720	51	100	97	62	127	47	500	740	85	735	0	176
广西壮族自治区	164	0	0	16	0	11	0	9	47	32	49	0	0
海南省	30	0	0		0	0	0	4	0	26	0	0	0
重庆市	1 123	11	11	161	113	26	8	94	468	45	104	0	82
四川省	2 386	17	210	103	0	112	48	320	1 052	87	222	0	215
贵州省	66	0	0		0	0	0	9	22	25	10	0	0
云南省	397	0	16	46	0	6	21	71	134	33	44	0	26
西藏自治区	0	0	0	0	0	0	0	0	0	0	0	0	0
陕西省	2 983	19	84	75	19	48	48	340	1 874	196	82	17	181
甘肃省	720	0	17	52	15	34	17	333	122	87	31	0	12
青海省	7	0	0	0	0	0	0	0	0	0	7	0	0
宁夏回族自治区	22	0	0	10	0	0	0	0	6	6	0	0	0
新疆维吾尔自治区	174	0	11	4	0	6	0	33	17	36	44	0	23
合计	62 012	795	2 704	3 440	1 101	2 744	924	12 241	23 919	2 851	6 714	26	4 553

资料来源：教育部高校学生司。

1—2—4　分省（自治区、直辖市）专业博士学位研究生招生人数统计

单位：人

	合计	教育博士	临床医学博士	兽医博士	口腔医学博士
北京市	140	51	89	0	0
天津市	43	0	43	0	0
辽宁省	45	0	41	0	4
吉林省	6	6	0	0	0
黑龙江省	1	0	0	1	0
上海市	38	7	29	0	2
江苏省	19	19	0	0	0
浙江省	38	8	29	0	1
福建省	7	7	0	0	0
江西省	1	0	1	0	0
山东省	9	0	9	0	0
湖北省	30	30	0	0	0
湖南省	270	0	270	0	0
广东省	199	8	185	0	6
广西壮族自治区	19	0	19	0	0
重庆市	43	16	27	0	0
四川省	161	0	107	0	54
陕西省	45	5	40	0	0
甘肃省	5	5	0	0	0
合计	1 119	162	889	1	67

资料来源：教育部高校学生司。

1—2—5 分省（自治区、直辖市）学术型硕士研究生招生人数统计

单位：人

	合计	哲学	经济学	法学	教育学	文学	历史学	理学	工学	农学	医学	军事学	管理学
北京市	47 310	472	3 635	3 974	1 537	5 005	419	6 468	18 824	1 477	1 497	24	3 978
天津市	10 159	69	836	478	289	1 066	129	1 149	3 883	37	1 173	3	1 047
河北省	9 416	90	352	561	217	819	101	1 099	3 725	272	1 340	88	752
山西省	6 373	100	229	578	285	674	84	790	2 073	205	826	0	529
内蒙古自治区	3 398	58	137	313	112	596	124	493	789	185	353	0	238
辽宁省	19 499	211	1 061	1 068	772	1 992	183	2 121	8 280	553	1 582	2	1 674
吉林省	11 740	119	463	1 289	600	1 672	289	2 310	2 763	448	970	1	816
黑龙江省	12 795	134	257	749	229	1 120	98	1 531	5 908	633	1 189	0	947
上海市	22 916	237	1 688	1 943	821	2 625	271	3 435	8 264	337	1 526	1	1 768
江苏省	28 774	222	732	1 204	750	2 344	231	4 074	12 767	1 219	3 171	0	2 060
浙江省	11 877	78	646	527	634	1 215	96	1 786	4 218	434	1 363	0	880
安徽省	9 350	131	391	506	241	740	140	1 795	3 319	309	1 081	0	697
福建省	7 365	89	567	484	281	725	107	1 745	1 627	390	700	0	650
江西省	5 735	85	334	494	322	852	111	700	1 417	154	640	0	626
山东省	15 667	133	623	970	558	2 017	252	2 602	4 850	727	1 916	0	1 019
河南省	8 039	134	234	713	294	776	124	1 376	2 201	407	1 225	0	555
湖北省	23 349	299	1 050	2 225	815	2 540	294	3 369	8 315	907	1 434	0	2 101
湖南省	12 073	195	565	879	373	1 638	127	1 649	4 287	437	803	0	1 120
广东省	15 695	209	954	929	729	1 566	219	2 704	4 129	574	2 257	0	1 425

续前表

	合计	哲学	经济学	法学	教育学	文学	历史学	理学	工学	农学	医学	军事学	管理学
广西壮族自治区	5 874	95	203	482	262	902	83	729	1 470	243	888	0	517
海南省	762	10	33	105	22	84	8	137	119	193	0	0	51
重庆市	10 254	143	306	1 336	630	1 547	86	1 099	3 260	338	763	0	746
四川省	17 563	210	1 132	1 079	670	1 610	252	2 239	7 037	498	1 290	13	1 533
贵州省	3 040	54	155	323	160	211	62	551	542	163	593	0	226
云南省	6 545	147	369	704	270	670	166	1 258	1 176	432	760	0	593
西藏自治区	275	19	0	77	8	89	22	8	5	4	15	0	28
陕西省	19 847	164	623	1 037	524	1 775	262	2 092	10 745	749	467	78	1 331
甘肃省	6 240	76	295	529	244	664	171	1 495	1 816	303	403	0	244
青海省	627	23	3	117	41	123	36	134	18	49	56	0	27
宁夏回族自治区	877	15	12	68	52	120	29	177	124	35	239	0	6
新疆维吾尔自治区	3 294	34	199	310	93	428	36	704	539	283	357	0	311
合计	356 728	4 055	18 084	26 051	12 835	38 205	4 612	51 819	128 490	12 995	30 877	210	28 495

资料来源：教育部高校学生司。

1—2—6　分省（自治区、直辖市）专业硕士学位研究生招生人数统计

单位：人

	合计	法律硕士	教育硕士	工程硕士	建筑学硕士	临床医学硕士	工商管理硕士	农业推广硕士	兽医硕士	公共管理硕士	口腔医学硕士	公共卫生硕士	会计硕士	体育硕士	艺术硕士	风景园林硕士	汉语国际教育硕士	翻译硕士	社会工作硕士	中职教师
北京市	31 044	3 062	657	13 959	52	795	4 984	1 880	206	1 411	39	127	711	411	1 161	352	436	481	230	90
天津市	6 636	335	441	3 291	24	400	900	0	0	394	7	0	325	102	67	33	75	78	16	148
河北省	6 567	265	569	4 298	0	244	564	205	19	113	18	0	0	81	46	66	46	0	0	33
山西省	2 943	299	276	1 162	0	221	353	168	14	148	0	37	0	98	145	0	0	0	0	22
内蒙古自治区	3 021	219	456	870	0	235	449	413	26	237	16	0	0	27	30	0	21	0	22	0
辽宁省	10 653	833	634	3 677	125	1 745	1 531	440	45	572	183	21	295	154	218	0	89	51		40
吉林省	6 481	462	1 018	2 223	0	782	599	342	42	170	6	97	111	143	69	0	209	143	62	3
黑龙江省	7 059	273	262	3 253	13	771	612	1 209	75	108	107	42	0	2	49	107	94	46	0	36
上海市	16 514	1 430	714	6 893	166	510	3 963	154	25	1 086	19	134	353	272	337	84	137	143	85	9
江苏省	20 195	982	1 403	11 155	65	891	2 161	775	98	766	20	208	190	275	501	321	129	116	89	50
浙江省	6 108	395	667	2 491	0	354	913	419	24	402	9	40	0	107	159	44	31	0	0	53
安徽省	5 820	430	273	2 926	15	391	1 150	131	11	243	15	76	0	24	29	0	18	0	88	0

续前表

	合计	法律硕士	教育硕士	工程硕士	建筑学硕士	临床医学硕士	工商管理硕士	农业推广硕士	兽医硕士	公共管理硕士	口腔医学硕士	公共卫生硕士	会计硕士	体育硕士	艺术硕士	风景园林硕士	汉语国际教育硕士	翻译硕士	社会工作硕士	中职教师
福建省	4 495	505	256	1 426	16	171	893	283	16	326	9	0	137	75	152	0	51	93	36	50
江西省	3 906	448	381	1 299	0	227	690	278	15	178	10	8	148	29	93	0	20	0	28	54
山东省	11 352	954	1 168	5 377	0	677	1 121	704	57	400	40	137	70	207	219	0	94	63	11	53
河南省	4 249	341	675	1 420	0	246	699	362	61	137	12	44	0	67	27	0	78	51	29	0
湖北省	17 403	1 230	805	9 581	20	444	2 367	703	44	657	38	148	287	161	275	150	164	54	207	68
湖南省	7 454	626	428	2 126	87	936	1 150	792	14	446	18	91	224	95	160	0	21	151	0	89
广东省	10 990	919	790	3 611	55	1 456	1 753	436	73	501	43	157	220	273	156	152	185	89	52	69
广西壮族自治区	2 774	266	349	828	0	356	500	122	13	105	21	0	0	18	80	0	98	0	18	0
海南省	781	207	54	60	0	0	204	148	0	108	0	0	0	0	0	0	0	0	0	0
重庆市	6 664	918	604	2 667	86	374	646	594	49	105	27	47	62	46	57	106	45	125	31	75
四川省	10 122	586	544	4 452	0	381	1 795	675	37	518	105	38	362	188	160	143	87	40	8	3
贵州省	1 940	263	213	321	0	505	293	196	4	79	13	0	0	0	6	0	0	0	33	14

续前表

	合计	法律硕士	教育硕士	工程硕士	建筑学硕士	临床医学硕士	工商管理硕士	农业推广硕士	兽医硕士	公共管理硕士	口腔医学硕士	公共卫生硕士	会计硕士	体育硕士	艺术硕士	风景园林硕士	汉语国际教育硕士	翻译硕士	社会工作硕士	中职教师
云南省	4 622	437	247	1 157	90	206	848	737	17	355	17	12	0	28	154	125	170	0	0	22
西藏自治区	26	0	20	0	0	0	0	0	0	0	0	0	0	0	6	0	0	0	0	0
陕西省	10 743	750	502	5 687	46	410	1 569	282	38	329	52	82	121	165	217	190	124	52	47	80
甘肃省	3 339	421	362	716	0	155	766	408	36	201	12	0	0	16	93	0	110	0	20	23
青海省	534	130	210	0	0	91	63	0	0	40	0	0	0	0	0	0	0	0	0	0
宁夏回族自治区	490	0	60	53	0	141	137	90	0	0	9	0	0	0	0	0	0	0	0	0
新疆维吾尔自治区	1 884	134	115	158	0	593	384	255	39	70	28	45	0	9	18	0	36	0	0	0
合计	226 809	18 120	15 153	97 137	860	14 708	34 057	13 201	1 098	10 205	893	1 591	3 616	3 073	4 684	1 873	2 568	1 776	1 112	1 084

说明：不包括军事硕士专业学位录取数据。

资料来源：教育部高校学生司、国务院学位委员会办公室。

1—3 2010年在校研究生情况

1—3—1 分学科在校研究生人数统计

单位：人

	合计	哲学	经济学	法学	教育学	文学	历史学
博士	258 948	3 532	11 768	13 152	4 256	10 758	3 913
硕士	1 279 466	12 469	50 892	77 016	44 212	110 082	13 977
	理学	工学	农学	医学	军事学	管理学	专业学位
博士	44 108	106 458	10 739	23 262	146	22 640	4 216
硕士	133 462	383 916	34 534	105 654	616	95 190	217 446

资料来源：教育部发展规划司。

1—3—2 分省（自治区、直辖市）在校研究生人数统计

单位：人

序号	省（自治区、直辖市）	博士	硕士	序号	省（自治区、直辖市）	博士	硕士
1	北京市	62 315	164 811	17	湖北省	19 958	83 182
2	天津市	7 523	33 499	18	湖南省	9 251	46 970
3	河北省	1 950	29 502	19	广东省	12 341	60 114
4	山西省	1 839	21 716	20	广西壮族自治区	661	20 162
5	内蒙古自治区	900	13 064	21	海南省	123	2 879
6	辽宁省	12 406	69 613	22	重庆市	5 024	38 125
7	吉林省	8 815	42 809	23	四川省	12 181	65 353
8	黑龙江省	9 418	45 048	24	贵州省	282	11 124
9	上海市	24 449	87 267	25	云南省	2 099	23 226
10	江苏省	22 124	103 326	26	西藏自治区	8	710
11	浙江省	8 329	39 662	27	陕西省	14 701	70 627
12	安徽省	4 322	34 669	28	甘肃省	3 335	22 274
13	福建省	4 424	26 509	29	青海省	94	2 049
14	江西省	677	20 636	30	宁夏回族自治区	57	3 152
15	山东省	7 487	57 547	31	新疆维吾尔自治区	713	11 962
16	河南省	1 142	27 879		合计	258 948	1 279 466

资料来源：教育部发展规划司。

1—3—3 分省（自治区、直辖市）在校学术型博士研究生人数统计

单位：人

	合计	哲学	经济学	法学	教育学	文学	历史学	理学	工学	农学	医学	军事学	管理学
北京市	60 789	882	3 165	4 164	1 175	3 416	762	11 810	24 929	2 238	2 934	50	5 264
天津市	7 480	157	777	373	63	324	307	981	3 071	25	511	0	891
河北省	1 950	12	27	41	30	49	53	179	885	129	291	0	254
山西省	1 839	80	73	32	18	45	24	295	966	155	120	0	31
内蒙古自治区	900	0	0	74	0	67	28	227	230	237	0	0	37
辽宁省	12 318	125	655	318	53	36	0	1 244	6 606	344	1 541	0	1 396
吉林省	8 809	133	627	824	208	442	355	2 249	2 058	297	1 113	0	503
黑龙江省	9 418	98	28	130	16	120	0	623	6 152	527	868	0	856
上海市	24 105	291	1 155	1 207	775	1 479	468	4 803	9 370	112	2 797	0	1 648
江苏省	22 115	388	275	979	328	1 052	307	3 042	9 609	1 515	2 279	0	2 341
浙江省	8 290	102	274	160	178	396	36	1 221	3 752	609	1 025	0	537
安徽省	4 322	40	17	66	0	45	35	1 614	1 773	96	179	0	457
福建省	4 417	82	464	317	112	339	184	1 214	745	160	292	0	508
江西省	677	0	81	41	13	12	0	14	232	74	65	0	145
山东省	7 485	95	197	301	59	345	158	1 905	2 495	417	1 161	0	352
河南省	1 142	0	28	47	17	44	73	260	346	87	230	0	10
湖北省	19 528	313	1 317	1 653	257	904	224	3 010	7 288	577	1 699	0	2 286
湖南省	8 518	192	330	360	177	187	85	1 188	3 736	373	911	0	979
广东省	11 800	250	474	450	241	535	185	2 142	3 420	397	2 732	0	974
广西壮族自治区	642	0	0	39	0	30	0	49	214	124	186	0	0
海南省	123	0	0	0	0	0	0	9	0	114	0	0	0
重庆市	4 981	57	50	472	410	73	24	358	2 203	265	350	0	719
四川省	12 020	91	1 085	391	0	487	238	1 391	5 648	379	1 135	0	1 175
贵州省	282	0	0	0	0	0	0	70	83	97	32	0	0
云南省	2 099	0	89	226	0	19	109	583	611	134	181	0	147
西藏自治区	8	0	0	0	0	0	0	0	0	0	8	0	0
陕西省	14 481	144	476	286	77	191	195	1 590	9 278	755	393	96	1 000
甘肃省	3 330	0	66	161	49	103	63	1 725	674	362	81	0	46
青海省	94	0	0	0	0	0	0	77	0	0	17	0	0
宁夏回族自治区	57	0	0	25	0	0	0	0	16	16	0	0	0
新疆维吾尔自治区	713	0	38	15	0	18	0	235	68	124	131	0	84
合计	254 732	3 532	11 768	13 152	4 256	10 758	3 913	44 108	106 458	10 739	23 262	146	22 640

资料来源：教育部发展规划司。

1—3—4　分省（自治区、直辖市）在校专业博士学位研究生人数统计

单位：人

	合计	教育	临床医学	口腔医学
北京市	1 526	52	1 323	151
天津市	43	0	43	0
辽宁省	88	0	84	4
吉林省	6	6	0	0
上海市	344	0	342	2
江苏省	9	9	0	0
浙江省	39	8	30	1
福建省	7	7	0	0
山东省	2	0	2	0
湖北省	430	30	389	11
湖南省	733	0	733	0
广东省	541	8	527	6
广西壮族自治区	19	0	19	0
重庆市	43	16	27	0
四川省	161	0	107	54
陕西省	220	5	215	0
甘肃省	5	5	0	0
合计	4 216	146	3 841	229

资料来源：教育部发展规划司。

1—3—5 分省（自治区、直辖市）在校学术型硕士研究生人数统计

单位：人

	合计	哲学	经济学	法学	教育学	文学	历史学	理学	工学	农学	医学	军事学	管理学
北京市	132 136	1 277	8 700	10 851	4 622	14 347	1 287	14 545	54 301	4 002	5 560	79	12 565
天津市	27 836	154	2 068	1 202	1 067	3 020	385	2 942	10 042	67	3 921	16	2 952
河北省	26 434	295	1 041	1 663	838	2 425	380	2 796	9 424	826	4 114	219	2 413
山西省	18 806	301	691	1 644	966	1 859	238	2 197	6 389	434	2 388	0	1 699
内蒙古自治区	11 130	173	362	1 229	352	1 612	295	1 331	2 354	739	1 320	0	1 363
辽宁省	56 991	648	3 160	3 003	2 370	5 737	540	5 618	22 884	1 338	5 525	5	6 163
吉林省	37 423	312	1 277	3 977	2 119	5 018	994	6 362	9 536	1 228	3 966	18	2 616
黑龙江省	39 785	426	825	2 306	746	3 114	249	4 064	18 801	1 726	3 879	0	3 649
上海市	65 607	681	4 598	5 470	2 765	7 416	833	8 689	25 166	865	4 135	5	4 984
江苏省	88 535	748	2 430	4 056	2 997	7 054	740	10 890	38 047	3 603	11 157	0	6 813
浙江省	34 960	217	1 671	1 589	1 971	3 426	266	4 693	12 633	1 139	4 207	0	3 148
安徽省	30 186	421	1 230	1 519	960	2 161	526	5 058	10 491	655	3 362	0	3 803
福建省	22 207	271	1 794	1 448	848	2 263	335	4 527	4 951	907	2 952	0	1 911
江西省	17 376	301	943	1 526	914	2 489	266	1 808	4 477	355	1 990	0	2 307
山东省	48 565	411	1 934	3 073	1 927	5 914	837	6 669	14 747	2 032	7 748	0	3 273
河南省	24 000	503	738	2 261	1 236	2 354	414	3 509	6 606	1 057	3 552	0	1 770
湖北省	67 041	829	2 956	6 324	2 811	6 509	794	8 036	24 909	2 509	4 173	0	7 191

续前表

	合计	哲学	经济学	法学	教育学	文学	历史学	理学	工学	农学	医学	军事学	管理学
湖南省	38 257	659	1 746	2 897	1 590	4 857	418	4 979	14 026	1 057	2 461	0	3 567
广东省	47 903	588	2 742	2 375	2 782	4 380	637	6 764	12 424	1 701	9 064	0	4 446
广西壮族自治区	17 122	290	575	1 490	929	2 680	234	1 909	4 401	663	2 393	0	1 558
海南省	2 103	23	93	307	72	217	22	441	359	442	0	0	127
重庆市	31 823	421	971	4 113	2 131	4 629	259	2 940	10 109	767	2 925	0	2 558
四川省	56 012	628	3 769	3 400	2 142	4 748	721	5 686	22 236	1 628	5 169	34	5 851
贵州省	8 384	216	400	886	373	577	171	1 285	1 563	429	1 868	0	616
云南省	19 129	542	1 137	2 010	1 071	2 031	482	3 141	3 834	901	2 090	0	1 890
西藏自治区	684	53	0	160	27	276	45	20	9	10	39	0	45
陕西省	59 379	595	1 697	3 368	1 893	5 121	826	5 769	31 909	1 968	1 995	240	3 998
甘肃省	18 418	243	802	1 553	1 142	2 013	549	4 021	5 216	698	1 406	0	775
青海省	1 529	79	8	305	98	275	74	335	68	78	134	0	75
宁夏回族自治区	2 899	49	42	193	155	329	79	532	379	98	834	0	209
新疆维吾尔自治区	9 360	115	492	818	298	1 231	81	1 906	1 625	612	1 327	0	855
合计	1 062 020	12 469	50 892	77 016	44 212	110 082	13 977	133 462	383 916	34 534	105 654	616	95 190

资料来源：教育部发展规划司。

1—3—6　分省(自治区、直辖市)在校专业硕士学位研究生人数统计

单位:人

	合计	法律	教育	工程	建筑学	临床医学	工商管理	农业推广	兽医	公共管理	口腔医学	公共卫生	会计	体育	艺术	风景园林	汉语国际教育	翻译	社会工作
北京市	32 675	5 891	479	11 024	156	2 239	8 423	679	69	345	223	35	567	262	574	260	673	550	226
天津市	5 663	395	322	1 745	48	871	1 601	0	0	109	11	0	157	83	67	4	109	125	16
河北省	3 068	333	364	1 091	0	415	639	41	0	20	18	0	0	25	45	31	46	0	0
山西省	2 910	334	307	554	0	753	727	3	0	28	0	4	0	55	145	0	0	0	0
内蒙古自治区	1 934	84	450	489	0	218	434	123	11	16	16	0	0	25	28	0	19	0	21
辽宁省	12 622	1 222	354	1 713	150	5 281	2 607	51	3	201	229	11	370	134	156	0	89	51	0
吉林省	5 386	584	963	854	0	1 131	853	83	14	56	6	0	93	78	71	0	397	142	61
黑龙江省	5 263	295	316	1 350	13	2 145	491	95	4	32	190	0	0	2	49	42	193	46	0
上海市	21 660	2 725	664	4 512	329	1 646	10 088	31	0	408	118	30	162	184	191	33	238	216	85
江苏省	14 791	971	719	6 426	117	1 369	3 834	101	43	165	0	1	40	116	289	221	179	113	87
浙江省	4 702	367	295	1 349	0	1 035	1 042	335	19	20	16	0	0	43	103	17	61	0	0
安徽省	4 483	539	80	1 674	15	645	970	42	1	327	15	16	0	24	29	0	18	0	88
福建省	4 302	763	305	534	25	175	1 966	14	1	240	10	0	15	10	37	0	51	120	36
江西省	3 260	368	501	808	0	303	716	111	3	48	15	8	248	0	85	0	18	0	28
山东省	8 982	1 470	742	2 327	0	1 003	2 277	176	19	226	53	35	85	128	184	0	183	63	11
河南省	3 879	449	761	636	0	642	913	98	32	49	23	17	0	100	2	0	77	51	29

续前表

	合计	法律	教育	工程	建筑学	临床医学	工商管理	农业推广	兽医	公共管理	口腔医学	公共卫生	会计	体育	艺术	风景园林	汉语国际教育	翻译	社会工作
湖北省	16 141	2 136	983	4 942	34	1 149	5 107	227	29	303	41	69	189	150	171	106	243	53	209
湖南省	8 713	917	258	1 690	131	2 330	2 497	108	3	52	59	1	143	96	159	0	21	248	0
广东省	12 211	1 145	457	2 615	96	2 738	3 689	47	23	267	84	71	123	126	117	63	316	185	49
广西壮族自治区	3 040	193	213	409	0	1 009	899	40	6	30	28	0	0	18	79	0	99	0	17
海南省	776	352	53	0	0	0	323	0	0	48	0	0	0	0	0	0	0	0	0
重庆市	6 302	1 992	504	1 385	99	362	1 369	64	16	5	27	0	64	46	57	54	45	182	31
四川省	9 341	690	318	2 846	0	377	3 787	71	14	182	102	8	436	124	115	98	125	40	8
贵州省	2 740	533	168	134	0	1 125	648	75	3	17	0	0	0	0	5	0	0	0	32
云南省	4 097	541	86	882	90	371	1 568	2	0	133	24	12	0	26	121	35	206	0	0
西藏自治区	26	0	20	0	0	0	0	0	0	0	0	0	0	0	6	0	0	0	0
陕西省	11 248	1 041	441	4 940	91	264	3 639	80	87	71	23	0	23	32	149	146	123	52	46
甘肃省	3 856	929	167	372	0	216	1 747	66	4	109	12	0	0	16	90	0	108	0	20
青海省	520	190	24	0	0	236	59	0	0	11	0	0	0	0	0	0	0	0	0
宁夏回族自治区	253	0	48	27	0	161	0	12	0	0	5	0	0	0	0	0	0	0	0
新疆维吾尔自治区	2 602	178	15	82	0	1 337	768	53	18	5	75	10	0	8	17	0	36	0	0
合计	217 446	27 627	11 377	57 410	1 394	31 546	63 681	2 828	422	3 523	1 423	328	2 715	1 911	3 141	1 110	3 673	2 237	1 100

资料来源:教育部发展规划司。

1—4 2010 年全国博士、硕士、学士学位授予情况

1—4—1 分学科博士、硕士、学士学位授予人数统计

单位：人

	合计	哲学	经济学	法学	教育学	文学	历史学
博士	50 735	661	2 333	2 358	870	2 200	800
硕士	458 214	4 085	20 109	26 983	15 542	36 437	4 306
学士	2 837 655	2 038	185 523	144 893	80 914	531 373	13 985

	理学	工学	农学	医学	军事学	管理学	专业学位
博士	9 372	18 033	1 933	5 482	493	3 879	2 321
硕士	34 641	115 527	12 149	30 695	3 798	30 440	123 502
学士	305 161	857 098	48 625	164 360	12 199	488 241	3 245

资料来源：国务院学位委员会办公室。

1—4—2 分一级学科博士、硕士学位授予人数统计

单位：人

序号	一级学科名称	博士	硕士	序号	一级学科名称	博士	硕士
1	哲学	661	4 085	21	地理学	614	3 100
2	理论经济学	872	3 711	22	大气科学	172	559
3	应用经济学	1 461	16 398	23	海洋科学	256	560
4	法学	1 031	14 173	24	地球物理学	105	228
5	政治学	503	3 587	25	地质学	465	1 246
6	社会学	268	1 956	26	生物学	3 072	10 495
7	民族学	184	889	27	系统科学	56	320
8	马克思主义理论	372	6 378	28	科学技术史	51	134
9	教育学	443	7 928	29	力学	555	1 676
10	心理学	222	3 052	30	机械工程	1 407	9 765
11	体育学	205	4 562	31	光学工程	308	1 263
12	中国语言文学	1 275	10 560	32	仪器科学与技术	333	2 290
13	外国语言文学	348	11 784	33	材料科学与工程	1 854	8 624
14	新闻传播学	209	3 951	34	冶金工程	180	604
15	文艺学	368	10 142	35	动力工程及工程热物理	574	3 072
16	历史学	800	4 306	36	电气工程	603	4 558
17	数学	1 005	7 309	37	电子科学与技术	1 049	5 881
18	物理学	1 400	3 656	38	信息与通信工程	1 169	10 182
19	化学	2 094	6 920	39	控制科学与工程	1 303	8 955
20	天文学	82	114	40	计算机科学与技术	1 554	16 988

续前表

序号	一级学科名称	博士	硕士	序号	一级学科名称	博士	硕士
41	建筑学	213	2 037	72	公共卫生与预防医学	316	1 702
42	土木工程	1 004	7 543	73	中医学	676	2 705
43	水利工程	382	1 736	74	中西医结合	269	1 326
44	测绘科学与技术	211	921	75	药学	843	5 127
45	化学工程与技术	935	6 288	76	中药学	164	1 222
46	地质资源与地质工程	579	2 297	77	军事学	493	3 798
47	矿业工程	300	1 922	78	管理科学与工程	1 590	5 168
48	石油与天然气工程	274	1 254	79	工商管理	1 291	14 325
49	纺织科学与工程	79	897	80	农林经济管理	401	806
50	轻工技术与工程	114	726	81	公共管理	481	8 609
51	交通运输工程	462	3 052	82	图书馆、情报与档案管理	116	1 532
52	船舶与海洋工程	117	836				
53	航空宇航科学与技术	337	1 215		法律硕士		10 361
54	兵器科学与技术	220	554		教育硕士		9 479
55	核科学与技术	207	421		工程硕士		44 896
56	农业工程	180	986		建筑学硕士		971
57	林业工程	79	325		临床医学专业学位	2 173	15 542
58	环境科学与工程	903	4 974		工商管理硕士		23 468
59	生物医学工程	301	1 109	专业	农业推广硕士		4 300
60	食品科学与工程	247	2 576	学位	兽医专业学位	42	410
61	作物学	393	1 826		公共管理硕士		8 181
62	园艺学	180	1 252		口腔医学专业学位	106	694
63	农业资源利用	193	910		军事硕士		660
64	植物保护	264	1 516		公共卫生专业学位		691
65	畜牧学	287	1 778		会计硕士		1 403
66	兽医学	263	1 861		体育硕士		730
67	林学	298	2 474		艺术硕士		1 175
68	水产	55	532		风景园林硕士		330
69	基础医学	680	3 053		汉语国际教育硕士		115
70	临床医学	2 406	14 671		翻译硕士	96	
71	口腔医学	128	889		合计	50 735	458 214

说明："军事学"不分一级学科统计。

资料来源：国务院学位委员会办公室。

1—4—3 分省（自治区、直辖市）博士、硕士、学士学位授予人数统计

单位：人

序号	地区名称	博士	硕士	学士	序号	地区名称	博士	硕士	学士
1	北京市	16 062	70 147	166 918	17	湖北省	4 022	29 076	175 149
2	天津市	1 715	13 330	57 651	18	湖南省	1 639	15 932	116 961
3	河北省	510	12 255	117 662	19	广东省	2 174	20 770	147 564
4	山西省	259	7 548	65 439	20	广西壮族自治区	89	6 227	55 798
5	内蒙古自治区	134	4 554	38 760	21	海南省	13	954	13 748
6	辽宁省	1 564	25 287	143 165	22	重庆市	971	12 829	67 905
7	吉林省	1 751	13 115	104 914	23	四川省	1 827	21 042	125 988
8	黑龙江省	1 899	15 707	107 563	24	贵州省	25	3 532	31 540
9	上海市	4 259	32 984	93 355	25	云南省	236	7 671	47 971
10	江苏省	3 954	35 643	220 931	26	西藏自治区	0	161	4 646
11	浙江省	1 252	13 381	112 568	27	陕西省	2 212	24 171	125 042
12	安徽省	855	10 392	102 700	28	甘肃省	493	6 896	44 457
13	福建省	763	9 865	76 192	29	青海省	1	604	6 683
14	江西省	119	6 745	83 351	30	宁夏回族自治区	9	1 020	9 343
15	山东省	1 495	21 839	198 027	31	新疆维吾尔自治区	119	3 813	28 033
16	河南省	314	10 724	147 631		合计	50 735	458 214	2 837 655

资料来源：国务院学位委员会办公室。

1—4—4 博士学位获得者基本情况统计

	学位类别												合计
	哲学	经济学	法学	教育学	文学	历史学	理学	工学	农学	医学	管理学	专业学位	
获博士学位总计(人)	661	2 333	2 358	870	2 200	800	9 372	18 033	1 933	5 482	3 879	2 321	50 242
性别(%)													
男	61.3	66.3	62.0	53.9	46.0	61.3	63.3	74.1	59.2	52.5	62.9	56.1	64.6
女	38.7	33.7	38.0	46.1	54.0	38.8	36.7	25.9	40.8	47.5	37.1	43.9	35.4
民族(%)													
汉族	90.0	93.8	89.2	92.6	90.3	91.8	95.6	95.4	93.3	94.4	94.6	94.8	94.4

续前表

	学位类别												合计
	哲学	经济学	法学	教育学	文学	历史学	理学	工学	农学	医学	管理学	专业学位	
其他民族	10.0	6.2	10.8	7.4	9.7	8.2	4.4	4.6	6.7	5.6	5.4	5.2	5.6
区域(%)													
中国大陆地区	98.0	97.6	96.5	96.5	95.0	96.9	99.5	99.3	98.7	95.9	97.3	98.7	98.2
港澳台	1.1	1.2	1.9	2.0	1.6	1.0	0.0	0.0	0.0	2.8	1.9	0.5	0.8
外国	0.9	1.2	1.6	1.5	3.4	2.1	0.5	0.7	1.3	1.3	0.8	0.8	1.0
获博士学位时平均年龄(岁)	35.2	35.0	35.5	35.9	35.5	34.9	31.2	32.9	33.3	34.3	36.3	33.0	33.5
工作单位性质(%)													
行政单位	6.8	16.4	16.9	4.4	2.8	7.3	2.6	3.3	5.4	2.0	11.9	0.4	5.0
科研设计单位	4.4	4.1	3.1	4.3	2.5	6.4	22.4	16.9	25.7	4.1	5.1	0.3	12.8
高等学校	70.0	43.6	59.0	81.8	79.1	68.8	42.5	44.3	45.3	24.4	51.4	9.4	44.2
其他教学单位	1.0	0.7	1.1	0.8	1.2	1.3	0.7	0.4	0.7	1.2	0.4	1.4	0.7
医疗卫生单位	0.4	0.1	0.1	0.3	0.1	0.0	1.7	0.3	0.4	46.2	0.8	76.0	9.0
其他事业单位	3.4	5.0	4.2	2.9	2.7	6.6	4.2	3.0	7.4	1.4	4.3	0.5	3.4
国有企业	1.6	16.0	2.4	0.7	1.3	0.7	3.6	9.9	1.9	0.9	10.3	0.2	6.3
三资企业	0.4	1.2	0.3	0.0	0.1	0.0	1.7	2.1	1.3	0.7	1.0	0.3	1.4
民营企业	1.0	1.5	0.9	0.5	0.5	0.0	1.5	1.6	0.9	0.5	2.4	0.2	1.3
其他企业	0.6	3.7	1.3	0.0	0.8	0.0	1.7	1.9	1.5	0.6	2.2	0.2	1.6
部队	2.6	0.5	1.5	0.8	1.7	0.3	1.0	4.6	0.4	6.7	0.9	7.6	3.3
其他	7.8	7.2	9.2	3.5	7.2	8.6	16.4	11.7	9.1	11.3	9.3	3.5	11.0

说明：不包含“军事学”学科门类下数据。

资料来源：国务院学位委员会办公室。

1—4—5　硕士学位获得者基本情况统计

	学位类别												合计
	哲学	经济学	法学	教育学	文学	历史学	理学	工学	农学	医学	管理学	专业学位	
获硕学位总计(人)	4 085	20 109	26 983	15 542	36 437	4 306	34 641	115 527	12 149	30 695	30 440	123 502	454 416
性别(%)													
男	46.2	44.7	41.8	36.4	23.0	52.4	48.5	67.1	48.8	43.9	39.1	62.7	53.1
女	53.8	55.3	58.2	63.6	77.0	47.6	51.5	32.9	51.2	56.1	60.9	37.3	46.9
民族(%)													
汉族	92.1	94.0	90.7	94.1	91.6	93.0	94.4	95.5	94.1	94.6	93.5	95.1	94.3
其他民族	7.9	6.0	9.3	5.9	8.4	7.0	5.6	4.5	5.9	5.4	6.5	4.9	5.7
区域(%)													
中国大陆地区	99.3	98.4	98.7	99.2	98.6	98.8	99.8	99.7	99.8	98.7	98.8	99.3	99.2
港澳台	0.4	0.2	0.4	0.3	0.2	0.2	0.0	0.0	0.0	0.9	0.2	0.2	0.2
外国	0.3	1.4	0.9	0.5	1.2	1.0	0.2	0.3	0.2	0.4	1.0	0.5	0.6
获硕学位时平均年龄(岁)	29.2	27.5	28.1	28.7	28.1	28.4	27.0	26.6	26.8	29.5	27.7	33.3	29.1
工作单位性质(%)													
行政单位	10.0	9.4	17.6	3.1	4.5	7.0	4.0	3.0	5.9	2.0	8.2	13.5	7.7

续前表

	学位类别												合计
	哲学	经济学	法学	教育学	文学	历史学	理学	工学	农学	医学	管理学	专业学位	
科研设计单位	0.5	0.8	0.6	0.5	1.0	0.6	6.8	11.7	7.8	1.4	1.9	3.0	5.0
高等学校	27.0	10.5	20.0	41.9	35.5	17.2	15.7	9.4	9.9	8.8	17.3	9.7	14.2
其他教学单位	11.7	1.4	3.9	16.9	10.5	24.4	11.5	0.8	1.8	1.6	2.0	8.1	5.5
医疗卫生单位	0.4	0.1	0.2	0.7	0.2	0.1	1.9	0.2	0.3	63.7	1.5	11.0	7.8
其他事业单位	6.3	4.4	4.8	4.7	6.6	8.4	7.9	4.3	10.2	1.9	5.1	5.8	5.3
国有企业	5.5	34.4	7.9	2.3	5.9	3.3	8.4	26.3	5.8	1.8	23.8	18.8	17.4
三资企业	0.8	5.2	1.6	1.1	1.8	0.4	4.0	6.2	1.8	1.2	4.9	4.1	4.1
民营企业	3.6	6.8	4.0	3.6	4.2	2.6	8.8	10.9	12.0	2.6	8.3	4.8	6.9
其他企业	5.2	10.1	5.6	3.0	5.3	4.3	6.5	9.5	9.7	2.3	8.4	4.3	6.5
部队	2.2	0.6	1.9	1.1	0.9	0.5	1.2	3.5	0.2	3.6	0.8	2.2	2.2
其他	26.8	16.3	31.9	21.1	23.6	31.2	23.3	14.2	34.6	9.1	17.8	14.7	17.4

说明：不包含“军事学”学科门类下数据。
资料来源：国务院学位委员会办公室。

附录二

2010 年研究生师资情况

2—1　研究生师资分年龄段统计

	合计（人）	30岁及以下	31～35岁	36～40岁	41～45岁	46～50岁	51～55岁	56～60岁	61～65岁	66岁及以上
总计	260 455	2 336	20 607	45 537	62 670	63 774	34 984	17 535	7 212	5 810
其中：女	68 665	715	6 227	14 733	17 923	15 792	8 099	3 543	1 014	619
分职称：										
正高级	132 763	86	1 662	9 160	29 079	41 343	25 961	13 713	6 356	5 403
副高级	120 233	1 018	15 340	34 729	33 070	22 121	8 950	3 760	842	403
中级	7 469	1 232	3 605	1 648	521	310	73	62	14	4
分指导关系：										
博士生导师	16 204	10	169	873	2 724	4 168	2 843	1 817	1 485	2 115
其中：女	2 072	1	18	126	407	534	433	232	154	167
硕士生导师	201 174	2 275	19 571	40 863	50 363	46 750	24 593	11 718	3 436	1 605
其中：女	60 250	703	6 075	13 925	15 935	13 461	6 609	2 716	567	259
博士生硕士生导师	43 087	51	867	3 801	9 583	12 856	7 548	4 000	2 291	2 090
其中：女	6 343	11	134	682	1 581	1 797	1 057	595	293	193

资料来源：教育部发展规划司。

2—2　研究生师资分地区统计

省（自治区、直辖市）	正高级		副高级		中级		合计	
	人数（人）	比重（%）	人数（人）	比重（%）	人数（人）	比重（%）	人数（人）	比重（%）
北京	21 128	15.91	17 108	14.23	1 812	24.26	40 048	15.38
天津	3 313	2.50	2 818	2.34	16	0.21	6 147	2.36
河北	3 884	2.93	2 471	2.06	272	3.64	6 627	2.54
山西	1 993	1.50	1 406	1.17	185	2.48	3 584	1.38
内蒙古	1 722	1.30	1 081	0.90	22	0.29	2 825	1.09
辽宁	6 506	4.90	5 390	4.48	690	9.24	12 586	4.83
吉林	4 861	3.66	3 982	3.31	101	1.35	8 944	3.43
黑龙江	5 070	3.82	3 405	2.83	195	2.61	8 670	3.33
上海	9 003	6.78	8 253	6.86	274	3.67	17 530	6.73
江苏	8 700	6.55	10 386	8.64	617	8.26	19 703	7.56
浙江	4 569	3.44	4 638	3.86	153	2.05	9 360	3.59
安徽	2 770	2.09	2 736	2.28	103	1.38	5 609	2.15
福建	2 883	2.17	2 193	1.82	381	5.10	5 457	2.10
江西	2 397	1.81	2 167	1.80	38	0.51	4 602	1.77
山东	6 669	5.03	6 793	5.65	247	3.31	13 709	5.26

续前表

省（自治区、直辖市）	正高级		副高级		中级		合计	
	人数（人）	比重（%）	人数（人）	比重（%）	人数（人）	比重（%）	人数（人）	比重（%）
河南	3 638	2.74	3 740	3.11	113	1.51	7 491	2.88
湖北	7 033	5.30	7 700	6.40	949	12.71	15 682	6.02
湖南	4 606	3.47	3 898	3.24	199	2.66	8 703	3.34
广东	7 467	5.62	6 936	5.77	192	2.57	14 595	5.60
广西	2 344	1.77	2 092	1.74	141	1.89	4 577	1.76
海南	386	0.29	320	0.27	0	0.00	706	0.27
重庆	2 543	1.92	3 028	2.52	182	2.44	5 753	2.21
四川	4 865	3.66	5 409	4.50	145	1.94	10 419	4.00
贵州	1 633	1.23	1 127	0.94	0	0.00	2 760	1.06
云南	2 313	1.74	1 907	1.59	210	2.81	4 430	1.70
西藏	81	0.06	110	0.09	0	0.00	191	0.07
陕西	6 253	4.71	5 035	4.19	197	2.64	11 485	4.41
甘肃	2 037	1.53	2 025	1.68	18	0.24	4 080	1.57
青海	325	0.24	94	0.08	0	0.00	419	0.16
宁夏	442	0.33	254	0.21	11	0.15	707	0.27
新疆	1 329	1.00	1 731	1.44	6	0.08	3 066	1.18
合计	132 763	100.00	120 233	100.00	7 469	100.00	260 465	100.00

资料来源：教育部发展规划司。

附录三

2010 年博士、硕士学位授权点基本数据

2010 年博士、硕士学位授权点基本数据

省（自治区、直辖市）	一级学科授权点		二级学科授权点		专业学位授权点	
	博士	硕士	博士	硕士	博士	硕士
北京市	291	191	249	854	12	312
天津市	50	63	23	233	2	92
河北省	23	76	63	334	1	91
山西省	13	58	50	169	0	50
内蒙古自治区	8	28	16	192	0	34
辽宁省	56	100	76	524	3	125
吉林省	43	54	53	300	4	91
黑龙江省	47	84	52	314	3	81
上海市	117	110	101	382	8	160
江苏省	133	166	162	632	8	202
浙江省	44	48	42	327	4	89
安徽省	28	70	53	276	1	81
福建省	29	54	65	186	1	73
江西省	4	61	24	295	1	57
山东省	47	105	82	595	4	156
河南省	14	94	47	399	1	87
湖北省	93	112	101	490	6	164
湖南省	56	93	85	307	2	96
广东省	69	70	83	395	7	124
广西壮族自治区	0	42	22	234	1	43
海南省	1	2	1	65	0	8
重庆市	33	64	33	173	3	71
四川省	61	65	54	380	3	117
贵州省	1	19	7	167	0	25
云南省	9	52	22	240	0	67
西藏自治区	0	0	0	18	0	3
陕西省	93	123	103	456	4	119
甘肃省	15	51	37	179	3	50
青海省	0	1	2	59	0	6
宁夏回族自治区	0	2	3	65	0	9
新疆维吾尔自治区	1	23	24	162	1	40
合计	1 379	2 081	1 735	9 402	83	2 723

资料来源：国务院学位委员会办公室。

附录四

2010年普通高等学校科学研究情况

4—1 普通高等学校科学研究情况（人文、社会科学部分）

序号	省（自治区、直辖市）	科研拨入总经费(万元)	科研支出总经费(万元)	当年在研课题数(项)	出版专著数(部)	发表论文数(篇)	研究报告被采纳数(部)
1	北京市	143 228.6	123 951.3	22 632	1 832	34 157	248
2	天津市	19 273.3	15 320.9	6 413	274	6 806	164
3	河北省	8 454.6	7 764.1	6 618	188	8 526	86
4	山西省	8 800.7	8 332.7	2 968	130	3 420	40
5	内蒙古自治区	3 851.3	2 578.4	1 773	131	2 902	9
6	辽宁省	15 352.3	14 110.9	8 218	384	12 181	66
7	吉林省	15 925.1	16 114.1	5 419	210	8 833	74
8	黑龙江省	6 772.8	6 351.9	3 657	209	8 471	14
9	上海市	66 159.3	58 005.7	14 991	1 006	20 455	388
10	江苏省	41 617.6	37 312.1	13 721	615	21 562	203
11	浙江省	77 517.3	64 958.1	19 019	700	14 340	242
12	安徽省	16 746.6	15 212.3	7 750	236	9 340	30
13	福建省	17 279.6	14 046.0	7 163	253	7 590	141
14	江西省	8 358.3	6 802.7	6 451	207	7 072	18
15	山东省	20 612.7	20 086.2	10 349	621	15 185	146
16	河南省	11 784.9	10 643.9	7 999	401	15 444	350
17	湖北省	44 134.0	40 856.2	11 781	787	18 178	495
18	湖南省	25 107.2	24 018.0	12 022	506	18 235	75
19	广东省	52 375.6	51 344.6	14 305	605	17 872	245
20	广西壮族自治区	13 465.6	12 328.9	4 926	147	7 028	55
21	海南省	972.4	870.1	912	89	1 786	10
22	重庆市	21 790.7	21 319.4	6 172	313	9 549	181
23	四川省	32 921.6	28 794.3	10 758	415	11 861	140
24	贵州省	6 519.6	5 062.9	2 823	108	5 014	48
25	云南省	7 312.2	6 305.7	4 590	248	8 053	0
26	西藏自治区	383.3	222.0	245	7	337	0
27	陕西省	21 810.2	20 580.8	7 243	266	12 128	25
28	甘肃省	6 851.6	5 735.3	2 669	132	6 148	15
29	青海省	1 032.7	932.0	271	20	706	0
30	宁夏回族自治区	1 091.2	1 044.0	728	41	1 594	26
31	新疆维吾尔自治区	3 762.8	2 580.1	1 640	43	3 265	11
	合计	721 265.6	643 585.7	226 226	11 124	318 038	3 545

资料来源：教育部社会科学司。

4—2 普通高等学校科学研究情况（自然科学与技术部分）

序号	省（自治区、直辖市）	科技拨入经费合计（万元）	科技支出经费合计（万元）	科技课题数（项）	科技专著（部）	发表学术论文（篇）	SCI（篇）	EI（篇）	科技成果奖励（项）	技术转让（项）	专利出售（项）	知识产权授权数（项）	国家重点实验室（个）
1	北京市	1 807 831.5	1 486 563.6	41 471	1 092	70 627	13 057	15 042	402	1 009	109	5 356	49
2	天津市	269 245.8	246 823.9	8 654	155	16 055	2 963	3 160	134	239	66	893	4
3	河北省	131 716.1	128 593.5	7 926	3 606	21 900	1 348	2 488	183	267	49	677	1
4	山西省	72 072.7	67 231.2	4 526	161	10 378	994	1 394	88	66	34	213	2
5	内蒙古自治区	43 794.3	36 805.5	3 385	3 010	6 965	426	448	49	19	3	70	0
6	辽宁省	382 581.0	337 366.1	14 452	2 228	31 448	4 384	5 844	271	313	43	1 623	5
7	吉林省	191 926.0	149 122.0	7 946	1 526	19 952	2 978	2 837	247	169	21	542	8
8	黑龙江省	347 749.0	281 931.2	12 106	199	27 982	3 792	6 790	271	180	37	1 256	6
9	上海市	931 282.4	755 540.8	26 774	634	49 835	10 816	7 544	270	834	179	4 172	19
10	江苏省	935 840.1	858 187.9	30 947	1 030	68 563	10 072	10 358	427	1 231	244	5 384	17
11	浙江省	519 322.1	474 279.2	22 391	817	31 266	7 360	5 712	209	603	163	5 575	11
12	安徽省	240 751.3	224 343.7	13 210	1 196	22 418	3 418	2 628	146	1 012	33	449	2
13	福建省	136 497.9	96 815.2	10 085	819	10 547	1 846	1 609	86	156	34	507	1
14	江西省	106 076.7	103 068.4	7 182	1 988	15 410	1 083	1 279	43	55	4	277	1
15	山东省	303 385.6	256 885.5	15 806	1 382	33 722	5 635	4 813	324	287	93	1 409	8
16	河南省	126 302.2	119 473.2	8 210	704	28 274	2 411	3 144	165	193	20	535	1
17	湖北省	581 828.5	546 124.6	23 500	[illegible] 010	45 174	6 302	5 356	272	405	177	2 067	12
18	湖南省	308 328.4	277 419.8	15 125	2 998	30 334	3 865	4 141	227	245	35	899	5

续前表

序号	省（自治区、直辖市）	科技拨入经费合计（万元）	科技支出经费合计（万元）	科技课题数（项）	科技专著（部）	发表学术论文（篇）	SCI（篇）	EI（篇）	科技成果奖励（项）	技术转让（项）	专利出售（项）	知识产权授权数（项）	国家重点实验室（个）
19	广东省	438 800.2	399 370.9	26 349	2 269	42 304	5 227	4 167	216	291	73	1 838	6
20	广西壮族自治区	73 775.2	71 332.3	7 366	1 376	16 366	958	1 322	57	56	51	296	0
21	海南省	11 268.7	11 396.7	1 070	44	1 980	160	86	27	8	8	26	0
22	重庆市	169 618.0	157 145.9	8 454	1 337	17 933	1 714	2 316	124	679	115	784	3
23	四川省	448 035.3	415 806.2	20 131	3 382	40 651	5 107	4 182	152	245	53	912	16
24	贵州省	29 284.3	25 556.0	4 458	1 991	7 919	424	322	38	7	4	95	0
25	云南省	65 140.1	62 841.9	5 968	1 609	10 524	856	525	70	15	12	544	2
26	西藏自治区	4 143.5	3 428.9	137	98	347	15	12	3	0	0	0	0
27	陕西省	613 936.9	492 640.1	20 604	1 600	37 078	4 736	6 591	230	503	76	2 256	14
28	甘肃省	70 414.9	61 598.8	4 317	840	11 159	1 522	1 002	58	11	8	137	2
29	青海省	9 627.1	9 443.6	495	179	1 318	46	21	12	0	0	49	0
30	宁夏回族自治区	8 580.5	7 040.9	1 895	839	3 919	100	51	26	1	1	14	0
31	新疆维吾尔自治区	23 627.7	20 584.2	1 690	3 025	7 377	253	171	61	60	0	57	0
	合计	9 402 784.0	8 184 761.7	376 729	44 450	743 725	103 868	105 355	4 888	9 159	1 745	38 912	195

资料来源：教育部科学技术司。

附录五

2010年全国优秀博士学位论文评选情况

2010年全国优秀博士学位论文评选情况

学科门类	一级学科名称	作者姓名	指导教师姓名	论文题目	学位授予单位名称
经济学	理论经济学	巫　强	刘志彪	进口引致型出口：中国出口成长的实现机制研究	南京大学
	应用经济学	欧阳志刚	王少平	阈值协整及其对我国的应用研究	华中科技大学
		王义中	金雪军	论人民币汇率波动、失衡与升值	浙江大学
法学	法学	高　飞	陈小君	集体土地所有权主体制度研究	中南财经政法大学
教育学	教育学	程天君	吴康宁	“接班人”的诞生——学校中的政治仪式考察	南京师范大学
	心理学	陈安涛	李　红	人工类别学习的神经机制	西南大学
	体育学	方千华	黄汉升	竞技运动表演论	福建师范大学
文学	中国语言文学	韩小荆	张涌泉	《可洪音义》研究——以文字为中心	浙江大学
		冷　川	杨　义	20世纪20年代的外交事件与中国现代文学民族话语的发生	中国社会科学院研究生院
	外国语言文学	段　枫	申　丹	历史话语的挑战者——库切四部开放性和对话性的小说研究	北京大学
		高　方	许　钧	《中国现代文学在法国的翻译和接受》	南京大学
	新闻传播学	薛文婷	赵玉明	中国近代体育新闻传播历史研究(1840—1949)	中国传媒大学
历史学	历史学	陈志坚	刘新成	情与理的交锋——英国财产继承研究(1200—1800)	首都师范大学
		杨煜达	邹逸麟	清代云南（1711—1911年）的季风气候与天气灾害	复旦大学
理学	数学	葛　颢	钱　敏	随机过程在非平衡统计物理和系统生物学建模中的应用	北京大学
		纪　奎	蒋春澜	全纯曲线的相似分类和Elliott不变量	河北师范大学
		李　新	陈发来	T样条和T网格上的样条	中国科学技术大学
		刘卫东	林正炎	一类平稳过程的极限性质	浙江大学
		尹万科	黄孝军	实流形在复流形中的全纯不变量	武汉大学
		张世华	章祥荪	生物分子网络及复杂网络中模式结构识别问题的研究	中国科学院数学与系统科学研究院
	物理学	刘　锴	范守善	多壁碳纳米管阵列的生长机理和可控生长	清华大学—北京协和医学院（清华大学医学部）
		柳延辉	汪卫华	块体金属玻璃的室温变形机制与超大塑性	中国科学院物理研究所
		孙方稳	郭光灿	多光子态的干涉和区分	中国科学技术大学
		徐　平	祝世宁	光学超晶格中光散射效应和光子纠缠研究	南京大学
		张　毅	胡红波	利用羊八井ASγ实验研究Multi-TeV宇宙线各向异性	中国科学院高能物理研究所
		张　翼	孙　弘	轻元素共价材料理想强度和储氢功能的第一性原理研究	上海交通大学

续前表

学科门类	一级学科名称	作者姓名	指导教师姓名	论文题目	学位授予单位名称
理学	化学	车　丽	杨学明	F（2P）＋H2/HD/D2 体系中非绝热效应及反应共振的研究	中国科学院大连化学物理研究所
		陈　为	包信和	碳纳米管限域的金属纳米粒子的催化行为	中国科学院大连化学物理研究所
		陈小华	龚流柱	基于氢键活化的不对称有机催化碳碳键形成反应研究	中国科学院成都有机化学研究所
		狄重安	朱道本	有机光电器件的设计、制备及性能研究	中国科学院化学研究所
		田　娜	孙世刚	高指数晶面结构 Pt、Pd 纳米催化剂的电化学制备与性能	厦门大学
	地理学	杨元合	方精云	青藏高原高寒草地生态系统碳氮储量	北京大学
	大气科学	王　林	陈　文	东亚大槽变异及其与东亚冬季风的关系	中国科学院大气物理研究所
	地球物理学	何建森	涂传诒	太阳风起源的研究——源区观测分析与磁重联驱动模型初探	北京大学
	地质学	王　博	舒良树	西天山伊犁地块古生代地球动力学演化	南京大学
		张少兵	郑永飞	扬子陆核古老地壳及其深熔产物花岗岩的地球化学研究	中国科学技术大学
	生物学	丁新华	王石平	水稻抗病相关基因的分离克隆和功能鉴定	华中农业大学
		毛颖波	陈晓亚	棉酚诱导的棉铃虫 P450 GIP 的分离鉴定和功能研究	中国科学院上海生命科学研究院
		唐茹琦	贺　林	精神分裂症相关基因的连锁不平衡分析和功能研究	上海交通大学
		王连荣	邓子新	dnd 基因簇对细菌 DNA 骨架的磷硫酰化硫修饰	上海交通大学
		王　强	陈建群	真核生物基因组中插入/缺失与突变热点关系的研究	南京大学
		张　柯	郭爱克	果蝇中基于目标突显程度的视觉抉择机制研究	中国科学院上海生命科学研究院
		周钢桥	贺福初	中国人群 SNP 的大规模发掘和慢性乙型肝炎的遗传易感性研究	军事医学科学院
工学	力学	高　鹏	陆夕云	壁面吹吸和表面活性剂作用下的流动稳定性研究	中国科学技术大学
		吴　坚	黄克智	基于原子势的碳纳米管有限变形壳体理论	清华大学—北京协和医学院（清华大学医学部）
		张兴义	周又和	高温超导悬浮系统在不同条件下的电磁力实验研究	兰州大学
	机械工程	吴　军	汪劲松	四自由度冗余混联机床的分析、辨识及控制	清华大学—北京协和医学院（清华大学医学部）
		朱增伟	朱　荻	磨擦辅助精密电铸技术的研究与应用	南京航空航天大学

续前表

学科门类	一级学科名称	作者姓名	指导教师姓名	论文题目	学位授予单位名称
工学	光学工程	董建绩	黄德修	基于半导体光放大器和光学滤波器的高速全光信号处理	华中科技大学
	仪器科学与技术	胡春光	胡小唐	快速全光谱反射差分光谱仪的研究	天津大学
	材料科学与工程	何春年	赵乃勤	化学气相沉积法原位合成碳纳米管增强铝基复合材料	天津大学
		卢明辉	陈延峰	声子晶体及其物理效应的研究	南京大学
		陆海鸣	蒋　青	尺寸依赖的界面能	吉林大学
		许运华	彭俊彪	高性能白光聚合物电致发光二极管的研究	华南理工大学
		钟向丽	周益春	存储器用 BIT 基无铅铁电薄膜及纳米线的制备与改性	湘潭大学
	动力工程及工程热物理	陈　群	过增元	对流传递过程的不可逆性及其优化	清华大学—北京协和医学院（清华大学医学部）
		吕友军	郭烈锦	生物质超临界水流化床气化系统的研制与气化制氢特性研究	西安交通大学
	电气工程	王　东	马伟明	多相整流感应发电机系统的研究	海军工程大学
	电子科学与技术	薄列峰	焦李成	大规模核机器学习研究	西安电子科技大学
		陈长鑫	张亚非	碳纳米管多沟道场效应晶体管研究	上海交通大学
	信息与通信工程	义理林	胡卫生	光分组交换网中的光信号处理技术研究	上海交通大学
	控制科学与工程	汪小我	李衍达	microRNA 相关问题的计算分析	清华大学—北京协和医学院（清华大学医学部）
		叶　丹	杨光红	基于 LMI 技术的自适应容错控制系统优化设计方法	东北大学
	计算机科学与技术	来煜坤	胡事民	特征敏感几何处理	清华大学—北京协和医学院（清华大学医学部）
		孙海龙	怀进鹏	服务网格资源管理技术与系统研究	北京航空航天大学
	土木工程	周燕国	陈云敏	土结构性的剪切波速表征及对动力特性的影响	浙江大学
	水利工程	吴志勇	陆桂华	定量降雨与实时洪水预报研究	河海大学
	测绘科学与技术	高为广	杨元喜	GPS/INS 自适应组合导航算法研究	解放军信息工程大学
	化学工程与技术	方云明	胡浩权	多级孔道沸石分子筛的合成、表征及催化应用	大连理工大学
		巨晓洁	褚良银	温敏及离子响应型智能材料的制备及构效关系研究	四川大学
		汪怀远	陆小华	聚合物基动密封材料耐磨性及寿命预测研究	南京工业大学

续前表

学科门类	一级学科名称	作者姓名	指导教师姓名	论文题目	学位授予单位名称
工学	地质资源与地质工程	王文峰	秦　勇	煤中有害元素溶出分配规律及其地球化学控制	中国矿业大学
	矿业工程	陆菜平	窦林名	组合煤岩的强度弱化减冲原理及其应用	中国矿业大学
	纺织科学与工程	王荣武	王善元	基于图像处理技术的苎麻和棉纤维纵向全自动识别系统	东华大学
	轻工技术与工程	任俊莉	孙润仓	蔗渣和麦草半纤维素分离、改性及其应用	华南理工大学
	交通运输工程	吴建军	高自友	城市交通网络拓扑结构复杂性研究	北京交通大学
	航空宇航科学与技术	罗亚中	唐国金	空间最优交会路径规划策略研究	国防科学技术大学
		吴　云	李应红	等离子体气动激励及其扩大压气机稳定性的原理研究	空军工程大学
	兵器科学与技术	张　浩	杨裕生	电化学电容器用碳纳米管阵列及其复合电极的制备与性能	防化研究院
	林业工程	潘明珠	周定国	麦秸纤维/聚丙烯复合材料制造工艺与性能研究	南京林业大学
	环境科学与工程	赵　瑜	郝吉明	中国燃煤电厂大气污染物排放及环境影响研究	清华大学—北京协和医学院（清华大学医学部）
	生物医学工程	孙剑飞	顾　宁	电磁控制的几种纳米颗粒的组装研究	东南大学
	食品科学与工程	彭池方	金征宇	食品中化学残留物高通量高灵敏检测技术的研究	江南大学
农学	作物学	余柏胜	孙传清	水稻分蘖角度基因 TAC1 的克隆及其功能分析	中国农业大学
	园艺学	徐　强	邓秀新	刺梨（Rosa roxburghii Tratt）抗白粉病的分子机制	华中农业大学
	农业资源利用	王玉军	周东美	Cu/Zn 在土/液界面上的基本能量参数及其环境化学行为研究	中国科学院南京土壤研究所
	植物保护	刘星月	杨　定	中国广翅目系统分类研究（昆虫纲：脉翅总目）	中国农业大学
	畜牧学	吴正理	向仲怀	家蚕微孢子虫（Nosema bombycis）孢壁蛋白的研究	西南大学
	兽医学	于　海	童光志	中国部分地区猪流感病毒的分子流行病学研究	中国农业科学院
医学	基础医学	钱　程	曹雪涛	Fas 信号和 TLR 信号促进调节性树突状细胞负向调控 CD4＋ T 细胞反应及相关机制研究	第二军医大学
	临床医学	高　强	樊　嘉	免疫微环境与肝细胞癌复发转移及“免疫微环境分子预测模型”的建立与验证	复旦大学
		梁　洁	樊代明	朊蛋白促进胃癌增殖的分子机制	第四军医大学
		吕慧霞	张　运	小型猪急性心肌梗死模型血管再生的实验研究	山东大学

续前表

学科门类	一级学科名称	作者姓名	指导教师姓名	论文题目	学位授予单位名称
医学	口腔医学	刘　钧	赵志河	压应力对骨髓间充质干细胞成骨分化早期阶段成骨和破骨生成能力的影响	四川大学
	公共卫生与预防医学	张志杰	姜庆五	湖沼地区血吸虫病高风险区域的空间分析及重点钉螺孳生地的探测	复旦大学
	药学	杨　俊	秦　勇	（±）-Communesin F 的全合成	四川大学
	中药学	高　伟	黄璐琦	丹参酮类化合物生物合成相关酶基因克隆及功能研究	中国中医科学院
管理学	管理科学与工程	吴俊杰	陈　剑	考虑数据分布的 K—均值聚类研究	清华大学—北京协和医学院（清华大学医学部）
	工商管理	杨　俊	张玉利	社会资本、创业机会与新企业初期绩效——基于关键要素互动过程视角的实证研究	南开大学
	农林经济管理	郑　晶	温思美	中国农业增长及其效率评价——基于要素配置视角的实证研究	华南农业大学

附录六

2010 年名誉博士学位批准、授予名单

2010年名誉博士学位批准、授予名单

序号	授予人员姓名	国籍和地区	身份	授予单位名称	授予时间
1	萨支唐	美国	美国工程院院士，美国佛罗里达大学电机与电子工程系杰出研究教授、工学院首席科学家，中国科学院外籍院士	厦门大学	2010.01.18
2	平野真一	日本	日本大学评估、学位授予机构机构长，上海交通大学致远教授、校长特别顾问	上海交通大学	2010.01.18
3	赵小兰	美国	前美国劳工部长，赵朱木兰基金会董事长	上海交通大学	2010.01.18
4	马克·斯蒂芬·赖顿	美国	美国华盛顿大学圣路易斯分校校长	复旦大学	2010.01.18
5	李达三	新加坡	声宝—乐声（香港）有限公司董事会顾问，新加坡Carlton酒店集团董事会主席	复旦大学	2010.01.18
6	克里斯蒂娜·费尔南德斯·德基什内尔	阿根廷	阿根廷共和国总统	对外经济贸易大学	2010.02.01
7	安妮特·沙万	德国	德国教育与科研部长	同济大学	2010.04.20
8	蔡国强	美国	旅美艺术家	上海戏剧学院	2010.04.20
9	潘基文	韩国	联合国秘书长	南京大学	2010.09.02
10	安德鲁·汉密尔顿	美国	牛津大学校长	清华大学	2010.09.02
11	苏希洛	印度尼西亚	印度尼西亚总统	清华大学	2010.09.02
12	弗朗西斯·加利	澳大利亚	世界知识产权总干事	中国人民大学	2010.09.02
13	小林诚	日本	日本振兴会理事	上海交通大学	2010.09.02
14	詹姆士·伯纳德特·梅琴	美国	佛罗里达大学校长	郑州大学	2010.09.02
15	吴世勋	韩国	首尔市市长	苏州大学	2010.09.02
16	莱斯克·博瑞斯维柯	英国	剑桥大学校长	南开大学	2010.12.08
17	钱　煦	美国	加州大学圣迭戈分校惠特克生物医学工程院院长	华中科技大学	2010.12.08
18	迈克尔·格兰泽尔	瑞士	瑞士洛桑联邦理工学院终身教授	华中科技大学	2010.12.08
19	陈万华	加拿大	加拿大麦克马斯特大学副校长	北京语言大学	2010.12.08
20	邓青云	美国	美国罗切斯特大学教授	上海大学	2010.12.08
21	约翰·E·霍普克罗夫特	美国	美国康奈尔大学教授	北京理工大学	2010.12.08
22	郭　位	美国	香港城市大学校长	北京理工大学	2010.12.08

资料来源：国务院学位委员会办公室。

附录七

2010 年学位与研究生教育大事记

1月4日

国务院学位委员会办公室下发通知，对2010年同等学力人员申请硕士学位外国语水平和学科综合水平全国统一考试工作进行部署。2010年全国统一组织的外国语水平考试的主要语种为英语、俄语、法语、德语和日语，听力测试仍由各学位授予单位自行组织。学科综合水平考试的学科有哲学、经济学（含理论经济学、应用经济学）、法学等27个学科。通知中还对考试时间、考试报名、命题、考务及阅卷工作、考试大纲及指南、成绩下达和公布等事项进行了说明。

1月27—28日

国务院学位委员会第二十七次会议在北京召开。中共中央政治局委员、国务委员、学位委员会主任委员刘延东同志在会上讲话。会议审议并原则通过了《关于国务院学位委员会第二十六次会议以来工作进展情况及本次会议议程的说明》、《国务院学位委员会2010年工作要点》、《关于新增博士、硕士学位授予单位规划阶段工作情况的报告》、《关于现有学位授予单位增列授权学科点审核工作方案的报告》、《关于授予境外人士名誉博士学位暂行规定》、《硕士、博士专业学位研究生教育发展总体方案》、《硕士、博士专业学位设置与授权审核办法》、《国务院学位委员会关于在学位授予工作中加强学术道德和学术规范建设的意见》以及《金融硕士专业学位设置方案》等19个硕士专业学位设置方案；审议通过了《关于对2006年定期评估中责令整改的硕士学位授权点再评估结果的处理意见》；对《国家行政学院关于申请新增为博士、硕士学位授予单位的报告》进行了审议，同意对国家行政学院申请新增为博士、硕士学位授予单位进行审核。

1月30日

教育部、国家发展改革委、财政部印发《教育部、国家发展改革委、财政部关于补充高等教育“211工程”三期建设规划的通知》。《通知》指出，三部委共同组织“211工程”三期新增海南大学、西藏大学、青海大学、宁夏大学、石河子大学5校编制了《海南大学等5校重点学科建设项目》和《海南大学等5校创新人才培养和队伍建设项目》，作为《高等教育“211工程”三期建设规划》的补充。本次补充规划的重点学科建设项目共计29项，创新人才培养和队伍建设项目共计10项。

2月1日

国务院学位委员会批复同意对外经济贸易大学授予阿根廷共和国总统克里斯蒂娜·费尔南德斯·德基什内尔名誉博士学位。

2月5日

国务院学位委员会办公室批准了首都经济贸易大学、吉林建筑工程学院、哈尔滨商业大学等18所院校为新增工程硕士培养单位，行使工程硕士专业学位授予权。

2月9日

《国务院学位委员会关于在学位授予工作中加强学术道德和学术规范建设的意见》发布，对在学位授予工作中加强学术道德和学术规范建设提出了9点意见。

2月11日

国务院学位委员会批复同意天津等29个省（自治区、直辖市）学位委员会制定的2008—2015年新增博士、硕士学位授予单位立项建设规划。

国务院学位委员会下达了对71个硕士学位授权点的评估结果及处理意见。在2006年硕士学位授权点定期评估中，共有71个硕士点的评估结果为“存在一定问题需经整改才能合格”。经过两年的整改，有关省级学位委员会和军队学位委员会对这些学科进行了重新评估。评估结果及处理意见为：（1）北京服装学院“化学工程”等63个硕士点达到硕士学位授权学科的基本要求，评估结果为“合格”，可继续行使硕士学位授予权。（2）中日友好临床医学研究所“神经病学”等4个硕士点经过自评，主动申请撤销学位授予权；机械科学研究院（北京机械工业自动化研究所）“核技术及应用”等4个硕士点经评估，未达到硕士学位授权学科的基本要求，评估结果为“不合格”。撤销以上8个硕士点的硕士学位授予权。

3月1日

国务院学位委员会发布了《国务院学位委员会2010年工作要点》，提出了2010年重点开展的工作，包括：(1) 开展新时期学位与研究生教育的调研工作；(2) 推进《学位法》的立法工作；(3) 改革和完善学位授权审核制度，推进新增学位授予单位的立项建设和完成新增学科、专业的审核工作；(4) 积极发展研究生专业学位教育，大力推动研究生教育结构调整，着力培养高层次应用型专门人才；(5) 完成《学位授予和人才培养学科目录》的修订工作，增强研究生培养和学位授予单位主动适应经济社会和学科发展的能力；(6) 改进和完善学位与研究生教育质量保障与监督体系，采取切实可行的质量监督措施，进一步提高研究生培养质量；(7) 会同教育部加快推进研究生培养机制改革，着力改革研究生培养模式和管理体制，继续实施并完善研究生教育创新计划，提高研究生的创新能力；(8) 配合教育部进一步完善高水平大学建设体系。

3月16—17日

教育部、财政部在京联合召开"985工程"二期验收工作会议，对"985工程"二期建设进行验收，同时部署做好下一阶段"985工程"建设的有关准备工作。

3月22日

国务院学位委员会印发了金融硕士等19种专业学位设置方案，决定在我国设置金融、应用统计、税务、国际商务、保险、资产评估、警务、应用心理、新闻与传播、出版、文物与博物馆、城市规划、林业、护理、药学、中药学、旅游管理、图书情报、工程管理等硕士专业学位。

3月24—25日

国务院学位委员会办公室在合肥召开省级学位委员会工作会议，各省（自治区、直辖市）以及解放军学位委员会负责同志、办公室主任，工业和信息化部、国家民族事务委员会、中国民用航空总局、国务院侨务办公室等部委主管部门负责人员参加了会议。会议传达了国务院学位委员会第二十七次会议精神，通报国务院学位委员会2010年工作的主要思路和重点；对进一步调整研究生教育结构、推进研究生培养机制改革等问题进行讨论；同时，结合学位授权审核办法改革，交流了进一步加强省级统筹、科学规划、推进区域协调发展的经验。

3 月 29 日

国务院学位委员会下发了《关于授予境外人士名誉博士学位暂行规定》。《暂行规定》由总则、授予对象与条件、提名与审议、批准与学位授予、附则共五章组成，自 2010 年 7 月 1 日起施行。

3 月 30 日

国务院学位委员会办公室在北京召开 2010 年全国专业学位教育指导委员会联席会议，全国 17 个专业学位教育指导委员会的主任委员、副主任委员、秘书长及秘书处负责同志参加了会议。会议传达了国务院学位委员会第二十七次会议关于专业学位研究生教育的有关精神；各专业学位教育指导委员会总结交流了 2009 年各专业学位研究生教育开展情况，研讨部署了 2010 年专业学位研究生教育工作。会议重点研究了全日制硕士专业学位研究生培养模式改革问题。

4 月 19 日

国务院学位委员会委托省（自治区、直辖市）学位委员会、中国人民解放军学位委员会进行博士学位授权一级学科点初审和硕士学位授权一级学科点审核工作，委托部分学位授予单位自行审核本单位除军事学门类以外的一级学科博士点和一级学科硕士点。本次审核的对象主要是已有二级学科博士点的一级学科申请增列一级学科博士点和已有二级学科硕士点的一级学科申请增列一级学科硕士点，同时也允许学位授予单位申请增列少量现无二级学科博士点（二级学科硕士点）的一级学科为一级学科博士点（一级学科硕士点）。

4 月 20 日

教育部、财政部“985 工程”办公室在京召开了“985 工程”专家委员会第一次全体会议，会议正式成立了“985 工程”专家委员会，并讨论了《关于“985 工程”中央专项资金分配方案》、《“985 工程”专家委员会章程》和《教育部、财政部关于加快推进世界一流大学和高水平大学建设的意见（征求意见稿）》。

教育部学位管理与研究生教育司、财政部教科文司印发《关于做好编制“特色重点学科项目”建设方案工作的通知》，部署有关学校和有关主管部门做好“特色重点学科项目”建设方案的编制及审核工作。

国务院学位委员会办公室批准北华大学、西南财经大学、河北科技师范学院为新增农业推广硕士专业学位研究生培养单位，开展农业推广硕士专业学位研究生的招生、培养、管理和学位授予等工作。

4 月 21 日

国务院学位委员会、教育部批复《全国教育专业学位教育指导委员会章程》。该章程共分五章，由总则、组织、职责、经费、附则组成。

4 月 22 日

国务院学位委员会办公室转发了《全日制艺术硕士专业学位研究生指导性培养方案（试行稿）》，以规范艺术硕士专业学位研究生的培养。

4 月 26 日

教育部下发通知，决定开展高等学校专业学位研究生教育综合改革试点工作。通知对高等学校专业学位研究生教育综合改革试点工作的基本目标、基本内容、政策及经费支持、试点单位的遴选等加以说明。

4 月 28 日

教育部下发通知，决定设立博士研究生学术新人奖。博士研究生学术新人奖每年评选一次，评选人数为当年全国博士研究生招收总数的5%左右，一次性资助获奖博士研究生 3 万～5 万元/人，优先支持基础学科和国家急需发展学科的人才培养，目的是“培育学术新人，激励创新发展”。

5 月 7 日

国务院学位委员会下发通知，决定开展新增硕士专业学位授权点审核工作。本次新增的硕士专业学位授权点包括金融、国际商务、统计、税务、保险、资产评估、法律、教育、汉语国际教育、翻译、体育、艺术、应用心理、警务、社会工作、新闻与传播、出版、文物与博物馆、工程、林业、农业推广、风景园林、兽医、临床医学、口腔医学、公共卫生、药学、中药学、护理、工商管理、会计、公共管理、工程管理、旅游管理、图书情报等35种专业学位类别，建筑学、城市规划、军事等三类硕士专业学位授权点不在此次新增范围之内。

6月3日

教育部学位管理与研究生教育司印发《关于对加强建设的国家重点学科进行评估工作的通知》，决定对加强建设的国家重点学科进行评估。纳入此次评估的国家重点学科是2007年教育部公布的国家重点学科中加强建设的学科，共计29个二级学科。通知还对评估的组织和实施、评估的主要内容和依据、评估结果的使用等进行了规定。

6月4日

“211工程”部际协调小组办公室印发《关于开展“211工程”三期中期检查工作的通知》，部署有关主管部门和学校完成“211工程”三期建设中期检查工作。中期检查的重点包括：项目提出的目标和任务的进展情况及年度计划执行情况；主要建设成效和可能形成的标志性成果分析及具体支持措施；资金到位和执行情况的分析；项目管理运行的机制和效果；建设中存在的主要问题及改进措施。

国务院学位委员会办公室围绕“提升研究生教育质量”，分别委托清华大学、北京大学、北京科技大学、北京师范大学、上海交通大学和中国学位与研究生教育学会等六家单位，对研究生教育结构、质量保障的文化和制度、培养模式与机制、学风与学术诚信保障、国际合作、国内外比较研究等重大问题开展专项调研，分析研究生教育质量的现状和问题，提出对策建议。

6月7日

教育部、财政部印发《教育部、财政部关于加快推进世界一流大学和高水平大学建设的意见》，明确提出加快推进世界一流大学和高水平大学建设的指导思想、建设目标和主要任务，强调要以改革创新精神开创

"985工程"建设新局面，建立适应世界一流大学和高水平大学发展的制度；创新决策机制，建立专家咨询监督与政府决策相结合的管理机制；改革资金分配办法，进一步加强组织管理等。

6月8日

教育部学位管理与研究生教育司印发《关于对试点建设的"优势学科创新平台项目"进行总结工作的通知》，部署完成对试点建设的"优势学科创新平台"进行总结等工作。

6月9日

国务院学位委员会办公室批准北京交通大学、太原理工大学、浙江工业大学、福州大学开展授予建筑学学士学位工作，北京工业大学开展授予建筑学硕士学位工作，授予建筑学专业学位的时间从2010年开始。批准北京工业大学、吉林建筑工程学院、上海交通大学、青岛理工大学、南京工业大学、西南交通大学等六所高等学校继续行使建筑学专业学位授予权。

6月12—13日

国务院学位委员会办公室在北京召开学科评议组召集人会议暨2010年全国优秀博士学位论文评选专家复审会，研讨国务院学位委员会第六届学科评议组工作；同时，在通讯评议的基础上遴选确定2010年全国优秀博士学位论文。

6月13日

教育部、财政部"985工程"办公室印发《关于反馈"985工程"二期验收专家组意见的函》，向有关学校和主管部门反馈了"985工程"二期验收专家组意见，供学校在制定"985工程"总体规划和改革方案时参考。

6月17日

国务院学位委员会办公室公布了2009年在职人员攻读硕士学位录取结果排序名单；同时，下达2010年在职人员攻读硕士学位招生限额，对持续排名靠后的招生单位根据不同情况给出"下一年度停招"、"通报批评”、“减少 2010 年招生限额”、“停止该领域招生”等处理办法。

国务院学位委员会办公室下发了关于 2010 年招收在职人员攻读硕士学位工作的通知。2010 年招收在职人员攻读硕士学位包括法律硕士（JM）、教育硕士（Ed. M）、工程硕士（ME）、工商管理硕士（MBA）、农业推广硕士（MAE）、兽医硕士（VMM）、公共管理硕士（MPA）、公共卫生硕士（MPH）、军事硕士、会计硕士（MPAcc）、体育硕士（MSPE）、艺术硕士（MFA）、风景园林硕士（MLA）等专业学位和中等职业学校教师在职攻读硕士学位。通知中还对报名及考试、招生限额、录取工作等事项进行了说明。

6 月 18 日

国务院学位委员会办公室在西安召开《学位授予和人才培养学科目录》修订管理学领域专家咨询会议，就《学位授予和人才培养学科目录》（修订草案，第一稿）听取专家意见，并就学科目录的科学性、系统性进行论证。

6 月 21 日

国务院学位委员会办公室委托中国人民大学开展《中国学位与研究生教育发展年度报告》的研究。该年度报告每年出版一次，力求兼具学位与研究生教育统计年鉴、发展分析、政策导向等多种功能。

7 月 7 日

国务院学位委员会办公室在北京召开《学位授予和人才培养学科目录》修订社会科学领域专家咨询会议，就《学位授予和人才培养学科目录》（修订草案，第一稿）听取专家意见，并就学科目录的科学性、系统性进行论证。

7 月 10 日

国务院学位委员会办公室在上海召开《学位授予和人才培养学科目录》修订医学领域专家咨询会议，就《学位授予和人才培养学科目录》（修订草案，第一稿）听取专家意见，并就学科目录的科学性、系统性进行论证。

7 月 14 日

国务院学位委员会办公室在北京召开《学位授予和人才培养学科目录》修订人文学科领域专家咨询会议，就《学位授予和人才培养学科目录》（修订草案，第一稿）听取专家意见，并就学科目录的科学性、系统性进行论证。

7 月 15 日

国务院学位委员会办公室在北京召开《学位授予和人才培养学科目录》修订理学领域专家咨询会议，就《学位授予和人才培养学科目录》（修订草案，第一稿）听取专家意见，并就学科目录的科学性、系统性进行论证。

7 月 16 日

国务院学位委员会办公室在北京召开《学位授予和人才培养学科目录》修订农学领域专家咨询会议，就《学位授予和人才培养学科目录》（修订草案，第一稿）听取专家意见，并就学科目录的科学性、系统性进行论证。

7 月 19 日

国务院学位委员会办公室在北京召开《学位授予和人才培养学科目录》修订工学领域专家咨询会议，就《学位授予和人才培养学科目录》（修订草案，第一稿）听取专家意见，并就学科目录的科学性、系统性进行论证。

国务院学位委员会办公室公布了 2010 年同等学力人员申请硕士学位外国语水平和学科综合水平全国统一考试合格分数线，外国语水平和学科综合水平考试成绩的合格分数线均为 60 分，其中，英语试卷二的成绩不低于 18 分，俄语、法语、德语和日语试卷二的成绩不低于 16 分。

9 月 2 日

国务院学位委员会公布了 2010 年新增硕士专业学位授权点，此次新增的硕士专业学位授权点将列入 2011 年全国研究生统一招生专业目录。

9 月 15 日

教育部、国务院学位委员会公布 2010 年度“博士研究生学术新人奖”获奖者名单。北京大学等 43 所研究生培养单位评选出的 695 名博士研究生获得 2010 年度“博士研究生学术新人奖”。

9 月 18 日

国务院学位委员会印发了《硕士、博士专业学位研究生教育发展总体方案》和《硕士、博士专业学位设置与授权审核办法》，以推进并完善专业学位研究生教育工作。

9 月 20 日

教育部下发通知，决定设立全国研究生学术交流平台，以支持开展全国性研究生学术交流活动。全国研究生学术交流平台包括全国博士生学术论坛和全国研究生暑期学校两种形式。通知对研究生学术交流平台的组织管理进行了说明。

10 月 9 日

国务院学位委员会办公室下发通知，决定对学位授予单位在学位授予工作中加强学术道德和学术规范建设工作进行检查。

10 月 13 日

国务院学位委员会办公室公布了教育硕士（Ed. M）专业学位教学合格评估结果（第三批院校），12 所教育硕士培养单位全部通过教学合格评估；公布了公共管理硕士（MPA）专业学位教学合格评估结果（第二批院校），14 所 MPA 培养单位全部通过教学合格评估。

教育部批准了北京大学等 64 所高等学校开展专业学位研究生教育综合改革试点工作，并制定了《关于实施专业学位研究生教育综合改革试点工作的指导意见》，指导试点单位做好有关工作。

10 月 18 日

教育部、国务院学位委员会批准了《历史话语的挑战者——库切四部开放性和对话性的小说研究》等 100 篇学位论文为全国优秀博士学位论文；《习惯形成、宏观政策与经济增长》等 334 篇学位论文为全国优秀博士学位论文提名论文。

国务院学位委员会办公室下发通知，对 2010 年在职人员攻读硕士学位全国联考工作进行了部署。

10 月 19 日

国务院学位委员会办公室公布了工商管理硕士（MBA）专业学位教学合格评估结果（第五、六批院校），安徽大学等 31 所 MBA 培养院校通过教学合格评估，南昌大学、中国农业大学未通过教学合格评估。

10 月 29 日

全国会计硕士专业学位教育指导委员会及培养单位联席工作会议在北京召开，国务院学位委员会办公室主任张尧学院士在会议上讲话，对各专业学位教育指导委员会的主要工作提出了明确要求。

11 月 2 日

教育部学位管理与研究生教育司下发通知，部署 2011 年全国优秀博士学位论文评选工作。参加本次评选的学位论文，主要为 2008 年 9 月 1 日至 2009 年 8 月 31 日在国内学位授予单位获得博士学位者的学位论文；在 2004 年 9 月 1 日至 2008 年 8 月 31 日获得博士学位者的学位论文，如确属优秀且未被评为全国优秀博士学位论文的，需校外 3 名同行博士生导师联名推荐方可参评。随通知还公布了全国优秀博士学位论文评选的初选名额。

11 月 10 日

国务院学位委员会办公室转发了《教育博士专业学位研究生指导性培养方案（试行稿）》，供各教育博士专业学位研究生培养单位参考。

11 月 15 日

国务院学位委员会办公室委托上海教育科学研究院高教研究所承担“全国和各省学位授权点审核政策研究”课题的研究工作。

11 月 17 日

教育部、财政部“985 工程”办公室印发《关于对学校“985 工程”总体规划（2010—2020 年）和改革方案进行审核的通知》，部署对各校“985 工程”总体规划（2010—2020 年）和改革方案的审核工作，并对审核的组织工作、审核主要内容、审核程序和要求、审核意见等进行了规定。

11月24日

国务院学位委员会办公室下发通知，决定对省（自治区、直辖市）学位委员会和中国人民解放军学位委员会初审通过的博士学位授权一级学科点进行复审。

教育部办公厅制定并下发了《授予博士、硕士学位和培养研究生的二级学科自主设置实施细则》，请各学位授予单位遵照执行。

12月3日

国务院学位委员会办公室委托清华大学开展“工程技术领军人才培养计划实施研究”的课题研究工作。

12月9日

国务院学位委员会办公室转发了《社会工作硕士专业学位研究生指导性培养方案》，供各社会工作硕士专业学位研究生培养单位参考。

12月15日

国务院学位委员会办公室下发通知，对2010年在职人员攻读硕士学位录取工作进行部署。

12月17日

国务院学位委员会、教育部下发通知，调整了全国社会工作硕士专业学位研究生教育指导委员会主任委员，主任委员由民政部副部长罗平飞担任，民政部部长李立国不再担任主任委员。

12月27日

教育部、财政部“985工程”办公室印发《关于进一步修改完善“985工程”总体规划（2010—2020年）和改革方案的通知》，向有关学校和主管部门转发了学校“985工程”总体规划和改革方案专家审核意见，供学校在进一步修改完善“985工程”总体规划和改革方案时参考，同时对学校进一步修改完善“985工程”总体规划和改革方案提出了具体要求。

附录八

国外研究生教育基本数据

8—1 美国

8—1—1 研究生入学总况

单位：万人

年份	合计	男性	女性	全日制	非全日制
1970	121.2	79.4	41.8	53.6	67.6
1975	150.5	89.2	61.3	67.3	83.2
1980	162.2	87.4	74.8	73.8	88.4
1985	165	85.6	79.4	75.6	89.4
1990	186	90.4	95.6	84.5	101.5
1995	203	94.1	108.9	98.4	104.6
2000	216	94.4	121.6	109	107
2004	249	105	144	133	116
2005	252	105	147	135	117
2006	258	106	152	139	119
2007	265	109	156	143	122
2008	274	112	162	149	125
2009	287	105	182	158	129

资料来源：根据美国国家教育统计中心（NCES）提供的数据整理。

8—1—2 学位授予总况

单位：人

学年	副学士学位	学士学位	硕士学位	FPD*	博士学位
1869—1870	—	9 371	0	—	1
1879—1880	—	12 896	879	—	54
1889—1890	—	15 539	1 015	—	149
1899—1900	—	27 410	1 583	—	382
1909—1910	—	37 199	2 113	—	443
1919—1920	—	48 622	4 279	—	615
1929—1930	—	122 484	14 969	—	2 299
1939—1940	—	186 500	26 731	—	3 290
1949—1950	—	432 058	58 183	—	6 420
1959—1960	—	392 440	74 435	—	9 829
1969—1970	206 023	792 316	208 291	34 918	29 866
1970—1971	252 311	839 730	230 509	37 946	32 107
1971—1972	292 014	887 273	251 633	43 411	33 363
1972—1973	316 174	922 362	263 371	50 018	34 777
1973—1974	343 924	945 776	277 033	53 816	33 816
1974—1975	360 171	922 933	292 450	55 916	34 083
1975—1976	391 454	925 746	311 771	62 649	34 064
1976—1977	406 377	919 549	317 164	64 359	33 232
1977—1978	412 246	921 204	311 620	66 581	32 131
1978—1979	402 702	921 390	301 079	68 848	32 730
1979—1980	400 910	929 417	298 081	70 131	32 615

附录

续前表

学年	副学士学位	学士学位	硕士学位	FPD*	博士学位
1980—1981	416 377	935 140	295 739	71 956	32 958
1981—1982	434 526	952 998	295 546	72 032	32 707
1982—1983	449 620	969 510	289 921	73 054	32 775
1983—1984	452 240	974 309	284 263	74 468	33 209
1984—1985	454 712	979 477	286 251	75 063	32 943
1985—1986	446 047	987 823	288 567	73 910	33 653
1986—1987	436 304	991 264	289 349	71 617	34 041
1987—1988	435 085	994 829	299 317	70 735	34 870
1988—1989	436 764	1 018 755	310 621	70 856	35 720
1989—1990	455 102	1 051 344	324 301	70 988	38 371
1990—1991	481 720	1 094 538	337 168	71 948	39 294
1991—1992	504 231	1 136 553	352 838	74 146	40 659
1992—1993	514 756	1 165 178	369 585	75 387	42 132
1993—1994	530 632	1 169 275	387 070	75 418	43 185
1994—1995	539 691	1 160 134	397 629	75 800	44 446
1995—1996	555 216	1 164 792	406 301	76 734	44 652
1996—1997	571 226	1 172 879	419 401	78 730	45 876
1997—1998	558 555	1 184 406	430 164	78 598	46 010
1998—1999	559 954	1 200 303	439 986	78 439	44 077
1999—2000	564 933	1 237 875	457 056	80 057	44 808
2000—2001	578 865	1 244 171	468 476	79 707	44 904
2001—2002	595 133	1 291 900	482 118	80 698	44 160
2002—2003	634 016	1 348 811	513 339	80 897	46 042
2003—2004	665 301	1 399 542	558 940	83 041	48 378
2004—2005	696 660	1 439 264	574 618	87 289	52 631
2005—2006	713 066	1 485 242	594 065	87 655	56 067
2006—2007	728 114	1 524 092	604 607	90 064	60 616
2007—2008	750 164	1 563 069	625 023	91 309	63 712
2008—2009	787 325	1 601 368	656 784	92 004	67 716
2009—2010	797 000	1 652 000	670 000	97 100	68 800
2010—2011	818 000	1 696 000	687 000	100 700	71 700
2011—2012	833 000	1 725 000	696 000	102 300	74 700
2012—2013	845 000	1 744 000	709 000	103 100	77 600
2013—2014	858 000	1 762 000	727 000	104 600	80 500
2014—2015	876 000	1 786 000	750 000	107 200	83 400
2015—2016	895 000	1 812 000	771 000	110 600	86 300
2016—2017	915 000	1 844 000	791 000	113 900	89 200
2017—2018	934 000	1 871 000	809 000	116 900	92 100
2018—2019	955 000	1 899 000	827 000	119 500	95 000
2019—2020	975 000	1 926 000	839 000	121 900	97 900

说明：(1) * FPD 全称为 First Professional Degree。

(2) 2009—2020 年数据为预测数据。

资料来源：根据美国国家教育统计中心（NCES）提供的数据整理。

8—1—3 博士学位授予情况

单位：人

学科领域	1970—1971	1980—1981	1990—1991	2000—2001	2004—2005	2005—2006	2006—2007	2007—2008	2008—2009
农业与自然资源 Agriculture and natural resources	1 086	1 067	1 185	1 127	1 173	1 194	1 272	1 257	1 328
建筑学与相关服务 Architecture and related services	36	93	135	153	179	201	178	199	212
区域、种族、文化与性别研究 Area, ethnic, cultural, and gender studies	143	161	159	216	189	226	233	270	239
生物学与生物医学 Biological and biomedical sciences	3 595	3 591	4 034	4 953	5 578	5 775	6 354	6 918	6 957
商业 Business	774	808	1 185	1 180	1 498	1 711	2 029	2 084	2 123
通信、新闻及相关专业 Communication, journalism, and related programs	145	171	259	368	465	461	479	489	533
通信技术 Communications technologies	0	11	13	2	3	3	1	7	2
计算机与信息科学 Computer and information sciences	128	252	676	768	1 119	1 416	1 595	1 698	1 530
教育 Education	6 041	7 279	6 189	6 284	7 681	7 584	8 261	8 491	9 028
工程 Engineering	3 687	2 598	5 316	5 542	6 547	7 396	8 062	8 112	7 931
工程技术 Engineering technologies	1	10	14	62	54	75	61	55	59
英语语言与文学 English language and literature/letters	1 554	1 040	1 056	1 330	1 212	1 254	1 178	1 262	1 271
家庭与消费科学/人类科学 Family and consumer sciences/human sciences	123	247	229	354	331	340	337	323	333
外国语言、文学和语言学 Foreign languages, literatures, and linguistics	1 084	931	889	1 078	1 027	1 074	1 059	1 078	1 111
卫生与健康及相关临床科学 Health professions and related clinical sciences	518	868	1 534	2 242	5 868	7 128	8 355	9 886	12 112
法律职业与研究 Legal professions and studies	20	60	90	286	98	129	143	172	259

续前表

学科领域	1970—1971	1980—1981	1990—1991	2000—2001	2004—2005	2005—2006	2006—2007	2007—2008	2008—2009
博雅文理科、通识研究与人文学科 Liberal arts and sciences, general studies, and humanities	32	121	70	102	109	84	77	76	67
图书馆学 Library science	39	71	56	58	42	44	52	64	35
数学与统计学 Mathematics and statistics	1 199	728	978	997	1 176	1 293	1 351	1 360	1 535
跨学科研究 Multi/interdisciplinary studies	109	285	424	784	983	987	1 093	1 142	1 273
公园、娱乐、休闲与健身 Parks, recreation, leisure, and fitness studies	2	42	28	177	207	194	218	228	285
哲学与宗教研究 Philosophy and religious studies	555	411	464	600	586	578	637	635	686
物理科学与技术 Physical sciences and science technologies	4 324	3 105	4 248	3 911	4 114	4 489	4 846	4 804	5 048
心理学 Psychology	2 144	3 576	3 932	5 091	5 106	4 921	5 153	5 296	5 477
公共管理与社会服务 Public administration and social services	174	362	430	574	673	704	726	760	812
安全与保障服务 Security and protective services	1	21	28	44	94	80	85	88	97
社会科学与历史 Social sciences and history	3 660	3 122	3 012	3 930	3 819	3 914	3 844	4 059	4 234
神学与宗教职业 Theology and religious vocations	312	1 273	1 076	1 461	1 422	1 429	1 573	1 446	1 520
运输与物流 Transportation and materials moving	0	0	0	—	—	—	—	—	0
视觉与表演艺术 Visual and performing arts	621	654	838	1 167	1 278	1 383	1 364	1 453	1 569
未分类学科 Not classified by field of study	0	0	747	63	—	—	—	—	0

资料来源：根据美国国家教育统计中心（NCES）提供的数据整理。

8—1—4 硕士学位授予情况

单位：人

学科领域	1970—1971	1980—1981	1990—1991	2000—2001	2004—2005	2005—2006	2006—2007	2007—2008	2008—2009
农业与自然资源 Agriculture and natural resources	2 457	4 003	3 295	4 272	4 746	4 640	4 623	4 684	4 877
建筑学与相关服务 Architecture and related services	1 705	3 153	3 490	4 302	5 674	5 743	5 951	6 065	6 587
区域、种族、文化与性别研究 Area, ethnic, cultural, and gender studies	1 032	802	1 233	1 555	1 755	2 080	1 699	1 778	1 779
生物学与生物医学 Biological and biomedical sciences	5 623	5 759	4 796	6 955	8 199	8 681	8 747	9 565	9 898
商业 Business	26 490	57 888	78 255	115 602	142 617	146 406	150 211	155 637	168 375
通信、新闻及相关专业 Communication, journalism, and related programs	1 770	2 896	4 123	5 218	6 762	7 244	6 773	6 915	7 092
通信技术 Communications technologies	86	209	204	427	433	501	499	631	475
计算机与信息科学 Computer and information sciences	1 588	4 218	9 324	16 911	18 416	17 055	16 232	17 087	17 907
教育 Education	87 666	96 713	87 352	127 829	167 490	174 620	176 572	175 880	178 564
工程 Engineering	16 813	16 893	24 454	25 259	32 633	30 989	29 472	31 719	34 750
工程技术 Engineering technologies	134	323	996	2 013	2 500	2 541	2 690	2 873	3 455
英语语言与文学 English language and literature/letters	10 441	5 742	6 784	6 763	8 468	8 845	8 742	9 161	9 261
家庭与消费科学/人类科学 Family and consumer sciences/human sciences	1 452	2 570	1 541	1 838	1 827	1 983	2 080	2 199	2 453

续前表

学科领域	1970—1971	1980—1981	1990—1991	2000—2001	2004—2005	2005—2006	2006—2007	2007—2008	2008—2009
外国语言、文学和语言学 Foreign languages, literatures, and linguistics	5 480	2 934	3 049	3 035	3 407	3 539	3 443	3 565	3 592
卫生与健康及相关临床科学 Health professions and related clinical sciences	5 330	16 176	21 354	43 623	46 703	51 380	54 531	58 120	62 620
法律职业与研究 Legal professions and studies	955	1 832	2 057	3 829	4 170	4 453	4 486	4 754	5 150
博雅文理科、通识研究与人文学科 Liberal arts and sciences, general studies, and humanities	885	2 375	2 213	3 193	3 680	3 702	3 634	3 797	3 728
图书馆学 Library science	7 001	4 859	4 763	4 727	6 213	6 448	6 767	7 162	7 091
数学与统计学 Mathematics and statistics	5 191	2 567	3 549	3 209	4 477	4 730	4 884	4 980	5 211
跨学科研究 Multi/interdisciplinary studies	2	43	0	0	0	0	202	0	0
公园、娱乐、休闲与健身 Parks, recreation, leisure, and fitness studies	926	2 363	2 117	3 475	4 252	4 491	4 762	5 289	5 344
哲学与宗教研究 Philosophy and religious studies	1 326	1 231	1 471	1 386	1 647	1 739	1 716	1 879	1 859
物理科学与技术 Physical sciences and science technologies	6 336	5 246	5 281	5 049	5 678	5 922	5 839	5 899	5 658
精细化生产 Precision production	0	0	0	2	6	9	5	3	10
心理学 Psychology	5 717	10 223	11 349	16 539	18 830	19 770	21 037	21 431	23 415
公共管理与社会服务 Public administration and social services	7 785	17 803	17 905	25 268	29 552	30 510	31 131	33 029	33 933

续前表

学科领域	1970—1971	1980—1981	1990—1991	2000—2001	2004—2005	2005—2006	2006—2007	2007—2008	2008—2009
安全与保障服务 Security and protective services	194	1 538	1 108	2 514	3 991	4 277	4 906	5 760	6 128
社会科学与历史 Social sciences and history	16 539	11 945	12 233	13 791	16 952	17 369	17 665	18 495	19 240
神学与宗教职业 Theology and religious vocations	2 692	4 163	4 803	4 850	5 815	6 092	6 446	6 996	7 541
运输与物流 Transportation and materials moving	0	0	406	756	802	784	985	982	1 048
视觉与表演艺术 Visual and performing arts	6 675	8 629	8 657	11 404	13 183	13 530	13 767	14 164	14 918
未分类学科 Not classified by field of study	0	0	8 523	528	0	0	0	84	0

资料来源：根据美国国家教育统计中心（NCES）提供的数据整理。

8—1—5 FPD（First Professional Degree）授予情况

单位：人

年份	牙医 Dentistry	医学 Medicine	验光业 Optometry	骨科 Osteopathic medicine	制药学 Pharmacy	足部医疗 Podiatry or podiatric medicine	兽医 Veterinary medicine	脊骨神经医学 Chiropractic	法学 Law	神学 Theology	其他 Other
1985—1986	5 046	15 938	1 029	1 547	903	612	2 270	3 395	35 844	7 283	43
1990—1991	3 699	15 043	1 115	1 459	1 244	589	2 032	2 640	37 945	5 695	487
1995—1996	3 697	15 341	1 231	1 895	2 555	650	2 109	3 379	39 828	5 879	170
1998—1999	4 144	15 562	1 285	2 135	3 992	578	2 226	3 639	39 167	5 558	153
1999—2000	4 250	15 286	1 293	2 236	5 669	569	2 251	3 809	38 152	6 129	413
2000—2001	4 391	15 403	1 289	2 450	6 324	528	2 248	3 796	37 904	5 026	348
2001—2002	4 239	15 237	1 280	2 416	7 076	474	2 289	3 284	38 981	5 195	227
2002—2003	4 345	15 034	1 281	2 596	7 474	439	2 354	2 718	39 067	5 360	229
2003—2004	4 335	15 442	1 275	2 722	8 221	382	2 228	2 730	40 209	5 332	165
2004—2005	4 454	15 461	1 252	2 762	8 885	343	2 354	2 560	43 423	5 533	262
2005—2006	4 389	15 455	1 198	2 718	9 292	347	2 370	2 564	43 440	5 666	216
2006—2007	4 596	15 730	1 311	2 992	10 439	331	2 443	2 525	43 486	5 990	221
2007—2008	4 795	15 646	1 304	3 232	10 932	555	2 504	2 639	43 769	5 751	182
2008—2009	4 918	15 987	1 338	3 665	11 291	431	2 377	2 512	44 045	5 362	—

资料来源：根据美国国家教育统计中心（NCES）提供的数据整理。

8—1—6 研究生教育机构教职工情况

单位：万人

年份	专职人员 Professional Staff	其中：管理人员 Executive/Administrative/Managerial	其中：教学科研人员 Faculty (instruction/research/public service)	其中：研究生助理 Graduate assistants	其中：其他专职人员 Other Professional	非专职人员 Nonprofessional Staff
1991	160	14	83	20	43	95
1993	169	14	92	20	43	92
1995	174	15	93	22	45	92
1997	184	15	99	22	47	92
1999	195	16	103	24	52	93
2001	213	15	111	26	61	95
2003	227	18	117	29	62	92
2005	246	20	129	32	66	92
2007	263	22	137	33	71	93
2009	278	23	144	34	77	94

说明：表名为"Employees in Degree-granting Institutions"。
资料来源：根据美国国家教育统计中心（NCES）提供的数据整理。

8—1—7 研究生教育师资情况

单位：万人

年份	教授 Professors	副教授 Associate Professors	助理教授 Assistant Professors	讲师 Instructors	助教 Lecturers	其他 Other Faculty
1999	16	13	13	8	2	7
2001	16	13	15	9	2	7
2003	17	13	15	9	2	6
2005	17	14	16	10	3	8
2007	17	14	17	10	3	9
2009	18	15	17	10	3	9

说明：(1) 表名为"Full-time Instructional Faculty in Degree-granting Institutions"。
(2) 根据历年美国国家教育统计中心发布的数据整理。
资料来源：根据美国国家教育统计中心（NCES）提供的数据整理。

8—2 英国

8—2—1 研究生入学情况

单位：人

学科领域	2003—2004	2004—2005	2005—2006	2006—2007	2007—2008	2008—2009	2009—2010
医学（含牙医） Medicine & dentistry	14 320	15 120	15 950	16 245	17 160	20 245	19 915
医学（其他） Subjects allied to medicine	35 890	40 425	43 305	44 655	43 720	68 380	53 450
生物科学 Biological sciences	24 035	24 455	25 135	26 155	26 315	20 315	31 810
兽医 Veterinary science	595	655	735	815	850	475	945
农学 Agriculture & related subjects	2 885	2 850	2 580	2 485	2 440	1 980	3 010
物理科学 Physical sciences	16 210	16 015	16 770	17 075	17 180	7 555	19 500
数学科学 Mathematical sciences	5 460	5 170	5 070	5 335	5 335	3 305	5 435
计算机科学 Computer science	22 835	21 640	20 240	20 510	20 110	13 560	23 885
工程与技术 Engineering & technology	33 315	34 260	33 330	34 585	34 660	23 470	43 620
建筑学 Architecture building & planning	12 765	13 045	14 210	14 075	14 385	17 885	16 145
社会研究 Social studies	37 925	38 610	39 655	39 960	39 115	31 225	46 950
法学 Law	22 165	21 945	22 020	22 050	22 015	17 200	22 240
工商管理 Business & administrative studies	93 150	92 890	94 360	97 715	95 790	103 560	117 845
传播学 Mass communications & documentation	8 650	8 500	9 005	9 175	9 225	7 085	10 870
语言学 Languages	14 940	14 430	14 750	14 940	15 005	10 345	17 120
历史与哲学研究 Historical & philosophical studies	15 590	14 980	15 270	15 485	15 595	15 560	16 910
创意艺术与设计 Creative arts & design	14 170	14 430	14 975	16 030	16 345	12 630	20 865
教育 Education	100 085	100 545	103 095	102 050	104 735	132 875	106 190
其他（交叉学科） Combined	2 510	2 380	2 165	2 140	2 710	4 775	1 995

资料来源：根据英国高等教育统计署（HESA）提供的数据整理。

8—2—2　博士学位授予情况

单位：人

学科领域	1995	2000	2005	2006	2007	2008	2009	2010
医学（含牙医） Medicine & dentistry	544	1 020	1 565	1 745	1 730	1 785	1 970	1 945
医学（其他） Subjects allied to medicine	350	590	930	905	955	1 005	965	1 080
生物科学 Biological sciences	1 114	1 750	2 505	2 510	2 635	2 510	2 625	2 940
兽医 Veterinary science	55	70	95	85	80	70	50	55
农学 Agriculture & related subjects	216	270	215	230	175	125	175	160
物理科学 Physical sciences	1 457	1 820	2 335	2 300	2 405	2 205	2 295	2 510
数学科学 Mathematical sciences	232	350	415	450	470	445	430	515
计算机科学 Computer science	222	310	545	715	720	720	795	845
工程与技术 Engineering & technclogy	1 327	1 710	2 015	2 205	2 395	2 140	2 385	2 530
建筑学 Architecture building & planning	93	140	240	195	250	230	250	250
社会研究 Social studies	501	970	1 320	1 315	1 480	1 310	1 500	1 540
法学 Law	76	170	200	215	265	250	285	275
工商管理 Business & administrative studies	215	360	580	695	745	765	785	765
传播学 Mass communications & documentation	27	50	75	95	110	95	110	155
语言学 Languages	386	650	895	905	970	945	945	945
历史与哲学研究 Historical & philosophical studies	389	630	925	985	1 030	975	1 075	1 065
创意艺术与设计 Creative arts & design	60	140	275	320	360	405	400	460
教育 Education	170	410	655	585	680	660	610	725

续前表

学科领域	1995	2000	2005	2006	2007	2008	2009	2010
其他（交叉学科）Combined	125	130	5	60	95	10	5	0
（以下为 2003 年以后增补学科）								
心理学 Psychology	—	—	805	830	900	955	960	
地理学 Geography	—	—	420	390	440	275	290	
经济学与政治学 Economics & politics	—	—	615	650	690	605	680	
英语（英语语言与文学）English	—	—	360	335	395	375	375	

说明：（1）2003 年开始，研究生学位授予增加了 4 个学科领域。
（2）2010 年公布的数据未提供增补学科学位授予情况数据。
资料来源：根据英国高等教育统计署（HESA）提供的数据整理。

8—2—3 硕士学位授予情况

单位：人

学科领域	1995	2000	2005	2006	2007	2008	2009	2010
医学（含牙医）Medicine & dentistry	1 199	1 530	2 015	2 255	2 350	2 415	2 535	2 800
医学（其他）Subjects allied to medicine	1 413	2 220	4 100	4 430	4 930	5 830	6 340	6 515
生物科学 Biological sciences	1 031	2 350	4 940	5 565	5 690	5 770	6 305	6 885
兽医 Veterinary science	77	50	75	75	80	80	90	80
农学 Agriculture & related subjects	626	770	895	910	870	815	960	915
物理科学 Physical sciences	1 573	2 210	3 480	3 625	3 640	3 865	3 770	4 190
数学科学 Mathematical sciences	474	540	1 290	1 150	1 225	1 270	1 320	1 355
计算机科学 Computer science	1 890	3 590	6 865	6 545	6 240	6 655	6 060	7 670
工程与技术 Engineering & technology	4 385	5 300	9 125	9 455	9 335	9 995	10 030	12 345
建筑学 Architecture building & planning	1 116	1 460	2 670	3 310	3 335	3 915	4 235	5 085

续前表

学科领域	1995	2000	2005	2006	2007	2008	2009	2010
社会研究 Social studies	4 547	7 350	12 055	12 580	13 065	13 390	13 800	14 680
法学 Law	1 209	2 790	5 585	5 445	5 510	5 655	5 955	6 510
工商管理 Business & administrative studies	9 064	14 180	29 245	30 045	30 520	34 610	36 240	42 035
传播学 Mass communications & documentation	624	1 420	3 170	3 435	3 445	3 415	3 605	4 160
语言学 Languages	1 784	2 630	4 625	5 035	5 165	5 065	5 105	5 425
历史与哲学研究 Historical & philosophical studies	1 390	2 610	3 810	4 055	4 380	4 535	4 670	4 935
创意艺术与设计 Creative arts & design	1 555	2 950	4 755	5 540	6 015	6 565	7 100	8 015
教育 Education	2 913	3 300	4 950	5 045	5 010	5 025	5 130	5 695
其他（交叉学科） Combined	2 539	3 120	25	55	40	65	55	85
（以下为 2003 年以后增补学科）								
心理学 Psychology			2 505	2 935	2 870	2 930	3 140	—
地理学 Geography			1 995	2 025	2 035	1 310	1 380	—
经济学与政治学 Economics & politics			6 405	6 525	6 585	6 690	6 970	—
英语（英语语言与文学） English			1 665	1 865	1 920	1 855	1 710	—

说明：（1）2003 年开始，研究生学位授予增加了 4 个学科领域。
（2）2010 年公布数据未提供增补学科学位授予情况数据。

资料来源：根据英国高等教育统计署（HESA）提供的数据整理。

8—2—4 教育类研究生培养情况

单位：人

学科领域	1995	2000	2005	2006	2007	2008	2009	2010
医学（含牙医） Medicine & dentistry	—	—	—	—	—	—	—	0
医学（其他） Subjects allied to medicine	—	—	—	—	5	5	—	10

续前表

学科领域	1995	2000	2005	2006	2007	2008	2009	2010
生物科学 Biological sciences	17	40	—	—	—	5	—	10
兽医 Veterinary science	—	—	—	—	—	—	—	0
农学 Agriculture & related subjects	—	—	—	—	5	5	—	5
物理科学 Physical sciences	59	—	5	—	—	—	—	15
数学科学 Mathematical sciences	33	—	—	—	—	—	—	0
计算机科学 Computer science	—	—	—	—	—	—	—	20
工程与技术 Engineering & technology	1	—	—	—	—	—	10	15
建筑学 Architecture building & planning	—	—	—	—	—	—	—	30
社会研究 Social studies	2	—	—	10	5	—	—	15
法学 Law	—	—	—	—	0	—	—	15
工商管理 Business & administrative studies	—	—	—	—	5	35	—	90
传播学 Mass communications & documentation	—	—	—	—	—	—	—	0
语言学 Languages	55	—	15	5	10	10	15	5
历史与哲学研究 Historical & philosophical studies	7	—	—	—	—	5	10	5
创意艺术与设计 Creative arts & design	113	—	—	—	—	—	—	10
教育 Education	15 984	18 580	28 550	28 980	28 345	21 890	20 670	21 785
其他（交叉学科） Combined	2	—	—	—	—	—	—	0
（以下为 2003 年以后增补学科）								
心理学 Psychology	—	—	—	—	—	5	—	

续前表

学科领域	1995	2000	2005	2006	2007	2008	2009	2010
地理学 Geography	—	—	—	—	—	—	—	
经济学与政治学 Economics & politics			—	—	—	—	—	
英语（英语语言与文学） English	—	—	15	—	10	10	15	

说明：（1）表名原文为“教育类研究生认证”（Postgraduate Certificate in Education）。
（2）从 2003 年开始，研究生学位授予增加了 4 个学科领域。
（3）2010 年公布的数据未提供增补学科学位授予情况数据。
资料来源：根据英国高等教育统计署（HESA）提供的数据整理。

8—2—5　其他类研究生*培养情况

单位：人

学科领域	1995	2000	2005	2006	2007	2008	2009	2010
医学（含牙医） Medicine & dentistry	520	490	945	1 160	1 450	1 950	1 765	2 000
医学（其他） Subjects allied to medicine	1 166	2 300	5 170	5 415	5 510	5 920	6 275	7 415
生物科学 Biological sciences	118	600	975	985	1 065	860	1 085	1 465
兽医 Veterinary science	11	10	40	25	35	40	55	25
农学 Agriculture & related subjects	133	60	95	145	175	120	105	155
物理科学 Physical sciences	153	290	355	340	355	355	705	440
数学科学 Mathematical sciences	65	120	165	120	165	150	130	135
计算机科学 Computer science	534	1 280	1 685	1 525	1 470	1 250	1 155	1 300
工程与技术 Engineering & technology	725	1 010	1 445	1 530	1 535	1 525	1 525	1 675
建筑学 Architecture building & planning	1 863	1 710	2 185	2 085	2 175	1 950	1 900	2 235
社会研究 Social studies	1 916	1 880	2 955	2 820	2 850	2 695	2 690	3 165
法学 Law	3 655	4 260	6 290	6 745	6 315	5 785	5 320	5 020

续前表

学科领域	1995	2000	2005	2006	2007	2008	2009	2010
工商管理 Business & administrative studies	7 527	7 250	10 305	10 350	9 570	8 965	9 005	9 255
传播学 Mass communications & documentation	805	950	1 190	1 205	1 100	950	870	650
语言学 Languages	323	250	455	450	470	360	315	340
历史与哲学研究 Historical & philosophical studies	183	220	470	420	510	395	410	525
创意艺术与设计 Creative arts & design	647	880	1 195	1 290	1 285	1 160	1 040	1 055
教育 Education	4 606	4 690	7 790	7 540	9 390	9 995	8 380	9 195
其他（交叉学科） Combined	2 138	3 720	90	55	30	65	170	110
(以下为 2003 年以后增补学科)								
心理学 Psychology			705	750	750	615	835	
地理学 Geography	—	—	170	210	180	140	150	
经济学与政治学 Economics & politics	—	—	485	525	415	385	355	
英语（英语语言与文学） English	—	—	160	160	175	100	100	

说明：(1) ＊其他类研究生原文为 Other Postgraduate Quals。

(2) 2010 年公布的数据未提供增补学科学位授予情况数据。

资料来源：根据英国高等教育统计署（HESA）提供的数据整理。

8—3 法国

8—3—1 博士学位授予情况

单位：人

年份	法律、政治 Droit, sciences politiques	经济、管理 Économie, gestion	社会行政管理 Administration économique et sociale	文学、语言 Lettres, langues et sciences humaines	科学 Sciences	体育（运动物理学） Sciences et techniques des activités physiques et sportives	医学与药学 Médecine, pharmacie
1982	478	559	—	2 099	3 916	—	
1990	521	411	—	1 513	4 705	11	
2000	1 254	637	—	2 449	5 621	30	
2001	1 034	532	2	2 201	5 195	47	
2002	697	430	2	2 101	4 976	37	

续前表

年份	法律、政治 Droit，sciences politiques	经济、管理 Économie，gestion	社会行政管理 Administration économique et sociale	文学、语言 Lettres，langues et sciences humaines	科学 Sciences	体育（运动物理学） Sciences et techniques des activités physiques et sportives	医学与药学 Médecine，pharmacie
2003	681	436	1	2 121	4 799	49	
2004	859	487	3	2 530	5 611	84	563
2005	710	477		2 571	6 048	86	485
2006	682	561		2 883	6 582	83	630
2007	796	685		3 040	6 793	95	597
2008	889	619	3	3 091	7 082	84	588
2009	867	664	1	3 035	7 435	98	601

说明：（1）原始数据来源于法国教育部发布的 *Repères et références statistiques*（*2001—2011*）。其中，2011 版数据更新至 2009 年。

（2）自 *Repères et références statistiques*（*2010*）开始，学科领域中新增了“医学与药学”（Médecine，pharmacie），并对 2004 年之后的年度数据作了修正。本年度报告开始使用新的学科领域分类方式，并根据最新数据调整 2004 年以来的分学科领域数据。

资料来源：根据法国教育部提供的数据整理。

8—3—2 硕士学位授予情况（按层次）

单位：人

硕士学位类别	年份	法律、政治 Droit，sciences politiques	经济、管理 Économie，gestion	社会行政管理 Administration économique et sociale	文学、语言 Lettres，langues et sciences humaines	科学 Sciences	体育（运动物理学） Sciences et techniques des activités physiques et sportives	医学与药学 Médecine，pharmacie
旧制硕士 Maîtrises	1982	6 978	3 704	967	10 357	8 180	34	
	1990	9 710	7 060	3 397	16 308	14 325	369	
	2000	16 563	14 369	4 661	29 423	26 433	1 855	
	2001	17 550	15 093	4 930	30 444	25 426	2 309	
	2002	17 173	15 706	5 063	31 333	24 354	2 405	
	2003	16 906	17 087	5 356	31 889	23 791	2 149	
	2004	14 699	17 419	5 457	32 137	22 369	2 065	
	2005	6 293	11 085	2 465	16 857	6 956	432	
	2006	500	4 375	403	1 353	2 538	15	
	2007	122	2 329	135	471	1 369	7	
高等专业学习文凭 DESS	1982	1 393	2 874	—	1 819	293	—	
	1990	2 794	4 773	—	2 562	2 495	—	
	2000	5 900	10 479	444	7 742	7 805	242	
	2001	6 901	12 149	483	8 907	9 253	401	
	2002	7 705	13 907	457	9 915	10 744	528	
	2003	8 574	15 480	591	10 748	11 221	560	
	2004	8 016	15 567	679	10 741	10 277	471	745
	2005	3 234	6 199	341	4 644	3 048	110	207
	2006	138	969	35	493	185	—	4
	2007	—	209	—	82	82	—	—
	2008	—	53	—	35	22	—	—
	2009	—	—	—	—	—	—	—

续前表

硕士学位类别	年份	法律、政治 Droit, sciences politiques	经济、管理 Économie, gestion	社会行政管理 Administration économique et sociale	文学、语言 Lettres, langues et sciences humaines	科学 Sciences	体育（运动物理学）Sciences et techniques des activités physiques et sportives	医学与药学 Médecine, pharmacie
深入学习文凭 DEA	1982	2 162	1 292	—	5 058	6 304	—	
	1990	3 047	1 557	—	5 843	9 466	111	
	2000	5 042	1 588	—	7 459	9 227	112	
	2001	4 754	1 694	—	7 999	9 925	131	
	2002	5 296	1 904	—	8 553	10 687	116	—
	2003	5 181	1 920	—	8 858	10 730	130	—
	2004	5 025	1 923	—	9 117	8 828	93	
	2005	2 291	750	—	5 210	1 662	24	
	2006	68	25	—	189	35	—	—
	2007	—	—	—	3	7	—	—
	2008	—	7	—	—	—	—	—
	2009	—	—	—	—	—	—	—

说明：（1）原始数据来源于法国教育部发布的 *Repères et références statistiques*（*2001—2011*）。其中，2011 版数据更新至 2009 年。

（2）自 *Repères et références statistiques*（*2010*）开始，学科领域中新增了“医学与药学”(Médecine，pharmacie)，并对 2004 年之后的年度数据作了修正。本年度报告开始使用新的学科领域分类方式，并根据最新数据调整 2004 年以来的分学科领域数据。

资料来源：根据法国教育部提供的数据整理。

8—3—3　硕士学位授予情况（按类型）

单位：人

硕士学位类别	年份	法律、政治 Droit, sciences politiques	经济、管理 Économie, gestion	社会行政管理 Administration économique et sociale	文学、语言 Lettres, langues et sciences humaines	科学 Sciences	体育（运动物理学）Sciences et techniques des activités physiques et sportives	医学与药学 Médecine, pharmacie
硕士—职业型 Masters professionnels（始于 2004 年）	2004	23	361	—	387	1 486	115	71
	2005	7 218	12 314	739	8 229	10 081	591	689
	2006	11 291	18 791	1 604	14 759	13 929	895	902
	2007	11 637	20 722	1 891	15 565	13 853	843	815
	2008	11 033	20 715	1 826	15 761	13 986	979	811
	2009	11 040	21 427	1 205	15 304	12 075	987	728
硕士—研究型 Masters recherche（始于 2004 年）	2004	726	150	—	217	1 031	89	34
	2005	2 449	1 177	118	4 645	7 608	144	457
	2006	4 342	1 682	48	9 259	8 373	192	490
	2007	4 150	1 456	60	9 660	7 282	199	411
	2008	3 584	1 204	82	8 981	7 738	184	360
	2009	3 420	1 048	50	8 245	7 368	154	384

续前表

硕士学位类别	年份	法律、政治 Droit, sciences politiques	经济、管理 Économie, gestion	社会行政管理 Administration économique et sociale	文学、语言 Lettres, langues et sciences humaines	科学 Sciences	体育（运动物理学） Sciences et techniques des activités physiques et sportives	医学与药学 Médecine, pharmacie
硕士 Masters indifférenciés （始于2005年）	2005	186	35	—	51	299	10	66
	2006	447	211	—	1 012	1 207	12	96
	2007	487	373	—	1 267	2 708	23	162
	2008	1 777	1 519	19	1 355	2 226	25	148
	2009	2 337	2 982	303	2 978	3 930	142	182

说明：（1）原始数据来源于法国教育部发布的 *Repères et références statistiques*（2001—2011）。其中，2011版数据更新至2009年。

（2）自 *Repères et références statistiques*（2010）开始，学科领域中新增了“医学与药学”（Médecine，pharmacie），并对2004年之后的年度数据作了修正。本年度报告开始使用新的学科领域分类方式，并根据最新数据调整2004年以来的分学科领域数据。

资料来源：根据法国教育部提供的数据整理。

8—4 日本

8—4—1 博士研究生入学情况

单位：人

年份	人文学科 Humanities	社会科学 Social science	理学 Science	工学 Engineering	农学 Agriculture	卫生与健康 Health	商船 Mercantile marine	家政 Home economics	教育与教师培训 Education & teacher training	艺术 Arts	其他 Others
1990	917	606	929	1 399	580	3 076	—	21	165	24	96
1991	930	642	1 021	1 715	675	3 206	—	16	160	28	112
1992	1 066	742	1 076	2 010	775	3 395	—	25	193	23	176
1993	1 047	813	1 317	2 410	844	3 660	—	37	207	32	314
1994	1 142	868	1 399	2 711	912	4 056	—	46	206	37	475
1995	1 266	997	1 614	3 082	1 017	4 184	—	50	231	61	569
1996	1 398	1 225	1 697	3 248	987	4 490	—	54	329	59	858
1997	1 503	1 333	1 686	3 238	1 110	4 482	—	64	338	63	866
1998	1 593	1 371	1 736	3 229	1 102	4 799	—	97	348	69	1 147
1999	1 602	1 514	1 786	3 310	1 143	5 189	—	78	347	71	1 236
2000	1 710	1 581	1 764	3 402	1 192	5 339	—	61	373	117	1 484
2001	1 663	1 562	1 608	3 399	1 160	5 395	—	75	377	128	1 761
2002	1 587	1 681	1 630	3 274	1 112	5 561	0	68	374	153	1 794
2003	1 648	1 700	1 650	3 571	1 092	6 001	0	88	429	183	1 870
2004	1 661	1 594	1 769	3 524	1 063	5 756	0	107	412	177	1 881
2005	1 621	1 571	1 621	3 359	1 057	5 696	0	94	410	183	1 941
2006	1 558	1 539	1 461	3 403	1 131	5 289	0	103	432	188	2 027
2007	1 555	1 503	1 322	3 264	1 006	5 672	0	93	453	204	1 854
2008	1 413	1 325	1 199	3 001	925	5 776	0	85	447	219	1 881
2009	1 371	1 346	1 259	2 954	900	5 538	0	62	487	183	1 801
2010	1 318	1 303	1 285	3 139	902	5 850	—	79	488	199	1 908

说明：表中数据根据日本文部科学省1991—2011年《文部科学統計要覧》整理。其中，入学数据更新至2010年。

资料来源：日本文部科学省。

8—4—2 硕士研究生入学情况

单位：人

年份	人文学科 Humanities	社会科学 Social science	理学 Science	工学 Engineering	农学 Agriculture	卫生与健康 Health	商船 Mercantile marine	家政 Home economics	教育与教师培训 Education & teacher training	艺术 Arts	其他 Others
1990	2 400	2 927	3 291	14 697	2 104	1 376	55	206	2 684	713	280
1991	2 692	3 457	3 614	16 741	2 433	1 500	64	233	2 978	730	485
1992	3 046	3 849	3 935	18 471	2 701	1 742	71	255	3 173	765	701
1993	3 458	4 463	4 668	20 942	3 102	1 880	89	254	3 668	932	945
1994	3 828	5 505	5 274	23 463	3 332	2 073	24	351	4 170	1 054	1 778
1995	4 230	6 112	5 669	24 339	3 366	2 193	26	384	4 555	1 043	1 925
1996	4 414	6 466	6 014	25 454	3 502	2 426	19	396	4 780	1 076	2 020
1997	4 526	7 014	5 881	25 350	3 379	2 500	16	443	4 655	1 198	2 103
1998	4 716	8 068	5 971	26 095	3 491	2 728	18	443	4 741	1 284	2 686
1999	5 039	8 946	6 270	28 145	3 767	3 048	11	472	4 925	1 307	3 452
2000	5 251	10 039	6 285	30 031	3 938	3 424	15	486	5 212	1 437	4 218
2001	5 481	10 357	6 273	30 003	3 877	4 146	12	463	5 541	1 513	4 895
2002	5 320	9 726	6 675	30 352	3 980	4 566	18	477	5 395	1 669	5 458
2003	5 382	9 510	6 864	31 424	4 030	5 075	12	485	5 255	1 851	5 810
2004	5 674	8 686	6 791	32 054	4 086	5 353	16	522	5 277	1 938	6 352
2005	5 783	8 747	6 843	31 841	4 025	5 755	28	512	5 366	2 080	6 577
2006	5 582	8 616	6 802	31 531	4 374	5 741	27	553	5 537	2 098	6 990
2007	5 450	8 141	6 696	31 600	4 501	6 259	22	450	5 409	2 019	6 904
2008	5 503	8 000	6 628	31 730	4 403	6 626	23	504	4 903	2 039	7 037
2009	5 296	7 977	6 610	32 479	4 463	6 699	19	489	4 698	2 020	7 369
2010	5 633	8 341	6 974	36 501	4 746	5 132	30	519	4 865	2 136	7 433

说明：表中数据根据日本文部科学省 1991—2011 年《文部科学統計要覧》整理。其中，入学数据更新至 2010 年。

资料来源：日本文部科学省。

8—4—3 职业学位课程* 研究生入学情况

单位：人

年份	人文学科 Humanities	社会科学 Social science	理学 Science	工学 Engineering	农学 Agriculture	卫生与健康 Health	商船 Mercantile marine	家政 Home economics	教育与教师培训 Education & teacher training	艺术 Arts	其他 Others
2003	0	486	0	0	0	43	0	0	0	0	43
2004	0	6 959	0	0	0	72	0	0	0	0	200
2005	32	5 566	0	34	0	82	0	0	0	0	255
2006	29	8 284	0	90	0	85	0	0	37	0	374
2007	85	8 386	0	104	0	112	0	0	20	0	352
2008	77	8 118	0	147	0	112	0	0	686	0	328
2009	126	7 650	0	164	0	105	0	0	802	0	400
2010	126	7 224	0	182	0	109	0	0	878	0	412

说明：(1) * 职业学位课程原文为：専門職学位課程（Professional Degree Courses）。

(2) 表中数据根据日本文部科学省 2004—2011 年《文部科学統計要覧》整理。其中，本学位类型入学统计始于 2004 年报告，数据始于 2003 年，截至 2011 年，报告入学数据更新至 2010 年。

资料来源：日本文部科学省。

8—4—4 博士研究生在读情况

单位：人

年份	人文学科 Humanities	社会科学 Social science	理学 Science	工学 Engineering	农学 Agriculture	卫生与健康 Health		商船 Mercantile marine	家政 Home economics	教育与教师培训 Education & teacher training	艺术 Arts	其他 Others
						医学	其他					
1990	3 594	2 654	3 067	4 315	1 742	11 147	647	—	73	668	123	324
1991	3 663	2 744	3 291	4 885	1 942	11 448	673	—	61	702	128	374
1992	3 861	2 897	3 544	5 611	2 212	11 892	758	—	69	730	120	460
1993	4 056	3 121	4 042	6 653	2 582	12 498	856	—	86	773	132	670
1994	4 321	3 355	4 438	7 764	2 881	13 386	943	—	117	842	141	1 115
1995	4 675	3 727	5 033	9 030	3 249	14 304	1 007	—	151	930	177	1 491
1996	5 145	4 234	5 533	10 155	3 439	15 232	1 163	—	168	1 068	211	2 100
1997	5 592	4 830	5 831	10 847	3 632	15 927	1 260	—	188	1 212	238	2 584
1998	6 019	5 217	6 123	11 170	3 823	16 690	1 401	—	237	1 388	281	3 297
1999	6 452	5 763	6 298	11 389	4 039	17 524	1 551	—	266	1 486	293	3 946
2000	6 871	6 195	6 410	11 818	4 204	18 236	1 815	0	215	1 537	347	4 833
2001	7 118	6 622	6 302	12 165	4 361	18 723	2 227	0	301	1 607	440	5 659
2002	7 294	7 053	6 189	12 499	4 390	19 272	2 599	0	303	1 698	519	6 429
2003	7 439	7 387	6 190	13 170	4 378	19 934	2 980	0	330	1 745	597	7 213
2004	7 600	7 478	6 344	13 584	4 354	20 103	3 388	0	363	1 824	639	7 769
2005	7 662	7 553	6 460	13 927	4 318	20 158	3 740	0	383	1 851	692	8 163
2006	7 697	7 519	6 278	13 971	4 385	19 923	3 991	0	411	1 917	724	8 549
2007	7 684	7 479	5 784	13 948	4 256	19 670	4 163	0	399	1 982	742	8 704
2008	7 508	7 315	5 313	13 755	4 113	19 825	4 309	0	391	2 021	788	8 893
2009	7 307	7 137	5 135	13 572	3 945	19 747	4 506	0	366	2 122	768	8 960
2010	7 057	7 024	5 120	13 822	3 900	20 289	4 750	0	354	2 138	759	9 219

说明：表中数据根据日本文部科学省 1991—2011 年《文部科学統計要覧》整理。其中，入学数据更新至 2010 年。

资料来源：日本文部科学省。

8—4—5 硕士研究生在读情况

单位：人

年份	人文学科 Humanities	社会科学 Social science	理学 Science	工学 Engineering	农学 Agriculture	卫生与健康 Health	商船 Mercantile marine	家政 Home economics	教育与教师培训 Education & teacher training	艺术 Arts	其他 Others
1990	6 009	6 366	6 484	28 399	4 046	2 710	100	425	5 328	1 471	546
1991	6 344	7 310	7 031	31 680	4 534	2 886	119	452	6 036	1 555	792
1992	6 929	8 341	7 688	35 417	5 154	3 228	135	512	6 646	1 634	1 270
1993	7 832	9 468	8 788	39 736	5 849	3 626	161	534	7 379	1 812	1 706
1994	8 698	11 321	10 095	44 776	6 462	3 936	112	642	8 390	2 130	2 887
1995	9 707	13 161	11 153	48 256	6 725	4 241	67	794	9 348	2 257	3 940
1996	10 366	14 277	11 973	50 272	6 958	4 576	65	813	10 012	2 268	4 322
1997	10 729	15 380	12 109	51 277	6 943	4 909	55	869	10 142	2 440	4 553
1998	11 023	17 090	12 117	51 951	6 941	5 204	54	903	10 107	2 607	5 258
1999	11 610	19 313	12 557	54 778	7 335	5 763	46	941	10 382	2 741	6 652
2000	12 234	21 457	12 785	59 076	7 810	6 492	46	942	10 842	2 936	8 210
2001	12 751	23 383	12 897	60 913	7 946	7 542	43	963	11 439	3 099	9 821
2002	12 916	23 457	13 281	61 475	8 008	8 751	49	981	11 780	3 341	11 228
2003	12 918	22 738	13 833	63 211	8 251	9 797	60	992	11 653	3 680	12 348
2004	13 182	21 536	13 954	65 235	8 337	10 531	53	1 041	11 447	3 950	13 446
2005	13 452	20 586	14 049	65 588	8 371	11 326	57	1 064	11 564	4 226	14 267
2006	13 327	20 047	14 007	65 228	8 636	11 824	67	1 094	11 931	4 387	14 977
2007	12 876	19 219	13 866	65 027	9 074	12 380	63	1 035	11 981	4 321	15 377
2008	12 828	18 740	13 736	65 277	9 108	13 283	61	992	11 467	4 293	15 637
2009	12 588	18 687	13 690	66 492	9 152	13 894	61	1 030	10 802	4 277	16 370
2010	12 826	19 278	14 255	72 103	9 634	12 515	75	1 063	10 707	4 430	16 945

说明：表中数据根据日本文部科学省 1991—2011 年《文部科学統計要覧》整理。其中，入学数据更新至 2010 年。

资料来源：日本文部科学省。

8—4—6 职业学位课程* 在读研究生情况

单位：人

年份	人文学科 Humanities	社会科学 Social science	理学 Science	工学 Engineering	农学 Agriculture	卫生与健康 Health		商船 Mercantile marine	家政 Home economics	教育与教师培训 Education & teacher training	艺术 Arts	其他 Others
						医学	其他					
2004	0	7 512	0	0	0	49	64	0	0	0	0	241
2005	32	14 354	0	34	0	56	99	0	0	0	0	448
2006	61	19 120	0	106	0	55	112	0	0	37	0	668
2007	116	20 727	0	176	0	121	98	0	0	57	0	801
2008	163	20 890	0	237	0	127	93	0	0	707	0	816
2009	203	20 310	0	305	0	121	98	0	0	1 380	0	964
2010	253	19 639	0	352	0	—	—	0	0	1 661	0	1 082

说明：(1) *职业学位课程原文为：專門職学位課程（Professional Degree Courses）。

(2) 表中数据根据日本文部科学省 2004—2011 年《文部科学統計要覧》整理。其中，本学位类型入学统计始于 2004 年报告，截至 2011 年，报告入学数据更新至 2010 年。

资料来源：日本文部科学省。

8—4—7　博士学位授予情况

单位：人

年份	人文学科 Humanities	社会科学 Social science	理学 Science	工学 Engineering	农学 Agriculture	卫生与健康 Health	商船 Mercantile marine	家政 Home economics	教育与教师培训 Education & teacher training	艺术 Arts	其他 Others
1990	631	464	634	937	332	2 622	—	12	118	20	42
1991	717	486	674	1 048	394	2 681	—	10	119	23	49
1992	701	494	730	1 141	465	2 684	—	12	142	32	83
1993	—	—	—	—	—	—	—	—	—	—	—
1994	757	546	863	1 150	548	2 858	—	9	136	30	69
1995	805	584	956	1 783	601	2 956	—	15	136	27	156
1996	874	641	1 016	2 127	676	3 153	—	31	196	33	221
1997	920	650	1 145	2 434	780	3 370	—	32	180	37	312
1998	988	802	1 301	2 767	865	3 559	—	40	199	39	414
1999	1 116	1 054	1 406	2 990	882	3 876	—	39	248	51	520
2000	1 086	973	1 456	2 903	990	3 977	—	56	285	65	584
2001	1 190	1 026	1 510	3 048	953	4 137	—	47	335	56	841
2002	1 174	1 026	1 607	3 073	1 042	4 310	—	52	288	74	996
2003	1 383	1 162	1 500	3 212	1 093	4 561	—	50	362	96	1 093
2004	1 371	1 282	1 421	3 341	1 104	4 730	—	58	339	119	1 521
2005	1 283	1 254	1 558	3 355	1 129	4 728	—	63	337	96	1 357
2006	1 289	1 302	1 522	3 679	1 056	4 920	—	58	334	140	1 664
2007	1 271	1 272	1 687	3 719	1 121	5 389	—	76	362	154	1 750
2008	1 358	1 238	1 610	3 636	1 065	5 074	—	59	356	150	1 735
2009	1 370	1 285	1 483	3 714	1 114	5 026	—	69	333	172	1 897
2010	1 393	1 225	1 350	3 569	1 073	4 743	—	74	375	172	1 868

说明：表中数据根据日本文部科学省 1991—2011 年《文部科学統計要覧》整理。其中，学位授予数据更新至 2010 年。

资料来源：日本文部科学省。

8—4—8　硕士学位授予情况

单位：人

年份	人文学科 Humanities	社会科学 Social science	理学 Science	工学 Engineering	农学 Agriculture	卫生与健康 Health	商船 Mercantile marine	家政 Home economics	教育与教师培训 Education & tracher training	艺术 Arts	其他 Others
1990	2 049	2 253	2 805	12 774	1 735	1 187	47	150	1 933	543	228
1991	2 098	2 429	2 913	1 314	1 753	1 290	44	177	2 123	623	224
1992	2 266	2 820	3 067	14 531	1 909	1 328	53	185	2 287	659	268
1993	—	—	—	—	—	—	—	—	—	—	—
1994	2 666	3 446	3 632	17 978	2 479	1 709	70	236	2 965	722	678
1995	2 933	4 109	4 264	20 179	2 819	1 815	76	252	3 379	869	968
1996	3 394	4 967	4 887	22 622	2 985	1 959	26	350	3 848	1 030	1 679
1997	3 723	5 611	5 267	23 337	3 056	2 033	32	358	4 167	986	1 860
1998	3 918	5 999	5 503	24 421	3 175	2 285	23	381	4 487	1 062	1 899
1999	3 947	6 227	5 251	24 442	3 016	2 321	26	365	4 366	1 115	1 974
2000	4 145	7 488	5 351	24 762	3 168	2 544	18	381	4 465	1 207	2 500
2001	4 404	8 082	5 633	26 957	3 362	2 815	21	398	4 591	1 271	3 101
2002	4 603	9 382	5 741	28 538	3 515	3 116	19	430	4 737	1 358	3 836

续前表

年份	人文学科 Humanities	社会科学 Social science	理学 Science	工学 Engineering	农学 Agriculture	卫生与健康 Health	商船 Mercantile marine	家政 Home economics	教育与教师培训 Education& teacher training	艺术 Arts	其他 Others
2003	4 836	9 830	5 722	28 498	3 471	3 733	12	444	5 036	1 431	4 399
2004	4 955	9 280	6 194	30 145	3 678	4 629	25	458	4 915	1 666	5 495
2005	4 856	9 365	5 998	28 921	3 667	4 146	29	437	5 044	1 553	5 048
2006	5 157	8 679	6 281	30 617	3 825	4 862	20	498	4 847	1 775	5 970
2007	5 337	8 714	6 367	30 995	3 797	5 191	32	474	5 001	1 980	6 105
2008	5 134	8 181	6 266	30 641	4 113	5 299	31	521	5 082	1 976	6 637
2009	5 048	7 891	6 224	30 710	4 185	5 680	28	415	5 024	1 959	6 647
2010	5 016	7 796	6 047	30 362	4 078	6 047	24	458	4 686	1 888	6 818

说明：表中数据根据日本文部科学省数据整理。其中，学位授予数据更新至 2010 年。

资料来源：日本文部科学省。

8—4—9 职业学位课程* 情况

单位：人

年份	人文学科 Humanities	社会科学 Social science	理学 Science	工学 Engineering	农学 Agriculture	卫生与健康 Health	商船 Mercantile marine	家政 Home economics	教育与教师培训 Education& teacher training	艺术 Arts	其他 Others
2004	—	569	—	—	—	39	—	—	—	—	41
2005	—	90	—	—	—		—	—	—	—	—
2006	—	3 298	—	15	—	73	—	—	—	—	138
2007	30	6 431	—	33	—	66	—	—	—	—	217
2008	30	7 484	—	77	—	92	—	—	37	—	314
2009	85	7 625	—	87	—	105	—	—	110	—	280
2010	74	7 461	—	119	—	118	—	—	571	—	326

说明：(1) * 职业学位课程原文为：専門職学位課程（Professional Degree Courses）。

(2) 表中数据根据日本文部科学省数据整理。其中，学位授予数据更新至 2010 年。

资料来源：日本文部科学省。

8—5 澳大利亚

8—5—1 学位授予总况

单位：人

年份	博士学位	硕士学位
1995	2 496	36 236
1996	2 966	40 666
1997	3 421	44 570
1998	3 535	45 905
1999	3 708	46 891
2000	3 864	51 705
2001	4 032	58 038
2002	4 415	64 465

续前表

年份	博士学位	硕士学位
2003	4 897	71 974
2004	5 134	76 105
2005	5 543	81 495
2006	5 851	84 042
2007	6 023	86 564
2008	6 086	93 677
2009	6 089	97 352

说明：（1）表中数据根据澳大利亚教育部提供的数据整理。

（2）表中博士学位包括：Higher Doctorate，Doctorate by Research，Doctorate by Coursework；硕士学位包括：Master's by Research，Master's by Coursework，Postgrad. Qual/Prelim.，Grad. (Post) Dip. -new area，Grad. (Post) Dip. -ext area，Graduate Certificate。

资料来源：澳大利亚教育部。

8—5—2 博士学位授予情况

单位：人

学科领域	2004	2005	2006	2007	2008	2009	2010
自然与物理科学 Natural and Physical Sciences	1 190	1 277	1 300	1 376	1 379	1 395	1 388
信息技术 Information Technology	114	164	174	233	224	202	229
工程与技术 Engineering and Related Technologies	574	638	696	774	697	708	789
建筑 Architecture and Building	53	75	43	63	80	61	57
农业与环境研究 Agriculture Environmental and Related Studies	254	232	256	315	255	279	317
卫生 Health	748	749	804	766	872	872	922
教育 Education	369	421	422	402	405	390	397
管理与贸易 Management and Commerce	441	475	571	550	577	548	499
社会与文化 Society and Culture	1 221	1 332	1 399	1 341	1 410	1 430	1 540
创新艺术 Creative Arts	171	180	186	203	187	204	228
餐饮、酒店及其他服务 Food，Hospitality and Personal Services	0	0	0	0	0	0	0
交叉学科 Mixed Field Programmes	0	0	0	0	0	0	0

说明：（1）表中数据根据澳大利亚教育部提供的数据整理。

（2）表中博士学位包括：Higher Doctorate，Doctorate by Research，Doctorate by Coursework。

资料来源：澳大利亚教育部。

8—5—3 硕士学位授予情况

单位：人

学科领域	2004	2005	2006	2007	2008	2009	2010
自然与物理科学 Natural and Physical Sciences	935	910	910	987	1 221	1 329	1 754
信息技术 Information Technology	4 185	5 668	5 851	4 407	4 401	4 230	5 123
工程与技术 Engineering and Related Technologies	2 810	3 142	2 671	2 816	3 106	3 319	3 880
建筑 Architecture and Building	555	575	668	656	1 375	1 627	1 805
农业与环境研究 Agriculture, Environmental and Related Studies	644	676	626	563	663	731	848
卫生 Health	2 970	3 403	3 658	3 968	4 385	4 637	5 533
教育 Education	3 932	4 398	4 509	4 939	5 156	5 690	6 521
管理与贸易 Management and Commerce	21 938	24 153	23 998	25 965	28 519	29 483	31 583
Society and Culture	6 577	6 624	7 590	7 368	8 120	8 153	8 888
创新艺术 Creative Arts	1 722	1 789	1 588	1 857	1 943	2 007	2 296
餐饮、酒店及其他服务 Food, Hospitality and Personal Services	0	0	0	0	0	0	0
交叉学科 Mixed Field Programmes	0	0	0	0	0	0	0

说明：（1）表中数据根据澳大利亚教育部提供的数据整理。

（2）表中硕士学位包括：Master's by Research，Master's by Coursework。

资料来源：澳大利亚教育部。

8—5—4 硕士研究生证书* 颁发情况

单位：人

学科领域	2004	2005	2006	2007	2008	2009	2010
自然与物理科学 Natural and Physical Sciences	424	464	404	386	444	473	535
信息技术 Information Technology	1 235	1 125	786	712	647	555	606
工程与技术 Engineering and Related Technologies	244	327	359	361	396	442	483
建筑 Architecture and Building	257	333	306	258	311	244	181

续前表

学科领域	2004	2005	2006	2007	2008	2009	2010
农业与环境研究 Agriculture, Environmental and Related Studies	221	212	201	169	173	208	187
卫生 Health	2 597	2 618	2 591	2 696	2 667	2 759	3 016
教育 Education	5 467	5 778	6 859	6 730	6 425	6 569	6 686
管理与贸易 Management and Commerce	3 282	3 285	3 037	3 004	3 345	2 954	3 079
社会与文化 Society and Culture	3 796	4 149	4 668	4 903	5 884	6 435	5 235
创新艺术 Creative Arts	845	872	780	719	690	741	751
餐饮、酒店及其他服务 Food, Hospitality and Personal Services	3	0	0	0	0	0	0
交叉学科 Mixed Field Programmes	0	0	0	0	0	0	0

说明：(1) ＊硕士研究生证书含 Grad.（Post）Dip. -new area 及 Grad.（Post）Dip. -ext area。
(2) 表中数据根据澳大利亚教育部提供的数据整理。
资料来源：澳大利亚教育部。

8—5—5 硕士研究生文凭* 颁发情况

单位：人

学科领域	2004	2005	2006	2007	2008	2009	2010
自然与物理科学 Natural and Physical Sciences	270	247	333	388	426	429	438
信息技术 Information Technology	301	438	427	380	436	333	360
工程与技术 Engineering and Related Technologies	284	229	306	298	366	396	466
建筑 Architecture and Building	154	155	116	144	129	138	193
农业与环境研究 Agriculture, Environmental and Related Studies	278	150	139	181	179	193	223
卫生 Health	1 848	1 910	2 129	2 425	2 806	2 906	3 285
教育 Education	2 109	1 914	2 262	2 266	2 265	2 222	2 306
管理与贸易 Management and Commerce	4 334	3 909	4 303	4 399	4 623	5 079	5 200

续前表

学科领域	2004	2005	2006	2007	2008	2009	2010
社会与文化 Society and Culture	1 625	1 744	1 774	2 410	2 317	2 788	2 662
创新艺术 Creative Arts	314	367	352	372	479	517	558
餐饮、酒店及其他服务 Food, Hospitality and Personal Services	6	3	1	1	2	3	0
交叉学科 Mixed Field Programmes	0	0	0	0	0	0	0

说明：(1) *硕士研究生文凭原文为：Graduate Certificate。
(2) 表中数据根据澳大利亚教育部提供的数据整理。
资料来源：澳大利亚教育部。

8—6 韩国

8—6—1 2010年研究生入学情况

单位：人

学科领域	硕士	博士
人文学科 Humanities	35 582	7 280
社会科学 Social Science	71 364	11 071
教育学 Education	59 190	4 185
工学 Engineering	35 913	11 143
自然科学 Natural Science	17 344	8 333
医药 Medical Science & Pharmacy	23 858	7 620
艺术与体育 Art & Physical Education	19 849	3 901

说明：表中学科领域分类按照韩国“2004 Classification of Academic Subjects & Program (2004 KEDI)”标准。
资料来源：韩国教育人力资源部。

8—6—2 博士学位授予情况

单位：人

学科领域	1997	1998	1999	2000	2001	2002	2003	2004	2005	2006	2007
哲学 Philosophy	70	61	81	103	87	76	77	71	92	100	164
神学 Theology	14	13	18	18	15	28	27	32	90	115	156
文学 Literature	616	643	609	625	614	661	675	670	702	737	803
法学 Law	104	109	109	131	121	128	112	152	131	181	189
政治科学 Political Science	66	63	82	74	52	53	69	71	44	68	75
工商管理 Business Management	250	252	290	351	354	351	375	469	445	488	520

续前表

学科领域	1997	1998	1999	2000	2001	2002	2003	2004	2005	2006	2007
经济学 Economics	137	115	100	113	89	85	108	97	113	125	113
教育学 Education	144	154	182	209	224	268	255	311	324	385	381
公共管理 Public Admin-istration	92	88	116	141	145	158	123	173	186	177	157
自然科学 Natural Science	811	935	1 002	1 116	1 178	1 176	1 219	1 318	1 454	1 454	1 312
工学 Engineering	1 420	1 500	1 720	1 803	1 865	2 106	2 136	2 414	2 543	2 618	2 434
农学 Agriculture	207	181	212	224	242	258	249	257	220	242	202
医学 Medicine	745	815	901	1 016	1 015	983	1 155	1 142	1 233	1 075	1 134
制药学 Pharmacy	107	75	87	77	91	96	110	101	106	105	105
中医 Herb Medicine	75	74	137	158	157	181	232	282	319	245	351
兽医 Veterinary Medicine	32	22	35	32	32	29	49	42	54	82	63
牙医 Dentistry	161	173	179	192	200	169	216	200	265	250	288
卫生与健康 Health	25	29	39	65	49	70	61	83	88	67	95
渔业 Fishery	6	6	11	5	10	4	18	10	10	9	1
护理 Nursing	42	45	51	65	78	120	99	119	86	110	96
家政学 Home Economics	33	19	40	40	28	24	23	14	21	16	12
其他 Others	—	—	—	—	—	153	235	371	503	667	746

8—6—3 硕士学位授予情况

单位：人

年份	人文学科 Humanities	社会科学 Social Science	教育学 Education	工学 Engineering	自然科学 Natural Science	医药 Medical Science & Pharmacy	艺术与体育 Art & Physical Education
1990	1 794	4 823	3 504	3 725	2 909	1 904	1 129
1991	2 088	5 311	3 966	4 194	2 789	1 916	1 275
1992	2 133	5 627	3 873	4 170	3 118	2 150	1 367
1993	2 326	5 888	4 862	4 493	3 306	2 160	1 484
1994	2 380	6 020	4 842	5 243	3 451	2 337	1 514

续前表

年份	人文学科 Humanities	社会科学 Social Science	教育学 Education	工学 Engineering	自然科学 Natural Science	医药 Medical Science & Pharmacy	艺术与体育 Art & Physical Education
1995	2 336	6 196	4 777	6 188	3 902	2 492	1 507
1996	2 376	6 368	5 454	6 791	3 888	2 597	1 715
1997	2 536	6 181	5 550	7 396	4 186	2 693	1 813
1998	2 944	7 256	5 852	9 264	4 350	3 167	2 042
1999	3 588	8 383	7 789	10 865	4 885	3 606	2 366
2000	4 276	9 782	9 111	12 513	5 061	3 883	2 600
2001	4 695	11 582	10 723	13 802	5 436	3 957	2 914
2002	5 146	13 176	12 018	13 959	5 052	4 260	3 380
2003	6 921	14 219	15 021	13 796	6 177	4 430	3 695
2004	7 160	14 816	15 786	13 838	6 178	4 865	4 077
2005	7 157	15 726	16 562	13 470	6 209	5 283	4 032
2006	7 526	16 674	17 371	12 698	5 985	5 285	4 295
2010	9 416	20 509	16 791	13 123	6 278	6 304	4 907

说明：表中学科领域分类按照韩国“2004 Classification of Academic Subjects & Program（2004 KEDI）”标准。

资料来源：韩国教育人力资源部。

8—7 印度

8—7—1 2009年研究生入学情况

单位：万人

学科领域	男	女	合计
艺术 Arts	32.7	33.4	66.1
商业 Commerce	11.1	7.9	19.0
科学 Science	22.1	16.1	38.2
工程、技术、建筑、设计 Engineering/Technology/Architecure/ Design	6.8	2.7	9.5
医学 Medicine	2.0	1.1	3.1
农学及相关学科 Agriculture & Allied	0.9	0.3	1.2
管理、旅游管理 Management/Hotel/Travel/Tourism management	8.5	4.0	12.5
教育 Education/Teacher training	1.3	1.3	2.6
法律 Law	0.8	0.4	1.2
其他 Others	2.9	1.6	4.5

说明：（1）表中数据根据2011年最新发布的 *Statistics of higher &technical education 2008—09* 整理。
（2）根据公布的材料，表中不含开放大学（open universities）数据。

资料来源：印度人力资源开发部高等教育分部。

附录九

《中国学位与研究生教育发展年度报告（2011）》课题组成员名单

课题组组长：

袁　卫　中国人民大学常务副校长、研究生院院长、教授

课题组成员：

梁国雄　国务院学位委员会办公室副主任

徐维清　国务院学位委员会办公室质量监督处处长

郝彤亮　国务院学位委员会办公室质量监督处干部

赵国俊　中国人民大学信息资源管理学院院长、教授

金勇进　中国人民大学统计学院教授

李立国　中国人民大学教育学院副院长、教授

李　霞　中国人民大学学位办公室主任、研究员

李红宇　中国人民大学发展规划处副处长、副研究员

王　伟　中国人民大学研究生院干部

关晓斌　中国人民大学科研处干部

主要参考文献

［1］刘延东．在纪念《中华人民共和国学位条例》实施三十周年纪念大会上的讲话，2011－02－12

［2］杜占元．在国务院学位委员会第二十八次会议上的报告，2011－02－12

［3］张尧学．在 2010 年全国专业学位教育指导委员会联席会议上的讲话，2011－03－30

［4］国家统计局．中国统计年鉴（2011）．北京：中国统计出版社，2011

［5］教育部．中国教育统计年鉴（2010）．北京：人民教育出版社，2011

［6］国家统计局人口和就业统计司编．中国人口和就业统计年鉴（2010）．北京：中国统计出版社，2010

［7］中国学位与研究生教育发展年度报告课题组．中国学位与研究生教育发展年度报告（2009）．北京：中国人民大学出版社，2010

［8］中国博士质量分析课题组．中国博士质量报告．北京：北京大学出版社，2010

［9］中国学位与研究生教育信息分析课题组．中国学位与研究生教育信息分析报告．北京：中国人民大学出版社，2009

［10］袁卫，赵路，钟卫等．中国 R&D 理论、方法及应用研究．北京：中国人民大学出版社，2009

［11］陈洪捷等．博士质量：概念评价与趋势．北京：北京大学出版社，2010

［12］杨颉，陈学飞．研究生教育质量——内涵与探索．上海：上海交通大学出版社，2007

［13］周光礼等．中国博士质量调查——基于 U/H 大学的案例分析．北京：社会科学文献出版社，2010

［14］谢维和，王孙禺，袁本涛．学位与研究生教育：战略与规划．北京：教育科学出版社，2011

［15］蔡学军，范巍等．中国博士发展状况．北京：北京大学出版社，2011

后记

根据刘延东国务委员的意见，为全面、准确地反映和宣传我国学位与研究生教育的最新发展情况，国务院学位委员会办公室以课题立项方式，组织编写出版《中国学位与研究生教育发展年度报告》。《报告》旨在向社会介绍我国学位与研究生教育的年度发展情况，解读学位与研究生教育相关政策，阐述我国学位与研究生教育的改革方向和发展理念。同时，完整公布有关我国学位与研究生教育发展的数据，以及研究生教育具有代表性的其他国家研究生教育发展的最新数据。《中国学位与研究生教育发展年度报告（2009）》已经于2010年12月正式出版。根据主管部门的意见，组织编写出版《中国学位与研究生教育发展年度报告》的工作，将成为国务院学位委员会办公室历年持续性的工作。

在国务院学位委员会办公室的组织下，特别是在张尧学主任和李军、郭新立、梁国雄副主任等领导同志的关心和指导下，课题组今年继续承担了相关课题的研究工作，编写完成了《中国学位与研究生教育发展年度报告（2011）》。

《中国学位与研究生教育发展年度报告（2011）》基本保持了《中国学位与研究生教育发展年度报告（2009）》的结构和体例。报告由五章组成。第一章为综述，是对我国2010年学位与研究生教育工作发展背景、总体状况和工作重点与特色的概要介绍；第二、三、四章分别从学位授权与授予、研究生教育基本情况、研究生培养与就业等方面专题报告了2010年我国学位与研究生教育相关工作的基本面貌；第五章是对2010年我国学位与研究生教育主要政策的解读。报告在附录部分汇集了反映我国大陆地区学位与研究生教育基本发展情况的详细数据，以及反映其他若干国家研究生教育发展概况的部分数据资料。

《中国学位与研究生教育发展年度报告（2011）》的编写工作，得到了国务院学位委员会办公室各部门，以及教育部学生司、社会科学司、科学技术司、发展规划司等部门的大力支持，也得到了中国人民大学出版社的大力协助。在此，谨表由衷谢意。

《中国学位与研究生教育发展年度报告（2011）》的总体结构框架和基本思想原则由课题组组长袁卫教授主持确定。参加具体编写工作的有：

赵国俊教授（第一章），李立国教授（第二章），金勇进教授、李霞研究员（第三章），李红宇副研究员（第四章），赵国俊教授（第五章）。郝彤亮、王伟、关晓斌（附录部分）。报告由袁卫教授、梁国雄副主任、徐维清处长、赵国俊教授、李霞研究员统纂定稿。

为了方便阅读并与《中国统计年鉴》等权威性刊物的时间标注方式保持一致，根据有关领导和部分读者的建议，自2011年起，本报告名称中时间的标注方式从内容针对年度变更为报告形成年度，本报告的全称即为《中国学位与研究生教育发展年度报告（2011）》。

限于编写者的能力和水平，本报告中肯定会有不当甚至是错误之处，恳望读者批评指正。

中国学位与研究生教育发展年度报告课题组

2011年11月

图书在版编目（CIP）数据

中国学位与研究生教育发展年度报告.2011/中国学位与研究生教育发展年度报告课题组编.
—北京：中国人民大学出版社，2011.12
ISBN 978-7-300-14771-0

Ⅰ.①中… Ⅱ.①中… Ⅲ.①学位-工作-研究报告-中国-2011 ②研究生教育-研究报告-中国-2011 Ⅳ.①G643

中国版本图书馆 CIP 数据核字（2011）第 251068 号

中国学位与研究生教育发展年度报告（2011）
中国学位与研究生教育发展年度报告课题组
Zhongguo Xuewei yu Yanjiusheng Jiaoyu Fazhan Niandu Baogao（2011）

出版发行	中国人民大学出版社		
社　　址	北京中关村大街 31 号	**邮政编码**	100080
电　　话	010－62511242（总编室）		010－62511398（质管部）
	010－82501766（邮购部）		010－62514148（门市部）
	010－62515195（发行公司）		010－62515275（盗版举报）
网　　址	http://www.crup.com.cn		
	http://www.ttrnet.com（人大教研网）		
经　　销	新华书店		
印　　刷	北京市易丰印刷有限责任公司		
规　　格	215 mm×275 mm　16 开本	**版　　次**	2011 年 12 月第 1 版
印　　张	16.75 插页 2	**印　　次**	2012 年 4 月第 2 次印刷
字　　数	216 000	**定　　价**	98.00 元